WALTER HOUSTON CLARK

CHEMISCHE EKSTASE

Drogen und Religion

Mit einer Einführung von Wilhelm Josef Revers

OTTO MÜLLER VERLAG SALZBURG

Deutsche Übersetzung:
OTTO LAUSE

ISBN 3-7013-0454-8

© 1971 OTTO MÜLLER VERLAG, SALZBURG
Originalausgabe: „Chemical Ecstasy", Verlag Sheed and Ward, New York.
Schutzumschlag und Einband: Renate Uschan-Boyer.
Gesamtherstellung: Wimmer Druck, Linz.

INHALT

Einführung von W. J. Revers 7

VORWORT 26

1. PSYCHOLOGISCHE STRUKTUREN 31
   Religion und Drogen 35
   Rationale und nichtrationale Religion 36
   Drogen und Mystik 39

2. EIN KAPITEL DROGENFREIER BEISPIELE 41
   Einige klassische Ekstasen 42
   Furcht und Schrecken in der Ekstase 48

3. EIN KAPITEL MIT DROGENBEISPIELEN 53
   Der transzendierende Atheist 54
   Die Vision Christi und der Weg zur Freude 56
   Die Stunde der Wahrheit für einen Psychotherapeuten . . 58
   Luzifer und der Kampf mit Gott 61

4. ZUR GESCHICHTE DER DROGEN 65
   Zur religiösen Verwendung der Drogen bei den Alten . . . 66
   Der neuzeitliche Gebrauch psychodelischer Mittel 70
   Der Harvard-Zwischenfall 71
   Bemerkungen zur Persönlichkeit Dr. Learys 80
   Über die Entwicklung psychodelischer Religionsgemeinschaften 82

5. RELIGION UND EKSTASE 86
   Drei moderne religiöse Strömungen 86
   Wesen und Bedeutung der Mystik 89
   Über den Ort der Mystik 91
   Mystik als Weg des Welterfassens 93
   Mystik und Gesellschaft 96

6. ZEITGENÖSSISCHE UNTERSUCHUNGEN ÜBER DAS
   VERHÄLTNIS VON DROGEN UND RELIGION 98
   Das „Karfreitagsexperiment" 100
   Forschungen am Norwich-Hospital 104
   Die Peyote-Religion 108
   Verursachen Drogen religiöse Erfahrung? 111
   Zusammenfassung 113

7. DROGEN UND PERSÖNLICHKEITSVERÄNDERUNG . . 114
   LSD und Alkoholismus 119
   LSD und Kriminelle 124
   LSD und unheilbare Krankheit 129
   Die Forschungen Grofs in der Tschechoslowakei 132
   Zusammenfassung 136

8. DROGEN UND VERANTWORTUNGSBEWUSSTE
   RELIGIOSITÄT 138
   Das Problem der Mitteilung von ekstatischen Erlebnissen . 139
   Die Strömung des Quietismus 140
   Das Problem der Institutionalisierung 144
   Quellen der Religiosität 147
   Gefahren der LSD-Droge 152
   Zusammenfassung 154

9. PSYCHODELICA, GESETZE UND INQUISITOREN . . . 155
   Historische Beispiele religiös motivierten Widerstandes . . 156
   Das religiöse Motiv heutigen Widerstandes gegen die
      Drogengesetze 159
   Die Anwendung der Gesetze und das Konzept des
      Inquisitors 162
   Folgerungen 169
   Zusammenfassung 172

10. BESCHLUSS UND AUSBLICK 175

EINFÜHRUNG

Zur Vorbeugung gegen allergische Störungen beim Studium des tabuverletzenden Buches von Dr. Clark

War es schon eher schädlich als überflüssig, ein solch unglaubliches Buch überhaupt zu veröffentlichen, wie kann man es dann auch noch übersetzen? Nur um den angloamerikanischen Ärger durch deutsches Entsetzen zu vermehren? Es ist in der Tat unglaublich, daß Walter Houston Clark, ehemaliger Professor für Religionspsychologie am Andover Newton Theological Seminary, dem Gebrauch und der Wirkung von Drogen einige positive Aspekte abgewinnen zu können meint. Unglaublich, daß ein Wissenschaftler wie Clark einem Mann wie Leary, dem Apostel einer neuen Religion mit dem LSD-Kult, der seiner wissenschaftlichen Verzweiflung erlag und — trotz der Toleranz einflußreicher und weltbekannter Kollegen an der Harvard-University — der öffentlichen Verfemung anheimfiel, einen ehrenden Nachruf widmet. Hat doch im Falle der Wirklichkeitsflucht durch „toxische Ekstasen" (H. C. Leuner) die öffentliche Meinung und die wissenschaftliche Erfahrung einen hohen Grad von Übereinstimmung erzielt, die Übereinstimmung nämlich, daß die „Trips" der „deserteurs du monde" zu einer pathologischen Entwirklichung der Welt hinführen, deren unausweichliche Folge der Zerfall der Persönlichkeit ist.

Wer am Gebrauch von Drogen noch irgend etwas verteidigenswert findet, kann der öffentlichen Verdammung sicher sein; die Majorität der Vernünftigen wird geschlossen gegen ihn aufstehen und zu Felde ziehen. Und diejenigen, die ihn verdammen, haben das machtvolle Argument der hochgradigen Übereinstimmung mit wissenschaftlicher Erfahrung für sich. Aber, diese Übereinstimmung ist nur *hochgradig*, sie ist *nicht total*. Sehen wir einmal von dem apostolischen Aspekt Learys ab, so hat der Wissenschaftler Leary seine wissenschaftliche Erkundung der Wirkung des LSD nicht abgeschlossen. Er wurde viel zu früh zum Apostel. Und ebenfalls viel zu früh bestätigten Unfälle und andere negative Folgen des LSD-Mißbrauchs den latenten Widerwillen der Majorität der Vernünftigen, die auf Verletzungen der Grenzen ihrer Welt der Wirklichkeit phobisch reagieren. So kann die öffentliche Meinung eine totale Bestätigung durch die Wissenschaft *nicht* bekommen. Denn der Wissenschaftler, der behauptet, sein wissenschaftliches Urteil sei abgeschlossen, unbezweifelbar und absolut gültig, der ist seinem Sicherheitsbedürfnis, seiner Angst vor dem Risiko oder seiner Überheblichkeit verfallen, oder er zelebriert in einem tendenziösen Akt von Verlogenheit den Nimbus einer Allwissenheit, der nun erst recht den Wissenschaftler in einen Fanatiker verwandelt.

In diesen Hiatus zwischen Wissen und Unwissen stellt sich Clark. Er nimmt das Odium auf sich, das Unpopuläre zu tun und ungelöste Probleme auch dann aufzugreifen, wenn sie dem wissenschaftlichen Majoritätskonformismus zum Ärgernis werden. Der eine, der ein Rätsel als Rätsel *sieht* und ein Problem als Problem behandelt, steht der Wahrheit stets näher als die Masse derer, die darin übereinstimmen, einige gesicherte Erfahrungen, die „die öffentliche Meinung" bestätigen, würden dazu ausreichen, auf jede weitere Erkundung des Noch-nicht-Erfahrenen zu verzichten, die das Weltbild einer von Rätseln unbedrohten wissenschaftlichen Sicherheit gefährden könnte. Die Wissenschaft würde sich selbst aufheben, wenn sie die Abmessungen des Schon-Erkannten zum Maßstab für das Noch-Unerkannte machen würde. Solange wir wissenschaftlich zu denken und forschen bereit sind, werden wir anerkennen müssen, daß die Voraussetzung dieses Denkens und Forschens im Zweifel an der Abgeschlossenheit unseres Erkennens besteht. Daher erfordert der Mut, Probleme unbekümmert um Meinungsmoden der Wissenschaft oder der öffentlichen Meinung als Probleme zu verfolgen, grundsätzlich den Beifall des stets zweifelsbereiten wissenschaftlichen Denkens.

Die Gefahren des Rauschgiftmißbrauchs liegen auf der Hand. Das kann aber kein zureichender Grund dafür sein, die Frage zu unterdrücken, welcher verborgene Sinn im Mißbrauch liegen könnte. Wo stände z. B. heute die Psychiatrie, wenn sie die menschliche Scheu vor der Abartigkeit psychopathologischer Erscheinungen nicht überwunden hätte? Um psychopathische Abartigkeit heilen zu können, war es sehr förderlich, zu erkunden, welcher verborgene Sinn in der Abartigkeit verfehlt wurde. So wird es auch der Therapie und Prophylaxe des Rauschgiftmißbrauchs dienlich sein, herauszufinden, was Menschen im Rausch suchen, auch wenn sie dabei das eigentlich angestrebte Ziel in pathologischer Weise verfehlen. Gewiß werden manche Kritiker noch zurückhaltender sein als der behutsame Clark, wenn es um die Anwendung des Rausches in der Seelsorgepraxis gehen soll. Unabhängig von solcher kritischen Reserve stellt sich uns die *wissenschaftliche* Frage nach dem Sinngehalt der menschlichen Dimensionen des Phänomens „Rausch". Wer sich dem Übel nicht Aug in Aug stellt, wird es nie beseitigen können, und wer Probleme nicht offenen Auges anzugehen bereit ist, vermeidet bereits den ersten Schritt, der zu ihrer Lösung führen könnte. Trennen wir — in der Kritik — den seelsorgspraktischen Aspekt Clarks vom Aspekt der Aetiologie des Rausches.

Da Clarks Buch in englischer Sprache bereits 1969 erschienen ist, liegen Kritiken vor. Es mag dem Leser, aber auch dem Rezensenten, die Kritik erleichtern, wenn er bereits vor Beginn der Lektüre einige Beurteilungen erfährt, welche die kritische Kontroverse exemplarisch darstellen, die Clarks Buch aufreißt. Der klinische Psychologe Dr. Walter W. Lippert beginnt seine kritische Rezension im „St. Anthony Messenger" mit dem Satz: „Unglaublich! Es ist absolut unglaublich für mich, wie weit jemand gehen mag, um das Unverantwortliche zu rechtfertigen."

Das ist die ehrliche Kennzeichnung einer subjektiven Position: „es ist unglaublich für mich..." Freilich wäre die subjektive Empfindung, es werde „das Unverantwortliche" gerechtfertigt, kein allzu überzeugendes logisches Argument. Aber Dr. Lippert gibt dann doch eine Reihe von Gründen an, die mehr oder weniger unabhängig sind von seinem subjektiven „gusto". Insbesondere wehrt er sich gegen Clarks Thesen, „daß solch wirksame und unleugbar gefährliche Drogen wie LSD, Psilocybin und Mescalin wirkliche Wegbereiter religiöser und geistlicher Erfahrungen seien; daß, wenn jemand Gott in realer Erfahrung begegnen möchte, er sich der ‚Mystik der Drogen' hingeben müsse, daß biochemische Prozesse wirklich zu den Weisen religiöser Erfahrungen gehören."

Wer wird Dr. Lipperts Feststellungen nicht zustimmen?

Ich habe dabei freilich große Zweifel, ob Clark eben diese von Lippert kritisierten Basis-Thesen überhaupt aufgestellt hat und vertritt. Vielmehr scheint mir der löbliche Glaubenseifer des Kritikers die Kritik vergröbert zu haben; ihm scheint die Behutsamkeit und Selbstdisziplin Clarks nicht deutlich genug geworden zu sein, daher trifft Lipperts Kritik mehr das, was er von Clark verstanden hat, als das, was Clark selbst aussagte. Darüber hinaus trifft sie freilich auch die Kontroverse, von der schon oben die Rede war.

In ähnlicher Argumentationsweise fährt Dr. Lippert dann fort: „In einer besonders *unangenehm berührenden** Behauptung meint Clark: ,Für viele ist der Gedanke, Religion *könne* irgendwie durch Drogen geweckt werden, zu neu, als daß sie ihm bereitwillig zustimmen könnten. Andererseits haben sie keine Einwände gegen solche artifiziellen Mittel wie Fasten, Orgelmusik, Liturgie oder längere Meditationsübungen.' Daß Fasten zu Ernährungsstörungen führen kann, die keinen spirituellen Charakter haben, und daß Orgelmusik emotionellen Einfluß ausüben kann, ist wahr; daß längere Meditationsübungen gelegentlich an die Grenzen des Irrealen führen, ist eine Möglichkeit; aber zu sagen, daß Liturgie ein artifizielles Mittel sei, zeigt das Niveau von Dr. Clarks schwungvollen Bemerkungen. Ich möchte jedoch mit Dr. Clark nicht auf theologischem Feld streiten, sondern im psychologischen Bereich argumentieren."

Schade, daß Dr. Lippert nicht „auf theologischem Feld" streiten will, denn die wenigen Sätze, die aus diesem Feld erwachsen, sehen fast so aus, als wäre der logische Gehalt seiner Argumente der Tadel des Oberlehrers Lippert gegen den halsstarrigen Schüler Clark: „Hinsetzen, Clark, Fünf! Dreimal abschreiben: ,Ich soll mich in meinem Denken an die festgelegten Spielregeln einer rationalistischen Theologie halten!' "

Eine gewisse Oberlehrerattitüde scheint mir die Kritik auch weiterhin gelegentlich zu zeigen — neben zweifellos sachlich fundierten Argumenten. Seine psychologische Auseinandersetzung mit Clark hat folgenden Wortlaut: „ ,Es besteht also die Notwendigkeit', schreibt Dr. Clark, ,daß mehr Fachwissenschaftler das kalkulierte Risiko des Selbstversuchs der Droge auf sich nehmen, um zu verstehen, was solche Erfahrung geben kann'. Ich hätte gemeint, dieses Argument würde heute kaum ziehen. Es ist eine simple Wahrheit, daß man manche Dinge verstehen

* Hervorhebung von mir.

kann und versteht, auch ohne sie notwendig ausprobiert zu haben. Ich hoffe, daß man nicht ein Baby bekommen muß, um sich als Geburtshelfer zu bewähren, oder Psychotiker werden muß, um geistige Krankheiten erkennen zu können, oder eine Brücke in die Luft jagen muß, um Dynamit zu erproben.

Auch in anderen Punkten bietet das Buch logische Schwierigkeiten. Dr. Clark fordert, daß man, statt das Wort ‚neurotisch' auf eine Person oder Personen anzuwenden, das Wort ‚sensitiv' gebrauche. Diese Weise des Denkens ist ein beunruhigendes und gefährliches Spiel mit Worten. Die komplexe Tatsache besteht, daß ‚neurotisch' sich auf einen krankhaften Zustand bezieht und nicht auf eine Sensibilität. Dr. Clarks Ausführung, wenn wir sie auf andere Formen von Krankheit anwenden wollen, würde bedeuten, daß eine akute Blinddarmreizung in Wirklichkeit eine zunehmende Empfindsamkeit gegenüber physischen Schmerzen sei.

Die wissenschaftliche Evidenz über die verschiedenen Weisen der ‚Erfahrung', die mit LSD gewonnen werden, verstärkt sich. Jüngst zitierte die Zeitschrift ‚*Science*' Experimente an Ratten, welche zeigten, daß LSD, abgesehen von anderen Folgen, das chemische Gleichgewicht des Gehirns störe, woraus Halluzinationen resultieren.

Das Buch ‚*Chemische Ekstase*' ist ein Versuch, den Gebrauch von Drogen zu rechtfertigen, während doch in Wirklichkeit unser gegenwärtiges Drogen-Dilemma fordert, daß wir versuchen, die Ergebnisse des Drogen-Gebrauchs zu erklären. Eine religiöse Erklärung ist nicht am Platz, aus dem einfachen Grund, weil wir über Biochemie sprechen — nicht über religiöse Erfahrungen. Vielleicht sollten wir die Möglichkeit erkennen, daß Gott nicht durch unsere Drogen verfügbar ist, auch wenn manche meinen, eine bessere Welt mit Hilfe der Chemie erbauen zu können."

Der letzte Absatz der Rezension Lipperts stützt die ganze Kritik im „common sense" der Tabuierung des Rausches und zeigt damit, aus welchem Grunde diese Kritik an wesentlichen Aspekten der Abhandlung von Clark vorbeigeht. Was soll das zitierte Rattenexperiment denn beweisen? Welches waren denn die festgestellten Halluzinationen der mit LSD gefütterten Ratten? Ist es so eo ipso klar, daß wir in Rattenexperimenten erfahren können, wie sich die Dinge im Innenleben des Menschen verhalten? Ist es so ganz gleichgültig, *wer* das ist, der LSD nimmt, und *warum* er das tut? Sind wir den Ratten ähnlich genug, um sie danach fragen zu können? Und steht es dann wirklich so bombenfest, daß religiöse Erklärung grundsätzlich nicht am Platz ist, wenn wir von Biochemie sprechen? Wie lange soll uns Descartes Lehre von den zwei getrennten (und unvereinbaren) Substanzen der bewußten Seele und des mechanisch geregelten Apparates „Körper" noch als unkritisiertes Evangelium die Einsicht in die leib-seelische Einheit der Individualität verderben? Und hat Clark wirklich behauptet, Gott werde durch Drogen verfügbar? Das ist er gewiß auf keinen Fall, und das läßt sich wahrscheinlich sogar beweisen. Aber Dr. Lippert versucht das nicht, statt dessen beruft er sich auf alte Positionen und öffentliche Meinung. Bleibt denn die Frage nicht offen — selbst wenn feststeht, daß Gott durch Drogen ebensowenig manipulierbar wird wie durch Gottesbeweise —, warum Menschen überhaupt auf die vielleicht abstruse Idee kommen, sich durch Drogen einen Zugang zur Gotteserfahrung aufzusprengen? Und was ist das, woraus sie auszubrechen suchen? Ist das wirklich *die* Wirklichkeit schlechthin?

Hören wir noch andere kritische Stimmen.

In „The Sign" schreibt Peter Thomas Rohrbach OCD zu Clarks Buch: „... Clark, ... ein anerkannter Wissenschaftler auf seinem Gebiet, schreibt eine mutige Verteidigungsschrift des Gebrauchs psychodelischer Drogen zur Ausbildung religiöser Erfahrung... Der Autor hat viele Fakten gesammelt, über 175 kontrollierte Anwendungen von LSD oder Psilocybin beobachtet und versichert, selbst sechs ‚Trips' unternommen zu haben. Er schreibt daher von dem vorteilhaften Gesichtspunkt eigener Erfahrung aus. Abschließend argumentiert er für ‚fortgesetzte Forschung'... In diesem Buch wird der Drogen-Gebrauch am klarsten klinisch bewertet an dem, was Clark das ‚Karfreitags-Experiment' nennt, eine kontrollierte Anwendung von Psilocybin bei 20 Theologiestudenten in Harvard als Versuch, mystisches Bewußtsein zu erreichen. In der Auswertung der Ergebnisse dieses Experiments kann Clark feststellen, daß psychodelische Drogen, vorsichtig und kontrolliert genommen, zu einer extrem geringen Zahl von *bad trips* führen, ... Jedoch, wenn Clark zu seiner zentralen Thesis von der Korrelation von Drogen und authentischer Religiosität kommt, geht seine Beweisführung daneben... Es kann durchaus argumentiert werden, daß solch ein religiöser ‚Trip' helfende und wohltuende Resultate erzielt, doch kann nicht gesagt werden, daß dies übereinstimmt mit der authentischen Tradition christlicher Mystik... Dr. Clarks Behandlung der Theologie und Kirchengeschichte ist in diesem Bereich bestenfalls peinlich oberflächlich und schlimmstenfalls jämmerlich uninformiert. Er scheint nicht zu wissen, daß Theresia von Avila und Johannes vom Kreuz, um zwei seiner Beispiele anzuführen, seinem Weg zu mystischer Erfahrung eisern widerstreiten würden. Ihre Lehre über Mystik basierte auf zwei wesentlichen Voraussetzungen:

1. Mystische Erfahrung ist nicht das gewöhnliche Ziel des spirituellen Lebens, sondern ein außergewöhnliches Phänomen, welches Gott nur ganz wenigen... zuerkennt;

2. Mystische Erfahrung kann nicht gesucht werden, sondern es ist ihr heftig zu widerstehen, solange es nicht sicher ist, daß sie von Gott kommt. Das ist weit entfernt von Clarks Versuch, ekstatische Zustände durch psychodelische Drogen ‚einzuschalten' oder ‚auszulösen'."

Die meisten mir zugänglichen Rezensionen betonen die Vorsicht und Behutsamkeit, mit der Clark die kontrollierte Verwendung von Drogen zur Debatte stellt. Wahrscheinlich ist aber — für die praktische Verwendung — eine noch viel größere Zurückhaltung erforderlich. Diese Empfehlungen sind ohne Zweifel bestreitbar. Sie haben aber — jenseits der praktischen Interessen des Religionspsychologen — einen bedeutsamen soziokulturellen Aspekt, der — dies ist noch auszuführen — auch maßgeblich war für den Plan der Übersetzung dieses Buches und seiner Aufnahme in die Reihe „Das Bild des Menschen in der Wissenschaft". Dieser Aspekt könnte etwa durch die Frage gekennzeichnet sein: In welcher religiösen und kirchlichen Verfassung muß eine Gesellschaft und müssen Menschen sein, die sich gedrängt sehen, um der Möglichkeit religiöser Erfahrung willen rauschauslösende Drogen einzunehmen? Auf dies Problem weist in ihrer Besprechung in „National Register" im April 1970 Patricia Kurfmann hin:

„Dr. W. H. Clark ist wirklich ein mutiger Mann. 1970 den Gebrauch von LSD rechtfertigen zu wollen, ist vergleichbar der Verteidigung von Hexerei in Salem... Wir sind heute gesegnet mit einer Fülle von Theologen und Priestern, erklärt er, aber uns mangeln Propheten und Mystiker, welche für spirituelle Energie sorgen, nicht nur für die Kirche, sondern auch für andere Institutionen wie für die gesamte Gesellschaft." P. Kurfmann schließt: „Der gute Mann ist so ernsthaft beim Zusammentragen seiner absurden Kombination von Statistiken, Enthusiasmus, sozialem Streben und historischen Vorbildern, daß man sich schämt zu lachen. Doch das ist leichter zu tun, als aufzuhören, sich zu fragen, ob unsere heruntergekommenen Kirchen und gemeinsamen Werte nicht tatsächlich der Antrieb des Verlangens des darbenden Menschen nach transzendenter Erfahrung sind. Wenn wir einen Zustand der Christenheit erreicht haben, in dem chemische Ekstase ernsthaft vorzuschlagen notwendig ist, ist es nicht zum Lachen. Thomas Merton hätte geschrien."

Die angeführten Rezensionen kennzeichnen den kritischen Standort des Herausgebers nur teilweise. Sein leitendes Interesse ist in der Frage zu fassen: Was ist zu tun und zu erreichen, wenn das im Rausch so leicht zu verfehlende religiöse Erleben ermöglicht werden soll, ohne den Deus ex machina der Droge?

Das Problem der Beziehung „Droge — religiöses Erleben" ist aber enthalten in dem umfangreichen anthropologischen Problem der „chemischen Ekstase". Die Eigenart der Rauscherlebnisse ist psychologisch noch bei weitem nicht ausreichend erkundet. Wie der Traum, so kam auch der Rausch im Rahmen der Psychologie als Lehre vom Bewußtsein (im Sinne Descartes') nur auf psychopathologischen Umwegen in den Horizont der Psychologie. So können wir angesichts des Problems der Eigenart des Rauscherlebens allenfalls zu hypothetischen Feststellungen kommen. Daß wir das Problem bisher noch nicht gelöst haben, darf nicht Anlaß sein, es ungelöst liegen zu lassen; und daß wir noch keine psychologische Theorie über das Rauscherleben haben, darf uns nicht hindern, Vermutungen anzustellen und Hypothesen zu entwerfen — wie das z. B. Clark u. a. in diesem Buch tut. Irgend etwas muß sich in der wissenschaftlichen Analyse des Rauschzustandes finden lassen, das die Ursache für die Versuchung ist, im Rausch zu suchen, was man außerhalb des Rausches nicht finden zu können meint. Was mag das sein, was Menschen im Rausch suchen? Nur wenn wir uns an die Vorschrift halten, unter „Bewußtsein" nichts anderes zu verstehen, als was Descartes definierte — und Descartes' Bewußtseinsbegriff determiniert immer noch weitgehend die Auffassung von „Bewußtsein" in der Psychologie und Psychopathologie —, nur dann können wir uns beruhigen mit der Feststellung, der Zweck des Rausches sei das Vergessen einer unakzeptablen Wirklichkeit. Geradezu exemplarische Bedeutung für diese Problematik hat der in unserer Zeit so verbreitete Drogenmißbrauch bei Jugendlichen. Es ist relativ einfach, im Rauschgiftmißbrauch nichts als Realitätsflucht oder Flucht ins Irreale zu sehen. Können wir aber den Jugendlichen, die zu dieser Flucht neigen, mit einer solchen Feststellung helfen? Und ist die reine Negation der Neigung zur Irrealität durch Verbot, Kontrolle, Strafe, Überredung usw. so überzeugend, daß sie sowohl therapeutisch als auch prophylaktisch die erwünschte Wirkung hat? Die reumütige Rückkehr zur Realität? Ist nicht diese tendenziös einseitige Deutung des Drogenmißbrauchs wirklich viel zu einfach? Zu einfach deshalb, weil allzu selbstverständlich und kritiklos „die Realität" als unantastbare Gegebenheit betrachtet wird und als unbezweifelbar feststehende Tatsache gilt. Wie sieht denn die „Realität" der „Realisten" aus, der junge Menschen so oft durch Flucht in den Rausch den Rücken kehren? Selbst wenn die Realitätsflucht mittels des Rausches ein pathologischer Zug ist, ist dann auch schon die Ablehnung „der Realität" als unakzeptable Realität ein „Fehler" oder „Unrecht", ein Merkmal von Abnormität oder Bewußtseinsstörung? Wer hat denn den Beweis dafür erbracht, daß das, was „man" „öffentlich" unter Realität versteht, um jeden Preis recht hat, und daß folglich jeder Jugendliche, der diese Realität ablehnt, unrecht hat? Oder sollen wir nicht doch lieber prüfen, ob auch unsere rauschgiftbedrohte Jugend ein wenig recht hat, und ob folglich das öffentliche Verständnis von Realität sich doch nicht ganz deckt mit jener Wirklichkeit, deren insbesondere junge Menschen bedürfen, um sich selbst in ihr verwirklichen zu können, um in der schon gegebenen Wirklichkeit ihre persönliche Wirklichkeit zu finden?

Das „öffentliche Verständnis" von Realität ist in unserer Zeit und in unserem Kulturbereich weitgehend wissenschaftlich geprägt. Unter „Natur" versteht man die wissenschaftlich analysierte Natur, obwohl die Rätsel der Natur immer wieder die Theorien über die Natur überrollen. Unter Bewußtsein versteht die psychologische Bewußtseinslehre seit W. Wundt das leibjenseitige Bewußtsein des rationalen Denkens in der Eingrenzung Descartes' oder allenfalls John Lockes. Und fragen wir danach, was denn das Merkmal von Realität ist, so zeigt sich unschwer die Identifizierung von Realität und Materialität, so zeigt sich als entscheidendes Kriterium der Realität die Palpabilität. Wo der Positivismus mehr ist als ein Prinzip wissenschaftlicher Erfahrung, wird er zur Metaphysik, die J. H. Woodger[1] als „Finger- und Daumen-Metaphysik" bezeichnet. Nach dieser Metaphysik sind alle „irrealen" Rätsel der Realität und alle „irrationalen" Rätsel des denkenden und werdenden Menschen beseitigt, alles ist auf „die Realität" reduziert („ist ja nur", *is nothing but*), alles ist durchleuchtet und durchschaut. Im Grunde gibt es nichts mehr zu zweifeln, zu raten und zu denken, es gilt lediglich, das reine Nichts der durchschauten Irrationalität und Irrealität zu akzeptieren. Für die, die erst nach der gelungenen Reduktion zur Welt kamen, bleibt nichts mehr zu tun, als sich einzufügen in das wohlgefügte Establishment der Realität.

Eben dies scheint jungen Menschen, die noch ganz erfüllt sind vom Projekt ihrer persönlichen Reife und Selbstverwirklichung, nicht glaubwürdig zu sein. Sie können nicht an eine rätsel- und problemlose Welt glauben, da sie sich selbst Rätsel und Problem sind, da für sie das zentrale Anliegen ihres Werdens die Auseinandersetzung mit der Wirklichkeit und mit sich selbst ist, die eigene Begegnung mit der Wirklichkeit der Welt und ihrer selbst. Sie wollen sich selbst finden, zu sich kommen, sich sammeln und besinnen können, die Unfertigkeit um sie herum und in ihnen selbst einholen durch Integration zwischen der irrationalen und der rationalen Hemisphäre, die sie selbst sind. Eben dies ist „Reifen", und ihr „Reifenwollen" ist ebenso unausweichlich wie ihr „Werdenmüssen". Weil sie ganz darauf angelegt sind, ihre eigenen Rätsel lösen zu müssen, können sie nicht an die endgültig enträtselte und festgefügte Welt einer Realität glauben, in der es für sie nichts mehr zu enträtseln und zu entzaubern gibt. Ja, eine unumstößlich enträtselte Realität muß für sie eine Welt sein, die die Lösung der Rätsel des eigenen Werdens geradezu ausschließt.

So scheint auch die Gleichzeitigkeit so auffälliger Symptome wie die Neigung zum Drogenmißbrauch und das Destruktions-

[1] J. H. Woodger, *Biology and Language*. Cambridge Univ. Press 1952.

bedürfnis Jugendlicher nicht zufällig zu sein. Ich vermute, daß die beiden scheinbar so beziehungslosen Reaktionsweisen zwei — vielleicht entgegengesetzte — Versuche sind, *ein* Problem zu bewältigen, sich gegen eine unakzeptable Realität einen Weg zu bahnen zu einer Realität, in der der Vollzug des individuellen Werdens möglich ist. Die Rebellen versuchen, durch die Zerstörung der gegebenen Wirklichkeit jenen Nullpunkt jeder Wirklichkeit zu finden, von dem aus sich die Wirklichkeit der unbeeinträchtigten individuellen Freiheit errichten läßt. Aber sie bleiben in der Negation und Zerstörung gefesselt; ihr Zwang zur Freiheit erstickt die Freiheit in der Totalität des Zwanges.

Die Pilger der „high trips" hingegen kehren der gleichen abgelehnten Realität den Rücken, um in sich die Ausweitung ihrer Freiheit in einer ganz anderen Wirklichkeit zu suchen, ganz anders als die „Brot- und Kartoffel-Wirklichkeit"[2]. Auf der Flucht vor der entzauberten Welt suchen sie eine neue und weitere Welt, die sie zu bezaubern imstande ist. So könnte es durchaus möglich sein, daß sich in den pathologischen Symptomen der Zerstörung und der Flucht in den Rausch eine entzaubernde Götterdämmerung der positivistischen Entzauberung der Wirklichkeit ankündigt.

Gesetzt den Fall, der Zauber der Droge ließe sich zumindest in den meisten Fällen als „fauler Zauber" entlarven, so bliebe doch die Frage, welcher nicht-faule Zauber eigentlich ersehnt war, die Frage: Wie müßte eine Wirklichkeit aussehen, die jede Intention auf Rauschzustände überflüssig machte?

Eben zur Lösung dieser Frage kann uns der in Clarks Buch so ärgerliche Tatbestand behilflich sein, daß der Zauber der Droge doch nicht in allen Fällen „fauler Zauber" war. Der „statistischen" Entlarvung als „fauler Zauber" steht die kasuistische Tatsache entgegen, daß es analysierte Fälle gibt, in denen eine Droge behilflich war, Hindernisse der Integration der individuellen Entwicklung zu beseitigen[3].

In seiner Abhandlung „General Observations on Drug Habi-

---

[2] So nennt sie John L. Kuehn, Counseling the College Student Drug User: *Bulletin of the Menninger Clinic*, Vol. 34, Nr. 4, July 1970, S. 208.
[3] Vgl. auch dazu: H. C. Leuner: *Die experimentelle Psychose.* Berlin 1962, sowie: Die toxische Exstase. In: Th. Spoerri, *Beiträge zur Ekstase*, Basel/New York 1968, S. 73 ff.

tuation"[4] untersucht R. E. Reinert die Frage: „What are the common denominators which could throw light on the near universality of the phenomenon?" Er stellt fest, daß die volle Antwort darauf in der Pharmakologie oder in unmittelbaren Wirkungen der Substanzen nicht zu finden sei. In allen Süchten und Rauschgewohnheiten zeigt sich eine spezifisch menschliche Motivation, sowohl in der Drogensucht als auch in der Gewohnheit des Alkoholgenusses. Wenn wir die beiden Begriffe „Rauschgiftmißbrauch" und „Alkoholgenuß" vergleichen, so fällt die Ungleichheit zwischen der ablehnenden und tolerierenden Position der Urteilsbildung auf. Man wird den von Rudolf Gelpke[5] erhobenen Vorwurf, darin zeige sich eine Unaufrichtigkeit der westlichen Argumentation, kaum als sachlich unbegründet ablehnen können.

Ein gemeinsames Element aller Rauschmittelabhängigkeit ist nach Reinert die Entstehung eines künstlichen Bedürfnisses. Es handelt sich also um etwas anderes als um ein physiologisches Bedürfnis wie z. B. Hunger oder Durst; ein Bedürfnis, das nicht in der Natur des Organismus seinen Grund hat, sondern so etwas wie einen künstlichen Hunger darstellt. Aber dieser künstliche Hunger richtet sich weniger auf Sättigung und Beruhigung als vielmehr auf ungewohnte und neuartige Erlebnisse und auf Abwechslung.

Schon darin wäre die wohlfeile Gelegenheit gegeben, den Zeigefinger belehrend zu erheben, die Unnatürlichkeit des Tuns aufzuweisen und davor zu warnen. Wenn aber alles unnatürlich ist, was der Mensch an Bedürfnissen, Wünschen und Sehnsüchten in seinem Lebenslauf und in der Geschichte hinzugewinnt, über die physiologischen Bedürfnisse im Sinne der Homöostasetheorie hinaus, dann müssen wir konsequenterweise feststellen, daß der Mensch von Natur aus ein unnatürliches und auf künstliche Ergänzung hin angelegtes Lebewesen ist. Es lassen sich beim Menschen zu viele Bedürfnisse und Motivationen finden, die der Auffassung der Homöostasetheorie oder der Spannungsreduktionstheorie widersprechen, die keineswegs der Erhaltung des Gleich-

---

[4] In: *Bulletin of the Menninger Clinic*, Vol. 34, Nr. 4, July 1970, S. 195 ff.
[5] R. Gelpke: *Drogen und Seelenerweiterung*. Kindler-Taschenbuch, Nr. 2065/66, S. 136 f.

gewichts und der Lösung der Bedürfnisspannung dienen, sondern eine entgegengesetzte Intention zeigen: Ungleichgewicht herbeizuführen, die Spannung zu steigern, Erregung zu suchen, statt zu beruhigen. Gäbe es diese Art von Bedürfnissen nicht, so gäbe es keine Sucht, keine Drogenabhängigkeit, keinen Alkoholgenuß — aber auch keine Kultur und keine vom Menschen gestaltete Welt. Zu allem Überfluß scheint — wie schon angedeutet — diese Unnatur des Menschen tief in seiner Natur verankert zu sein. K. Menninger formuliert: „Es gibt einen starken Drang innerhalb des Organismus, eine Zustandsänderung herbeizuführen und einige jener bekannten Störungen zu veranlassen, denen die regulatorischen Prozesse des Organismus zu widerstehen disponiert sind."[6] Das heißt aber, daß der Konflikt zwischen dem Bedürfnis nach Erregung und Spannung und dem homöostatischen Bedürfnis nach Beruhigung und Lösung *im* Organismus verwurzelt ist[7].

Zu der gleichen Problematik kommentierten Isidor Chein und andere[8]: „Zumindest für das normale westliche Denken ist die Erwartung einer endlosen Erfülltheit durch die Abwesenheit von Verlangen nicht sonderlich attraktiv. Normale Menschen z. B. suchen nicht mit größter Begierde nach der Erreichung eines Reifestatus, in dem sie sich selbst jenseits von sexuellem Verlangen finden werden; und wenn sie ein Alter erreichen, das durch ein merkliches Nachlassen des sexuellen Verlangens charakterisiert ist, so betrachten sie diesen Aspekt ihrer erreichten Reife nicht gerade als Aktivposten. Ebensowenig freut sich die Durchschnittsperson auf den Tag, an dem sie in der Lage sein wird, das Ernährungsbedürfnis ihres Körpers (oder um dem Hunger vorzubeugen) mit einer Pille zu befriedigen. Der Nirwanaähnliche Endzustand der Zufriedenheit mag schätzenswert und erfreulich sein, aber die Lust liegt in der Aktivität, die am Werk ist, diesen Endzustand möglich zu machen; der Endzustand selbst ist, zumindest zum Teil, erfreulich lediglich in der Sicherheit des Glaubens, daß er nicht das endgültige Ende ist, sondern daß es einen Weg geben wird zur Erneuerung des Sehnens."

[6] Karl Menninger, *The Vital Balance*. New York 1963, sowie: Ludwig v. Bertalanffy: General System Theory and Psychiatry — an Overview: *Psychiatr. Spectator*, 4 (7), 6—8, 1967.
[7] Vgl. J. W. Revers, Die Zeitlichkeit der Motivation: E. Wiesenhütter: *Werden und Handeln*. Stuttgart 1963.
[8] *The Road to H.*, Basic Books, New York 1964.

Der Generalnenner all dieser transvitalen, antihomöostatischen, „unnatürlichen" Bedürfnisse ist gekennzeichnet durch die menschliche Sehnsucht, mehr als nur leben zu können, erfüllt leben zu können, erfüllt von der Aktivität der Gestaltung des Daseins in der Leere des puren Lebensvollzuges. Die Gestalt dieser Leere ist die Langeweile[9]: der Abscheu gegen die eigene Leere der Untätigkeit, die uns mit dem Moloch der vernichtenden Zeit konfrontiert. Die Langeweile ist der Stachel in unserer Seele, der uns aus der Passivität des unerträglichen Gleichgewichts hinaustreibt in die Leistung und Gestaltung unseres Daseins.

Hier auch scheint der Stachel zu liegen, der junge Menschen antreibt, die erstarrten Bastionen von leblos gewordenen Traditionen zu schleifen. Auch Reinert weist darauf hin[10], daß sowohl im Drogengenuß als auch in der Rebellion die Herstellung enger Gruppenzugehörigkeit und die Ausrichtung auf ein Lebensziel angestrebt und gesucht ist.

John L. Kuehn, Clinical Director for Counseling and Mental Health Services an der Louisiana State University, kann aufgrund seiner Beratungspraxis[11] einige bemerkenswerte Befunde mitteilen. Er stellt fest, daß einer von drei College-Studenten schon einmal versucht hat, seine Zuflucht zu Marihuana oder LSD zu nehmen. Nach dem Grund gefragt, weisen die Studenten hin auf das Gefühl von altruistischer Hilflosigkeit als Folge von genuinen Rissen im politischen System Amerikas, insbesondere der Diskrepanzen zwischen den Idealen der „Gerechtigkeit", „Verzeihung" und „Gleichheit" einerseits und der Wirklichkeit bezeichnender Mängel in der gesetzlichen, kriminologischen und sozialen Praxis, die von Rassenzugehörigkeit und ökonomischem Status abhängig ist, andererseits. Die normale Entwicklungsproblematik der Jugend ist gesteigert durch eine tiefe Unsicherheit über die Werte in unserer Gesellschaft. Als wichtigste psychologische Grundzüge der Zuflucht von Studenten zu psychodelischen Drogen (insbesondere LSD) bezeichnet Kuehn:

1. Die Tendenz zum Sich-ausleben in der Gegenwart;
2. Eine exzessiv passive und reaktive Position in zwischen-

---

[9] Vgl. W. J. Revers, Die Langeweile — Krise und Kriterium des Menschseins: *Jb. f. Psychologie u. Psychotherapie*, 4, 1965, S. 157 ff.
[10] R. E. Reinert, a. a. O. 201.
[11] *Counseling the College Student Drug User*, a. a. O.

menschlichen Beziehungen. Sie agieren nicht, aber *reagieren* exzessiv. Ihre passive Haltung ist begleitet von bedrückenden unbewußten Gefühlen der Hilflosigkeit und „Ortslosigkeit", künstlich maskiert mit Feindseligkeit gegen das Establishment. „Die Analyse dieses spezifischen Symptomkomplexes kennzeichnet den Drogengenuß als regressiven und verzweifelten Versuch, mit untergründigen schmerzvollen Affekten fertig zu werden durch einen lautstarken Rückzug vor der Begegnung mit der Welt der ‚Brot-und-Kartoffel-Realität'."[12]

3. Ernsthafte geistige Schwierigkeiten im Denken und Sprechen;

4. Unerklärliche Depressionen;

5. Studienschwierigkeiten, die keine Beziehung haben zu Realitätsproblemen oder zu Schwierigkeiten in der Umgebung;

6. Enttäuschung im Sexualverhalten;

7. Repression und Rationalisierung dem eigenen Fühlen gegenüber;

8. Intellektualisierung und Isolation.

Abschließend weist Kuehn eigens darauf hin, daß die Studenten, die es mit Drogen versucht haben, bereitwillig und freiwillig zur Beratung kamen. Offensichtlich hatten diese ratsuchenden Studenten nach ersten Versuchen von Drogen bemerkt, daß der Rausch ihre Probleme nicht löst und daß man seinen Problemen nicht entfliehen kann. Wer der Versuchung verfällt, seine Probleme dadurch zu lösen, daß er sie im Rausch vergißt, verfehlt seine Selbstverwirklichung und *ist* ein „deserteur du monde".

Verschiedene Epochen zeitigten verschiedene Modi oder auch Moden, in der Jugend vor sich selbst und seinen Konflikten und Problemen davonzulaufen. Heutzutage sind es Drogen, die dazu dienlich sein sollen. Der psychologische Schaden der verfehlten personalen Reife bis zur Depersonalisation ist nicht eine Folge von Drogen, sondern eine Folge der Flucht vor der Wirklichkeit und vor sich selbst.

Das darf uns aber nicht darüber hinwegberuhigen, daß es unter denen, die LSD einnahmen, einige gibt, die nicht vor der Wirklichkeit schlechthin ausreißen wollten, sondern die — mittels des Rausches — eine neue Wirklichkeit suchten, und — in einigen Fällen — fanden. Sie suchten eine Ausweitung der Wirklichkeit und

[12] a. a. O. S. 208.

der Welt ihres Bewußtseins und Erlebens, damit auch das erlebbar werde, was in der Welt wissenschaftlichen Alleswissens gar nicht existiert, was außerhalb des Zaunes der wissenschaftlich erklärten Dinge liegt, unbekümmert um die Grenzen oder Ohnmacht unserer wissenschaftlichen Erkenntnis existiert und unserem Erleben und Verstand zum Problem, d. h. zum Vorwurf wird.

All diese Argumente richten sich nicht gegen die Wissenschaft, sondern gegen die fehlende Selbstkritik einer wissenschaftlichen Argumentation, die allwissender tut, als Wissenschaft sein kann.

Schon wenn das Wort „Bewußtseinserweiterung" fällt, erhebt sich der Unwille derer, die sich längst daran gewöhnt haben zu glauben, alle kognitiven Phänomene, die außerhalb des rationalen Bewußtseins im Sinne von René Descartes oder John Locke liegen, seien eo ipso psychopathische Phänomene. Aber ein lange gewohnter Glaube wird nicht dadurch wissenschaftlich verbindlich, daß er eben „lange gewohnt" und scheinbar selbstverständlich ist. Die Ablehnung jeder Möglichkeit einer Bewußtseinserweiterung, noch außerhalb des Bereiches der Abnormität oder Psychopathie, muß sich auf die Voraussetzung stützen, daß „Bewußtsein" das *ist*, als was es Descartes oder Locke definierten. Wäre das so, dann freilich wäre Bewußtseinserweiterung allenfalls ein pathologisches Phänomen. Daß die Grenzen des Bewußtseins möglicherweise viel weiter sein können, wußten Leibniz, Schelling, C. G. Carus und viele andere; und seit Freuds Lehre vom Unbewußten spätestens ist die begriffliche Fassung von Bewußtsein im angeführten Sinne auch der früheren psychologischen Bewußtseinslehre ein Anachronismus.

Was als bewußtseinsfähig und als nicht bewußtseinsfähig gilt, das ist, wie wir sehen können, u. a. von tradierten sozio-kulturellen Auffassungen abhängig. Aber tradierte Selbstverständlichkeiten haben nicht eo ipso die Würde wissenschaftlicher Sätze oder logischer Prämissen oder gar Syllogismen. Unser Bewußtsein des Bewußtseins ist wie das Bewußtsein vergangener Generationen sehr weitgehend vom Zeitgeist der Epoche geprägt, in der wir leben.

Der Bereich dessen, was in uns grundsätzlich bewußtseinsfähig ist, ist viel umfangreicher als der Bereich unseres Inneren, über den wir konkret und bewußt verfügen und den wir sprachlich fassen können. Ob z. B. Träume dem Bereich des Bewußtseins zugezählt werden, das hängt von epochalen Auffassungsgewohnheiten und terminologischen Moden ab. Daß sie nicht „Schäume" oder m. a. W. widerbewußter Unsinn sind, mußte uns spätestens durch Freuds Traumanalyse klarwerden. Daß wir Zonen unserer Innerlichkeit nicht verstehen d. h. nicht in unsere rationale Systematik der Selbst- und Weltbetrachtung einordnen können, bedeutet noch nicht, daß diese Zonen grundsätzlich nicht betrachtbar und entzifferbar wären. All das ist kulturhistorisch entscheidend mitbedingt ebenso wie der Grenzstrich, den wir zwischen Realität und Irrealität legen. Gewiß gibt es ohne die Bildung von Tradition keine kontinuierliche Fortentwicklung von Kultur oder von Wissenschaft. Diese kulturhistorische Bedingtheit aber hat auch die Kehrseite, daß sich historisch epochale Gewohnheiten bilden, die Dinge so und so zu deuten und zu betrachten. Und Gewohnheiten wirken auf die kritische Erkenntnis sub specie veritatis nicht gerade erhellend, sondern vielmehr abstumpfend. In dem, was wir „Weltanschauung" nennen, ist also eine historisch-genetische Selektivität am Werke gewesen; das, was wir als bedeutsam, wertvoll oder auch der wissenschaftlichen Unterscheidung würdig erachten, das ist in bedenklichem Maße von historisch gewachsenen Gewohnheiten mitbestimmt. Vielleicht ist es ein Kriterium menschlicher Endlichkeit, daß dasselbe, das für uns in der Kulturgeschichte Voraussetzung der Kontinuität der Fortentwicklung ist, die Tradition nämlich, zugleich als Gewohnheit zum historisch relativen und subjektivistischen Handikap der Wahrheit und kritischen Kontrolle der Erkenntnis der Wahrheit wird. Ostasiatische Denker würden sich gewiß weigern, das Bewußtsein lediglich in unserer westlich-aufgeklärten Grenzziehung zu akzeptieren, dagegen Phantasie, Träume, mystische Erlebnisse, Gefühle oder Ahnungen als nicht dem Bewußtsein zugehörig zu betrachten. Und weshalb hat hier grundsätzlich unsere westliche Auffassung recht? Nur weil es die uns vertraute und gewohnte Auffassung ist, die vielleicht innerhalb des Bereiches westlicher Kultur eine sichere Majorität der Übereinstimmung findet? Gewiß ist die Wissenschaft ex principio der Wahrheit verpflichtet; das hindert aber nicht, daß sie in concreto dennoch kulturbedingten und epochalen Moden unterliegt. Vor der Wahrheit wiegt der Konsens nicht, die kleinsten Entdeckungen kontroverser Tatsachen können die stolzesten tradierten Theorien über den Haufen werfen.

Die Selektivität unserer geschichtlichen Bewußtseinsbildung hat einen nachdrücklichen Einfluß auf das, was wir für „normal" und für „abnorm" halten. Sie wirkt entfaltungsfördernd und stilisierend auf das eine, z. B. auf das Ernst-Nehmen der Wirklichkeit, die wissenschaftlich analysiert ist, und entfaltungshemmend und abstumpfend auf das andere, z. B. durch die Vernachlässigung, Verachtung oder Annulierung von Phänomenen, die sich der wissenschaftlichen Analyse in üblicher Manier entziehen. Sie ist gewichtig genug, uns darauf festzunageln, daß Wirklichkeit nur durch Palpabilität auszumachen ist, daß dagegen alles wissenschaftlich noch nicht Durchschaute gar nicht wirklich existiert. Sie kann uns darauf festnageln, an die Wirklichkeit von Brot und Kartoffeln fest zu glauben, die Wirklichkeit von Erlebnissen, zum Beispiel religiösen Erlebnissen, wie sie etwa Rudolf Otto beschrieb, als „überholte" Hirngespinste vom Tisch zu wischen. Dabei mag die Denkgewohnheit einer solchen „Wischbewegung" sogar den Nimbus von Exaktheit geben. Man stelle sich vor, ein in dieser Weise historisch selektiv verfaßter Mensch nimmt eine Droge und erlebt plötzlich und unerwartet die Wirklichkeit von neueren Phänomenen, von denen er vorher kaum etwas bemerkte oder nie etwas wußte, so tut sich die Alternative auf: Entweder die bisherige Grenzziehung um die Wirklichkeit auszuweiten oder die alten Grenzen zu verteidigen und den störenden „Grenzgänger" einzusperren. Mit größter Wahrscheinlichkeit läßt sich ein psychopathisches Syndrom finden, das seine Entmündigung rechtfertigt. Es gäbe aber eine dritte Möglichkeit, nämlich die Erlebnisse von Drug-Users zum Anlaß zu nehmen, die Gewohnheiten, die sich hinter unseren wissenschaftlichen Auffassungen verbergen, unter die Lupe zu nehmen und die Stichhaltigkeit der uns selbstverständlich gewordenen Terminologie anzuzweifeln und aufs Neue kritisch zu überdenken.

Um dieser Provokation willen wurde die Übersetzung des Buches von Clark in unsere Reihe aufgenommen.

Was Clark zur Verwendung von Drogen in der Seelsorge anrät, mag — trotz seiner Behutsamkeit — fragwürdig sein: Der Rausch ist noch keine Meditation. Daß unserer Zeit in der Übersteigerung der „vita activa" die „vita meditativa", die Sammlung,

Besinnung und Besonnenheit mangelt, läßt sich leicht zeigen. Daß der Hunger nach Meditation sich — aus steigendem Mangel — steigern kann, ist verständlich. Daß auch eine Droge, die uns helfen kann, die Sperrmauer zu durchbrechen, welche die Gewohnheit zwischen unserer Betriebsamkeit und der uns fehlenden „anderen" Wirklichkeit aufrichtete, nicht grundsätzlich verworfen werden kann, liegt nahe. Daß aber bei allgemeiner Verwendung von Drogen zum Zweck der Wiederbelebung der religiösen Wirklichkeit der zu häufig zu entrichtende Preis der Realitätsflucht und damit der Flucht vor Entscheidung und Verantwortung unvertretbar wäre, das mag sogar mit dem Drogentabu in der öffentlichen Meinung übereinstimmen. Aber — so müssen wir auch fragen — wodurch und inwieweit ist uns der Blick für die Wirklichkeit des Unpalpierbaren, des Stoffjenseitigen, des Außerzeitlichen und Transzendenten abgestumpft, daß es der chemischen Nachhilfe bedarf, um dem Sog der verengten Wirklichkeit eines praktischen Positivismus entkommen zu können? Diese Frage auf jeden Fall richtet Clarks Buch an den kritischen Leser, der die Voreingenommenheit seiner anfänglichen Entrüstung überwindet.

Wilhelm J. Revers

VORWORT

Seit ich 1961 die Gelegenheit zum Besuch der von Dr. Leary damals an der Harvard-Universität veranstalteten Seminare hatte, galt mein Hauptinteresse der Erforschung der religiösen Aspekte der psychodelischen Drogen. Seit dieser Zeit war ich bei etwa 175 Verabreichungen von Psilocybin und LSD als Beobachter oder in der Leitung tätig. Ich habe etwa 200 Personen gesprochen, die diese Drogen genommen haben; rund weitere 100 habe ich durch Fragebogen und 50 durch Fragebogen und Interviews befragt. Die „Reisen", auf die die Fragen zielten, waren teils legal, teils illegal unternommen worden, obwohl meine direkten Kontakte in der Hauptsache durch angemessen durchgeführte Experimente zustande kamen. LSD und Psilocybin habe ich mehrfach selbst genommen. Obwohl primär an den religiösen Aspekten interessiert, habe ich mich den anderen Gesichtspunkten nicht verschlossen.

Kritiker der Drogen behaupten zu Recht, daß die Reaktionen unterschiedlich und unvoraussagbar sind. Sie sind so unvoraussagbar wie die menschliche Natur in der Mannigfaltigkeit ihrer bewußten und unbewußten Zusammenhänge. Auf eine — und zwar eine neunundneunzigprozentige — Voraussagbarkeit bin ich allerdings gestoßen: diejenigen, die, aus welcher Perspektive auch immer, auf ihre psychodelischen Reisen zurückschauen, bejahen die Einnahme der Droge. Das ist ein seltsames Ergebnis bei Stoffen, deren Gefahren von so vielen Mitgliedern naturwissenschaftlicher und medizinischer Körperschaften publizistisch besprochen worden sind! Ohne Zweifel bestehen Gefahren, aber die Warnrufe stammen großenteils von Menschen, die selten, wenn überhaupt, einer Drogenverabreichung von Anfang bis Ende beigewohnt haben — die nie die Wege einer Gruppe psychodelischer Wanderer mitgegangen sind, und die vor allem nie selbst Drogen versucht haben. Sie haben sich mit dem wissenschaftlichen Hören-Sagen begnügt, sich also geweigert, vor Galileis Teleskop zu treten.

Ganz bewußt wähle ich diesen Vergleich: sollten sich Ergebnisse bestätigen, die sich bereits andeuten, brächten sie einen

Durchbruch in der Therapie hartnäckiger Geisteskrankheiten, die bislang vergeblich der Heilung harren. Solche Erfolge wären eng den religiösen Besonderheiten der Drogen verbunden, einem Aspekt, den auch kluge Forscher oft vernachlässigen. Die Drogen bieten einen guten Zugang zu dem, was William James für die Wurzel der Religion gehalten hat, nämlich zur mystischen Erfahrung, der ergreifendsten und verwandlungsträchtigsten Erfahrung, die dem Menschen bekannt ist. Ich will nicht kategorisch behaupten, daß die Entdeckung des LSD von gleichem Range sei wie die kopernikanische Wende, ich sage nur, daß sie solchen Rang erreichen könnte. Es wird noch vieles geduldigen, unvoreingenommenen Forschens bedürfen, um über den Wert der Drogen für Wissenschaft und Religion Klarheit zu gewinnen. In der Zwischenzeit bleibt zu hoffen, daß die Gesetzgebung das Recht der Bürger achtet, unter sorgsam kontrollierten Bedingungen Drogen zu nehmen, um Aufschluß über den Wert dieser Mittel für die Religion und Gesellschaft zu gewinnen. Es ist eine erstaunliche Erfahrung, zu beobachten, wie in der psychodelischen Erfahrung Mitleid und Freundlichkeit erwachen, und so erfüllt wird, was Loren Eiseley gefordert hat: „Nicht *mehr* Gehirn tut not, sondern der freundlichere, duldsamere Mensch anstelle dessen, der einst für uns den Kampf gegen Eis, Tiger und Bär gewann." Wenn Verstehen, Einfühlsamkeit und Mitleid für unsere Generation wichtig sind, dann kann nur der furchtsame Drang nach der Sicherheit der Herde Forscher davon abhalten, entschlossen jene Drogen zu erforschen, die hier Hilfe zu verheißen scheinen.

In meiner achtjährigen Erforschung der Psychodelica habe ich mich gewissenhaft bemüht, die einzelnen Aspekte des Problems gegeneinander abzuwägen. Ich habe mich in die Lage derer zu versetzen versucht, die ich heute kritisiere, und ich denke, daß meine Emotionen und Meinungen im Laufe der Zeit in gewisser Weise alle Aspekte widergespiegelt haben, die aufgeworfen worden sind. Aber ich habe auszuwählen und abzuwägen versucht, immer das besonders hochschätzend, was an Beobachtung aus erster Hand verfügbar war.

Besonders bei dem sogenannten Harvard-Zwischenfall habe ich mich aus nächster Nähe mit den Harvard-Autoritäten zu identifizieren versucht. Das führte dazu, daß ich zumindest ihr Dilemma mitempfand. Ich bin froh, in der Leary-Kontroverse nicht in ihren Positionen gewesen zu sein. Allerdings sei festgehalten, daß meine Untersuchung fast von Anfang an in die Richtung einer Rechtfertigung Dr. Learys wies und den Irrtum eher auf Seiten seiner Kritiker in Harvard sah, wie sich in diesem Buche zeigen wird.

Ich habe mein Thema so klar und so einfach darzulegen versucht, wie mir das möglich war, damit es nicht nur den mit Theologie und Psychologie fachlich Befaßten informiere, sondern ebenso den allgemein gebildeten Leser. In jedem Fall verlangt die wissenschaftliche Behandlung eines Themas zu Beginn die Beschreibung des Arbeitsgebiets, das dann im einzelnen abgehandelt werden soll. Ich habe nicht den Versuch unternommen, die unendliche Vielschichtigkeit der innerlichen Räume auszuschreiten. Das sei den Nachfolgern Freuds, Ranks und Jungs sowie den Theologen überlassen. Ich habe einfach eigene Beobachtungen und die Berichte anderer wiederzugeben versucht, um dem Leser zu helfen, seine emotionalen Perzeptionen zu schärfen, wo Einfühlsamkeit für das Verstehen wichtig wird. Dem dienen hauptsächlich die Anführung verschiedener „Fälle" und die Zitierung von Testpersonen und Patienten. Mit anderen Worten: ich habe Phänomenbeschreibungen in den Mittelpunkt gestellt.

Mein Dank gilt besonders meiner Frau Ruth, die, obwohl sie gegen alle Drogen ist, für mich etwa die Rolle eines *particeps criminis* gespielt hat: Sie hat mich zu der Untersuchung ermutigt; sie hat mich zu treuem Ausharren gegenüber dem einmal gefaßten Plan des Schreibens angehalten und auf meine Gesellschaft verzichtet, wenn die Arbeit über bestimmten Aspekten des Unternehmens mich von zuhause fortrief. Mein Freund Timothy Leary führte mich in das Gebiet der psychodelischen Chemikalien ein und vermittelte mir so jenes Interesse, das mich so in Anspruch genommen und mir so viel an Einsichten gebracht hat und durch das meine Einsichten in die Psychologie der Religion vervielfältigt wurden. Auf diese Weise wurde mein lebenslanges Interesse an religiöser Erfahrung in einem Ausmaß vertieft, das ich einige Jahre zuvor für unglaublich gehalten hätte. Insbesondere Doktor Dana Farnsworth, der vor kurzem verstorbene Professor Gordon Allport und Professor David McClelland opferten ihre Zeit, um mir den Standpunkt von Mitgliedern der Harvard-Kommunität bezüglich der Leary-Affäre verstehen zu helfen. Während meiner Reise nach Kalifornien standen mir Dr. Joel Fort, Dr. David Smith, Dolores Craton und andere Mitglieder der *Haight-Ashbury Medical Clinic*, ebenso Mr. und Mrs. Emmett Tolman und ihre Tochter Felicia von Laguna Beach hilfreich zur Seite. Viele Einsichten verdanke ich Dr. Walter N. Pahnke, Dr. Stanislav Grof, Mr. William Richard und anderen Freunden unter dem Personal des *Maryland Psychiatric Research Center*, ebenso meinen Kollegen bei den Experimenten am *Norwich Hospital* in Connecticut, die mit Unterstützung der Regierung von der *Worcester Foundation* für Experimentelle Biologie und von der *Clark University* veranstaltet wurden, und zwar von den Doktoren John Bergen, Werner Koella, Donald Krus und Milton Raskin.

Informationen über die Experimente an der *Massachusetts Correctional Institution* in Concord erhielt ich durch die großzügige freiwillige Mitarbeit besonders von den Herren Donald M. Painten, John Kerrigan, Gerard Alliette und anderen Mitgliedern der dortigen *Self Development Group*, ebenso von Mitgliedern des Personalstabes, insbesondere von dem kürzlich verstorbenen Edward Grennan, Superintendenten, von Vincent Rice, dem Leiter der Behandlung, und von Leutnant Victor Pozericki. Mitglieder der *United Illuminating Company Community* in Fort Hill, Roxburry, Massachusetts, haben mir Gastfreundschaft und Hilfe beim Meinungsaustausch gewährt, als ich verschiedene Male zu Besuch bei ihnen war. Zu den früheren Kollegen, die mich zu meiner Arbeit besonders ermutigt und mir mit ihren Einsichten zur Seite gestanden haben, gehören Präsident Herbert Gezork und Professor Meredith Handspicker von der *Andover Newton Theological School* und die Professoren Culbert G. Rutenber und Norman K. Gottwald, jetzt am *California Baptist Theological Seminary*.

Unter denen, die mir durch Meinungsaustausch oder durch noch wesentlichere Unterstützung geholfen haben, sind zu nennen Dr. Bernard Aaronson vom *New Jersey Neuropsychiatric Institute*, Dr. G. W. Arendsen Hein, medizinischer Leiter der Stiftung *Stichting* am *Veluweland Hospital* in Ederveen in Holland; Dr. Clemens Benda, Miß Lisa Bieberman, Rev. Betty A. Bogert von der *United Church of Christ*, Dr. Leo Cass von den *Harvard University Health Services*, mein Sohn Professor Jonathan Clark von der *Boston University*, Dr. Joseph Havens von den *Health Services* der *University of Massasuchetts*, Professor Karl Kiralis von der *University of Houston*, Rev. Arthur Kleps von der *Neo-American Church*, Dr. Stanley Krippner vom *Maimonides Hospital* in Brooklyn, New York; Mrs. J. D. Kuch von der *Neo-American Church*, Dr. Hanscarl Leuner von der Abteilung für Psychotherapie an der Universität Göttingen; Dr. Herman Lisco von der *Harvard Medical School*, Dr. William H. McGlothlin von der *University of Souther California*, Mr. Malcolm Margolin, Mr. Donald Mead, der kürzlich verstorbene Dr. Max Rinkel, Rabbi Zalman Schachter, Professor Huston Smith vom *Massachusetts Institute of Technology*, Professor Richard Underwood vom *Hartford Seminary*, Miss Mary Wicks, Bewährungshelferin in Kidderminster in Worcester, England; Dr. John W. Aiken und Dr. Louisa Aiken, Begründer der *Church of the Awakening* und viele andere, die im einzelnen nicht alle genannt werden können.

1. PSYCHOLOGISCHE STRUKTUREN

> Daß in einer Religion die irrationalen Momente immer wach und lebendig bleiben, bewahrt sie davor, zum Rationalismus zu werden. Daß sie sich reich mit rationalen Momenten sättigt, bewahrt sie davor, in Fanatismus oder Mystizismus zu sinken oder darin zu verharren, befähigt sie erst zu Qualitäts-, Kultur- und Menschheitsreligion. Daß beide Momente in gesunder und schöner Harmonie stehen, ist wieder ein Kriterium, woran die Überlegenheit einer Religion gemessen werden kann, und zwar gemessen an einem ihr eigenen religiösen Maßstabe.
>
> *Rudolf Otto*[1]

Vor sieben Jahren wurde einem sechsunddreißigjährigen Bankräuber, der eine zwanzigjährige Strafe verbüßte, eine psychodelische Droge gegeben. Das Ergebnis war eine Vision Christi, in der dieser harte, ungläubige Zyniker in das Drama der Kreuzigung hineingerissen wurde. Tief erschüttert schaute er aus dem Fenster der Krankenstation, in der das Experiment durchgeführt wurde. „Mein ganzes Leben trat mir vor Augen", sprach er zu mir, „und ich sagte mir: welche Wüste!" Damals hat die Droge zwar nicht automatisch alle seine Probleme gelöst, wohl aber sind ihm diese Aufgaben der Selbstversöhnung und Resozialisierung geworden. Ich habe ihn gebeten, über seine Vision zu berichten. Er hat das mehrfach getan. Es kam jedesmal zu einer ergreifenden Erfahrung sowohl für ihn als auch für seine Zuhörer. Gefängnisangestellte, die ihn von früher her kannten, hielten ihn für umgewandelt. Es ist sicher, daß er sich in seinen Zielen und Wertvorstellungen grundlegend gewandelt hat. Er hat mit anderen Teilnehmern des Experiments eine Gruppe gebildet, um die eigene Rehabilitierung und die der Kameraden zu betreiben. Ohne seinen Einsatz dürfte das Unternehmen schon einige Male zusammengebrochen sein.

---

[1] Rudolf Otto, *Das Heilige. Über das Irrationale in der Idee des Göttlichen und sein Verhältnis zum Rationalen*, Breslau 1917, 146.

Eine junge Frau, graduierte Mathematikerin eines erstklassigen College, aktive Atheistin, nahm den Samen der *Morning Glory* (Bezeichnung für *Ipomea purpurea*, aber auch für andere Arten der *Ipomea*). In der Folge erkannte sie, wie notwendig ihr Gott war und wie tief sie nach einem religiösen Lebensgrund verlangte. Sie wurde aktives Gemeindemitglied bei den Quäkern. Verwirrt durch das verantwortungslose Treiben vieler, die psychodelische Drogen nehmen, hat sie sich die Aufgabe gestellt, zuverlässige Informationen über die Drogen zu verbreiten und eine Örtlichkeit zu finden, an der diese Drogen in angemessener Umgebung unter erfahrener Anleitung zur Anwendung kommen können. Sie wendet sich jedenfalls nicht wie manche, die auffälliger in Erscheinung treten, Hinduismus und Buddhismus zu, um der psychodelischen Drogenerfahrung einen Rahmen zu verleihen. Ihre ausgeprägten logischen Fähigkeiten haben eine religiöse Ergänzung erhalten aus der Mitte christlicher Mystik heraus. Einen solchen Weg hätte diese Frau in ihren High-School- und Collegejahren für undenkbar gehalten.

In einem anderen Experiment wurde einem Theologiedozenten Psilocybin, die „Pilzdroge", gegeben. Bei seinen Studenten galt er als hervorragender Lehrer, der besonders eindrucksvoll über den Tod zu sprechen verstand. Mitten im Experiment ging er in großer Bedrängnis zu dem Arzt, der das Experiment leitete, und rief: „Wally, das Gegenmittel! Ich sterbe!" Aber der Arzt war Psychiater genug, um zu wissen, daß durch die Droge eine Grundfrage aufgerissen worden war, der jener sich früher oder später sowieso hätte stellen müssen. Daher gab er ihm ein Scheinmittel. Allmählich erkannte der Dozent, daß ihm die Erfahrung nicht erspart worden war; er fühlte jedoch Dankbarkeit gegenüber dem Arzt, der ihm geholfen hatte, die Erfahrung anzunehmen. Mit der zunehmenden Annahme empfand er sich allen Umstehenden immer intensiver verbunden. Plötzlich schaute er auf die Gesichter ringsum und schien sie mit jener Tiefe des Erkennens zu erfassen, das für gewöhnlich der eigenen Familie vorbehalten bleibt. Es schien, als erfahre er unmittelbar seine Bruderschaft mit der ganzen Menschheit.

Skeptische Leser mögen geneigt sein, diese Beispiele als zu extrem und als zu einseitig gefärbt abzuschätzen. Wer aber schon stärkere psychodelische Mittel genommen hat, wird das wahrscheinlich nicht empfinden. Ich habe diese Beispiele ausgewählt, weil sie das Thema dieses Buches herausstellen: die religiösen Aspekte der psychodelischen Mittel. Zwar wird nicht jeder, der sie nimmt, religiöse Erfahrung machen, aber andererseits sind Erfahrungen wie die hier berichteten keineswegs ungewöhnlich selten. Sie stellen sich bei vielerlei Typen von Menschen unter sehr verschiedenen Bedingungen ein. Protestanten, Katholiken, Juden und auch Menschen abseits eines traditionell gefügten Glaubens sind durch die psychodelischen Mittel in neue Dimensionen religiöser Erfahrung eingetreten. Der oben erwähnte Strafgefangene wußte nicht einmal, in welcher religiösen Gruppe er erzogen worden war. Er hatte sich vor allem deshalb gemeldet, um dem Begnadigungsausschuß Eindruck zu machen. Der interessierte Leser kann ähnliche Beispiele in anderen Werken finden[2].

Wenn nun Fälle dieser Art für eine klare Verbindung zwischen psychodelischen Mitteln und religiöser Erfahrung angeführt werden können, bedeutet das auch schon, daß wir ein Werkzeug zur Hand hätten, um Religion kraftvoller und wirksamer zu machen? Jeder hier einigermaßen Eingeweihte weiß, daß die Situation komplexer ist. Vor mir liegt ein Zeitungsausschnitt der *New York Times* vom 2. Mai 1968 mit der Überschrift „LSD-Schluckerin begeht Selbstmord". Die tragische Geschichte handelt von einer fünfunddreißigjährigen Frau, die anderen eine ähnlich wohltuende Erfahrung hatte vermitteln wollen, wie sie sie selbst bei der Einnahme von Drogen gehabt hatte. Deshalb hatte sie LSD verteilt, so auch an einen Studenten der Yale-Universität. Dieser hatte sich ernsthaft verletzt, als er unter dem Einfluß der Droge aus einem Fenster gesprungen war. Als ihr trotz ihrer guten Absichten zehn Jahre Gefängnis bevorstanden, ging sie in den Tod.

Ganz offensichtlich haben die Drogen ihre Schattenseite, und die Situation ist komplex. Ich möchte in diesem Buch die religiösen Aspekte der psychodelischen Mittel untersuchen, um nach Möglichkeit religiöse Erfahrung von einer Prüfung des Drogenerlebnisses her zu bedenken, einige Hauptfragen herauszustellen,

---

[2] Man vergleiche das Kapitel über religiöse und mystische Erfahrung in R. E. L. Masters und J. Houston, *The Varieties of Psychedelic Experience*, New York 1966, und eine Reihe von Fällen, in denen verschiedene Personen ihre „Reisen" beschreiben: R. Metzner (Hrsg.), *The Ecstatic Adventure*, New York 1968.

einiges aus der langen Geschichte des Drogengenusses anzuführen und das Schlechte gegen das Gute abzuwägen.

Was ist Religion? „Religion" ist ein sehr vieldeutiger Begriff. Jedes große Lexikon wird ein ganzes Dutzend Definitionen anbieten, und wer Freunde oder Fachleute einzelner religionswissenschaftlicher Disziplinen fragt, kann ihre Zahl leicht weiter vermehren. Religion ist eine der reichhaltigsten und komplexesten Funktionen des einzelnen und der Gesellschaft. Daher erscheint es mir als notwendig, dem Leser wenigstens eine allgemeine Vorstellung von „Religion" zu geben, so wie ich diese im vorliegenden Buch verstehe.

Ich habe nicht so sehr die sozialen und institutionellen Aspekte der Religion im Sinn als vielmehr ihren personalen Ausdruck. Ich will von der religiösen Erfahrung sprechen und darüber, ob sie sich mit dem Gebrauch psychodelischer Mittel verbinden lasse. Ich fasse Religion hier als innere Erfahrung des einzelnen auf, wenn er auf allerletzte Wirklichkeit hin zu sein versucht, die er „Gott'" nennt oder „Ein-über-alles-Seiende-Hinaus" oder „Transzendenter kosmischer Prozeß" oder „Das-ganz-Andere" oder „Tiefendimension des Lebens" oder „Nirwana" oder wie auch sonst. Ich meine dabei besonders auch solche Erfahrung, die von Versuchen des einzelnen, sein Leben mit jener letzten Wirklichkeit in Einklang zu bringen, bestätigt wird. Diese Bestimmung führt in die Richtung mystischer Bewußtseinsformen, wenngleich diese nicht notwendig von der Definition gefordert sind. Einige Folgerungen sind so subtil und intim, daß nur das Erlebnis selbst sie angemessen vermitteln kann. Es läßt sich kaum vorstellen, daß eine religiöse Erfahrung überhaupt ohne Folgen sei, mag die Erfahrung noch so oberflächlich, mögen die Konsequenzen noch so gering sein. Da aber eine der Evidenzen, von denen wir auszugehen haben, der Bericht des einzelnen über seine innere Erfahrung ist, können wir einem Irrtum erliegen: daß religiöse Erfahrung angenommen wird, wo jemand einfach ein religiöses Vokabular benutzt. Fromme Worte werden in manchen Kreisen hoch geschätzt, und manch einer mag ein beträchtliches Geschick entwickeln, wenn es darum geht, das eigene Image mit heiligen Worten prachtvoll herauszuputzen. Deshalb muß der im Bereich religiöser Erfahrung Forschende sich wappnen gegen eine allzu bereite Hinnahme bloßer Worte als Evidenzen religiöser Erfahrung. Er muß auf ganz andere Indikatoren von Echtheit und Tiefe achten, denn „an ihren Früchten sollt ihr sie erkennen".

Religion und Drogen:

Die Verbindung von Drogen und religiöser Erfahrung ist für manche derart herausfordernd, daß sie ihre Möglichkeit glatt verneinen, und darüber hinaus mag manch einer eine Definition von Drogenerfahrung wünschen, in der diese *ipso facto* als unreligiös erscheint. Das freilich hieße, am Kern der Sache vorbeizugehen. Eine gängige Kritik hält alles mit psychodelischen Drogen in Beziehung Stehende für „Pseudoreligion", für eine religiöse Vermummung oder für einen glatten Betrug. Solche Aussagen machen für gewöhnlich nicht klar, auf welcher Definition der Religion sie beruhen, sondern sie leben von der implizierten Voraussetzung, Religion könne nichts mit Drogen zu tun haben. Für viele ist der Gedanke, Religion könne irgendwie durch Drogen geweckt werden, zu neu, als daß sie ihm zustimmen könnten. Andererseits aber haben sie keine Einwände gegen solche artifiziellen Mittel wie Fasten, Orgelmusik, Liturgie oder längere Meditationsübungen. Erwachsene meinen oft, jungen Leuten sollte das Drogennehmen verleidet werden, wenn diese Drogen nicht als Zigaretten oder Getränke getarnt sind. Sie empfinden, daß sie, wenn sie zugäben, Drogen vermöchten möglicherweise echte religiöse Erfahrung auszulösen, diesen mehr Glanz und Würde zuschreiben würden, als ihnen klug erscheint. Ich halte solche Taktiken auf lange Sicht für eine schlechte Strategie. Auch gutgemeinte Verunklarung schlägt gegen ihre Urheber zurück. Meine Definition der Religion schließt Drogen nicht aus. Ich hoffe, Gründe für meine Überzeugung beizubringen, daß *in vielen Fällen* religiöser Erfahrung Drogen ein Faktor von einiger Bedeutung werden können, wenngleich nie der Hauptfaktor; in der Tat könnte ich sagen: *immer* ein Faktor werden können, wenn wir unter Drogen alle jene mächtigen Biochemikalien verstehen sollten, die öfter Hormone genannt werden und die sich natürlicherweise im menschlichen Körper befinden. Ohne sie gäbe es keinen einzigen menschlichen Bewußtseinsakt.

Rationale und nichtrationale Religion:

Religion ist ein komplexes Phänomen, und obwohl das religiöse Erleben des Menschen ein wesentlicher Aspekt der Religion ist, konstituiert es nicht schlechthin Religion. Wer nach einer religösen Erfahrung sein Leben mit der in jener erfahrenen höchsten Wirklichkeit in Einklang zu bringen sucht, dessen Mühen geht über die Erfahrung hinaus und kann zu mehr oder weniger erfolgreichen Versuchen führen, den Aufbruch zu vollkommener Harmonie zu stützen und zu fördern. Hier geht es nicht um den Versuch, ausführlich auf solchen Aufbruch einzugehen: das würde uns weit über die Absichten dieses Buches hinausführen. Aber ich möchte zwei Haupttypen psychologischer Aktivitäten herausstellen. Sie haben unterschiedliche Funktionen und betreffen jede Religion. Ich spreche sehr allgemein von den rationalen und den nicht-rationalen Aktivitäten oder Funktionen des menschlichen Geistes.

Wenn ich vom Nichtrationalen spreche, meine ich keineswegs das Irrationale, wenngleich nichtrationale Erfahrung manchmal ins Irrationale hinein verfallen kann. Einer Symphonie zu lauschen, ist für die meisten Menschen wahrscheinlich keine rationale Erfahrung, denn das aus ihr aufsteigende Entzücken entstammt nichtrationalen Quellen; und dennoch ist es nicht irrational, ein Konzert zu besuchen. Ästhetische Erfahrung ist primär nichtrational, und dasselbe läßt sich auch von der religiösen Erfahrung sagen.

In der westlichen Religiosität wie in der westlichen Kultur allgemein hat es eine Betonung des Rationalen und eine Unterbewertung des Nichtrationalen gegeben. Daß der westlichen Welt daraus gewisse Vorteile erwachsen sind, liegt auf der Hand. Wissenschaft, die schönste Blume rationalen Intellekts, hat sich mit der ihr folgenden Technologie durchgesetzt und dem Westen gewisse Vorteile gegenüber dem Osten verschafft, der dem Ästhetischen, dem Sich-Aufgeben, der Passivität eine höhere Wertschätzung entgegenbringt. In den westlichen Gestalten des Religiösen, besonders in der Kirche des Mittelalters, wurde jene Entscheidung für eine aristotelische Weltsicht und Logik gefällt, die nicht nur die scholastische Theologie beherrschen sollte, sondern die auch die meisten Formen katholischer, protestantischer, jüdischer und mohammedanischer Theologie bestimmt hat. Zusammen mit einer in der prophetischen Tradition Israels wurzelnden Verkündigung der Gerechtigkeit hat diese Verbindung von Rationalität in Weltanschauung und Logik zu modernen Formen sozialer Gerechtigkeit geführt, für die die westliche Gesellschaft direkt und indirekt in der Schuld der christlichen Gemeinschaften steht. Zeitgenössische Bewegungen zur Verwirklichung der Bürgerrechte in Amerika sind ein Beispiel dafür. Unter diesem Gesichtspunkt scheint westliche Religiosität der östlichen überlegen zu sein.

Auf der anderen Seite beobachten wir eine fortschreitende Aufweichung religiöser Dynamik in eben diesen Bewegungen und einen zunehmenden Verlust religiöser Kraft: die westlichen Gestalten des Religiösen haben nicht jene Erwartungen erfüllt, die den Ausdrucksmöglichkeiten des Nichtrationalen galten. Das war im Osten anders. Dort sind Meditation und die Freuden mystischer Weltabkehr derart in den Vordergrund gerückt worden, daß soziale Gerechtigkeit in Wort und Tat darüber zu kurz gekommen ist. Von daher erscheint es verständlich, daß Forscher der vergleichenden Religionswissenschaft auf dem richtigen Wege sind, wenn sie das religiöse Gespräch zwischen Ost und West fordern. Bedenken wir das Verhältnis rationaler und nichtrationaler Komponenten des religiösen Bewußtseins, werden wir beide besser verstehen: die praktischen, sozialen Aspekte unserer religiösen Kultur und ebenso die innerliche Welt religiösen Existierens. Darüber hinaus fällt Licht auf jenen Bewußtseinstypus, den die psychodelischen Drogen uns nahebringen, und es wird verständlich, warum die mit den Drogen in Berührung Gekommenen ihre Erfahrungen häufig lieber in östlichen als in westlichen Kategorien interpretieren. Westliche Theologie hat weithin die Berührung mit den Wurzeln mystischer religiöser Erfahrung verloren.

Wie schon angedeutet, wird das religiöse Bewußtsein gleicherweise von rationalen wie von nichtrationalen Akten bestimmt. Die Funktion des nichtrationalen Elements besteht in der Aufweckung und Kräftigung des religiösen Sinnes, in seiner Motivierung und Ausrichtung. Das nichtrationale Element vermittelt die grundlegende Wahrnehmung des einzelnen: die Wahrnehmung des Heiligen. Diese nichtrationale und unmittelbare Wahrnehmung ist gewöhnlich von Emotion, Erregung und Einfühlung begleitet, obwohl diese Einfühlung mehr Begleiterscheinung als

Wesensprinzip des Nichtrationalen ist. Die Aufgabe des Rationalen ist Führung, Kritik und Begriffsfindung für das Nichtrationale. Vom Nichtrationalen überwucherte Religion mag sich im Dunst verlieren, sei es durch pietistische Pflege einer befangenen Erfahrung, die zu selbstischer Abkehr von sozialen Verpflichtungen führt, sei es durch fanatisches Bedrängen der Mitmenschen, das zum Streit führen und im Chaos enden kann. Rational bestimmte Religiosität dagegen verdorrt leicht, wird gefällig und formalistisch; dann verdrängen Begriffe und Institutionen menschliche Wärme und menschliches Mitgefühl. Idealerweise sollten beide Funktionen in einem ausgewogenen Verhältnis zueinander stehen. Leider findet sich solche volle Ausgewogenheit in der Praxis so selten wie jedes andere Ideal.

In seinem Buch *Das Heilige* hat Rudolf Otto die Religion einem Gewand verglichen: das Nichtrationale verhält sich zum Rationalen wie die senkrechten zu den waagrecht verlaufenden Webfäden. Ohne das Ineinander beider gibt es kein Gewand. Auch Denker wie Schleiermacher, Bergson und vielleicht Spinoza haben sich für das nichtrationale Element der Religion interessiert und es Gefühl, Intuition, Instinkt oder ähnlich genannt. Ein dynamischeres Bild für das Verhältnis von Rationalem und Nichtrationalem ist das Bild von Ruder und Wind beim Schiff. Modernisieren wir das Bild, wird es zum Bild von Steuer und Motor: dem Ruder entspräche das Rationale, dem Motor das Irrationale. Ohne funktionierenden Motor brächte das beste Steuerruder das Schiff in keine Richtung. Ebensowenig würde je ein Hochleistungsmotor allein das Schiff an ein Ziel bringen.

Im Westen hat das Steuerruder des Verstandes, hat die Rationalität die Oberhand gewonnen. In manchen religiösen Gemeinschaften des Westens haben sich Schwung und Feuer derart verflüchtigt, daß sie bereits ihren Geist aufgegeben zu haben scheinen oder aber dahindämmern in einer Weise des Absterbens, die nur das Institutionelle noch leben läßt. Wo hier noch Kraft ist, scheint sie oft aus säkularen Quellen einzelner zu fließen, die nicht mehr als aus spirituellen Tiefen gespeist erscheinen. Wer durch handfeste Interessen zur Verteidigung einer solchen Art von Religiosität gedrängt wird, weist gern auf den Unfug des in fanatischen Sekten aufgebrochenen Emotionalismus hin. Die nichtrationale Energie dieser Gruppen ist wie der Wind, der weht, wo er will. Ein glückliches Ergebnis wäre eine Verbindung beider Einstellungen: dann könnte das Schiff im Hafen personaler Integration, kosmischer Blickrichtung und sozialer Gerechtigkeit anlegen.

Drogen und Mystik:

Die psychodelische Erfahrung stimuliert für gewöhnlich mehr das Nichtrationale als das Rationale. Häufig erscheint jenes in Wahrnehmungen mystischer Art, die sich in einer Vielfalt symbolischer Formen darbieten. Wie die Mystiker oft genug versichert haben, ist das mystische Bewußtsein nicht angemessen in die Sprache zu bringen. Die vergleichsweise weitgehende Ablehnung der Mystik in der westlichen Religiosität und ihrer Sprache hat zur Rezeption östlicher Vokabularien geführt, die in unserem Zeitalter reicher und für den Mystiker präziser sind. Westliche Theologen haben öfter als östliche die Mystiker verdächtigt, deren poetische Aussagen oft den fachtheologisch gepflegten Garten der Dogmen und der logischen Systeme durcheinander zu bringen schienen. Diese Konfrontation zwischen Mystikern und Theologen ist vielleicht an keinem Punkt so scharf gewesen wie in der Frage des Pantheismus, der von praktisch allen Zweigen des Christentums, des Judentums und des Mohammedanismus als Häresie betrachtet wird. Schließlich wurde im vierzehnten Jahrhundert einer der größten christlichen Mystiker, der Dominikaner Meister Eckehart wegen der Häresie des Pantheismus verurteilt.

In der mystischen Erfahrung erlebt sich das Subjekt in Einheit mit dem Kosmos, der dem Mystiker sogar als Äquivalent Gottes erscheinen kann. Wenn der Mystiker nicht sorgsam über seine Sprache wacht, kann er anderen den Eindruck vermitteln, er halte sich selbst für Gott, sei daher überheblich, dogmatistisch, selbstisch – was andere in die Irre führen kann. Mir ist keine Untersuchung bekannt, die einen solchen Fall außerhalb des theologischen Bereichs nachwiese. W. T. Stace hält dieses Problem für ein sehr weitgehend semantisches Problem: durch ein genaues Verstehen der Rolle des Paradoxons in der Sprache der Mystiker dürfte es sich lösen lassen[3]. Gott kann wohl transzendent und

[3] W. T. Stace, *Mysticism and Philosophy*, Philadelphia 1960.

immanent zugleich sein. Der Mystiker mag sich eins mit Gott fühlen und gleichzeitig unendlich von ihm getrennt. Wie es sich in der abendländischen Tradition damit auch verhalten mag, ganz ohne Zweifel haben östliche Theologen dem mystischen Bewußtsein bereitwilliger seinen Raum belassen. Von daher wird es verständlicher, wenn viele Drogennehmer östliche Weisen der Begriffsbildung und des Lebens bevorzugen. Daß es dennoch gute Gründe gibt, die abendländische Tradition vorzuziehen, soll in einem späteren Kapitel dargelegt werden.

Zur Abrundung dieser Einleitung seien noch einige Worte über die Bedeutung mystischer Religiosität gesagt. Nach William James hat die personale religiöse Erfahrung Wurzel und Zentrum in mystischen Zuständen des Bewußtseins[4]. Insoweit der Religionsforscher die religiöse Erfahrung als wesentliches Element lebendiger Religiosität auffaßt, wird er Interesse haben am mystischen Bewußtsein und an allem, das dieses erhöht oder erhellt.

Der Anspruch, die psychodelischen Drogen vermöchten Mystik freizusetzen, liefert den Hauptgrund dieses Buches. Es hat nämlich eine Art ungeschriebener Konspiration zwischen der „ehrenwerten" Gesellschaft und der Wissenschaft gegeben, um diesen Teilbereich der psychodelischen Phänomene — zusammen mit anderen ihrer günstigen Aspekte — zu unterdrücken.

Zuerst will ich die durch die psychodelischen Drogen gegebenen Möglichkeiten kritisch zu prüfen suchen, um dann sowohl ihren Nutzen als auch ihre Gefährlichkeit für religiöses Leben zu diskutieren. Ebenso wird über Werte und Gefahren „drogen-induzierter" Religion einiges zu sagen sein. Als Vorbereitung darauf mag ein Kapitel über einzelne Fälle dem Leser eine Vorstellung von der Fülle und Vielfalt jenes religiösen Phänomens vermitteln, das durch diese Drogen aufgerufen wird. Einige dieser Fälle hat der Verfasser sorgfältig studiert. Darüber hinaus wird von der Geschichte der psychodelischen Drogenbewegung, besonders in den Vereinigten Staaten, zu sprechen sein. Alles das soll den Hintergrund bieten, vor dem die religiöse Bedeutung der Drogen zu bedenken sein wird. Dieser Gesichtspunkt bildet den leitenden Gesichtspunkt des Buches.

---

[4] William James, *Die religiöse Erfahrung in ihrer Mannigfaltigkeit*, übers. von Georg Wobbermin, Leipzig 1907, 356.

2. EIN KAPITEL DROGENFREIER BEISPIELE

> Was für ein Lichtstrahl ist's, der mich trifft, mein Herz durchbohrt und doch nicht verletzt? Ich schaudere und erglühe ...
>
> *Augustinus*[1]

Die ekstatische Erfahrung mystischer Art ist wohl die ergreifendste und bewegendste, wenngleich wohl auch die erschreckendste und ehrfurchtheischendste, die dem Menschen widerfahren kann. Sie ist aber auch die durchdringendste und erhellendste aller menschlichen Erfahrungen. Mehr als jeder andere Einzelbereich aller Religion errichtet sie jenen psychologischen Grund, auf dem das „Bauwerk Religion" ruht. Diesem Grund entsteigt Religion, auch wenn diese sprudelnde Quelle ferngerückt zu sein scheint, wenn sie ein Erinnerungsstück geworden zu sein scheint, das wie eingetrocknet und zerbrochen wirken mag, wie verloren unter Ruinen zahlloser Institutionen, die, weil oft Gott vergessen wurde, entweder tyrannisch oder aber schlaff und harmlos wirken.

Die Macht, „den Gefangenen Freiheit zu geben", ist es, die die Sehnsucht nach der religiösen Ekstase geweckt hat, sei es unter dem Bild der „kostbaren Perle" des Christen, sei es unter dem des „Nirwana" des Buddhisten. Platon dachte zweifellos an Sokrates' Nacht der Erleuchtung vor Potidea, als er das berühmte Höhlengleichnis im siebenten Buch der *Politeia* dichtete und Sokrates in den Mund legte. Der im ekstatischen Augenblick Ergriffene erfaßt den Sprachsinn von „Sterben und Wiedergeborenwerden". Er versteht das Wort, das Jesus an den erstaunten Nikodemus richtet: wiedergeboren werden müsse, wer Gottes Reich sehen wolle.

Wie beschreiben Ekstatiker ihre Erfahrungen? Wie vermitteln sie anderen den Kern dieser Erfahrungen? Sie können sich nur denen verständlich machen, die, sei es mit oder ohne Droge, ähnliches erfahren haben. Selbst die farbigsten und leidenschaftlichsten Worte wirken sonst ungenau und verwaschen. An solchem

---

[1] Augustinus, *Bekenntnisse*, eingeleitet und übertragen von Wilhelm Thimme, Zürich und Stuttgart 1950, 15.

Verwaschen- und Unzureichendwirken haben die Mystiker gelitten durch die Jahrhunderte hin. Sie haben gesprochen und gesprochen, weil sie sprechen mußten, um wie der alte Seemann ihre Geschichte zu erzählen, ob die Mitmenschen sie verstanden oder nicht. Aus dem Leiden am Ungenügen der Worte haben sie Allegorien und poetische Gestalten von seltsamer Schönheit entworfen, die aus Sehnsucht und Versagung geboren sind. Im folgenden seien einige bekannte Beispiele oder Aussagen angeführt. Später sollen dann Beispiele folgen, bei denen Drogen mitgewirkt haben; von ihnen her soll der Aufweis dessen versucht werden, was die Drogenerfahrung dem innerlichen Bewußtsein jener bedeutet, denen Drogeneinnahme ein religiöses Wissen aus erster Hand vermittelt hat.

Einige klassische Ekstasen:

Jesaja: Das erste dieser Beispiele könnte das Protokoll einer LSD-Sitzung aus unseren Tagen sein. Es ist die Vision der Cherubim, aufgezeichnet im 6. Kapitel von Jesajas Prophetie:

> Im Todesjahr des Königs Usijahu
> sah ich meinen Herrn sitzen auf hohem und ragendem Stuhl,
> seine Säume füllten den Hallenraum.
> Brandwesen umstanden oben ihn,
> sechs Schwingen hatten sie, sechs Schwingen ein jeder,
> mit zweien hüllt er sein Antlitz,
> mit zweien hüllt er seine Beine,
> mit zweien fliegt er.
> Und der rief dem zu und sprach:
> Heilig heilig heilig
> ER der Umscharte,
> Füllung alles Erdreichs
> sein Ehrenschein.
> Die Lager der Schwellen erbebten vor der Stimme des Rufers,
> und das Haus füllte sich mit Qualm.
> Ich sprach:

Weh mir,
denn ich werde geschweigt,
denn ich bin ein Mann maklig an Lippen
und bin seßhaft inmitten eines Volkes maklig an Lippen, —
denn den König IHN den Umscharten, haben meine
 Augen gesehen!
Aber von den Brandwesen flog eines zu mir,
eine Glühkohle in seiner Hand,
mit der Greifzange hatte es sie oben von der Statt gegrif-
 fen,
und berührte damit meinen Mund
und sprach:
Da,
dies hat deine Lippen berührt,
So weicht dein Fehl,
so wird deine Sünde bedeckt.
Nun hörte ich die Stimme meines Herrn,
sprechend:
Wen soll ich senden,
wer wird für uns gehn?
Ich sprach:
Da bin ich,
sende mich[2]!

Diese Ekstase illustriert gut unsere Definition von Religion: in Jesajas Schau des Herrn verbindet sich sein Ergriffensein vom Letzten mit seinem — im letzten Vers zum Ausdruck kommenden — Versuch, in der Antwort auf den Anruf sein Leben mit jener Wirklichkeit in Einklang zu bringen, die ihn ergriffen hat. So wird er offen auf den Dienst sozialer Gerechtigkeit hin. Jesajas Aussage ähnelt derjenigen von Menschen, die nach der Einnahme der Droge das Wort ergriffen: hier wie dort stehen wir vor stark symbolischen, kaum verständlichen Ausdrucksversuchen des letztlich Unaussprechbaren.

Pascal: Aufschlußreich ist Blaise Pascals berühmte Darstellung seines Erlebnisses in der Nacht des 23. November 1654. Es hat

[2] *Bücher der Kündung* (das *Alte Testament* verdeutscht von Martin Buber gemeinsam mit Franz Rosenzweig), Jesaja 6, 1—8.

ihn so ergriffen, daß er die Niederschrift in sein Gewand einnähte, in dem man sie nach seinem Tode fand. Nicht ohne Grund stoßen wir bei Mathematikern wie Kepler, Newton und Einstein des öfteren auf mystische Neigungen, und auch Pascal gehört ja zu den großen mathematischen und naturwissenschaftlichen Geistern der westlichen Welt. Seine Niederschrift läßt den Meister klarer französischer Prosa auf ein paar gebrochene Wendungen zurückfallen, die das Schlüsselerlebnis seines Lebens beschreiben sollen:

Jahr der Gnade 1654. Montag, den 23. November ...
Seit ungefähr abends zehneinhalb bis ungefähr eine halbe Stunde nach Mitternacht.

Feuer.
„Gott Abrahams, Gott Isaaks, Gott Jakobs."
Nicht der Philosophen und der Gelehrten.
Gewißheit, Gewißheit, Empfinden. Freude, Friede.
Gott Jesu Christi.
Deum meum et Deum vestrum.
„Dein Gott ist mein Gott."
Vergessen der Welt und von allem, außer Gott.
Nur auf den Wegen, die das Evangelium lehrt, ist er zu finden.
Größe der menschlichen Seele.
„Gerechter Vater, die Welt kennt dich nicht; ich aber kenne dich."
Freude, Freude, Freude, Tränen der Freude.
Ich habe mich von ihm getrennt:
Dereliquerunt me fontem aquae vivae.
Möge ich nicht auf ewig von ihm geschieden sein ...
Jesus Christus.
Jesus Christus.
Ich habe mich von ihm getrennt, ich habe ihn geflohen, ich habe mich losgesagt von ihm, ich habe ihn gekreuzigt ...
Vollkommene und liebevolle Entsagung.
Vollkommene Unterwerfung unter Jesus Christus und meinen geistlichen Führer ...
Amen[3].

Offenbar ist das Memorial eine Sammlung hastig niedergeschriebener Notizen, die der eigenen Erinnerung an diesen Abend der Ekstase und des heiligen Schreckens dienen sollten. Ähnlich wie in Jesajas Bericht sind Pascals Wendungen alle bezogen auf ein einziges Wort: Feuer. Das ist gemeinsames Kennzeichen vieler Ekstasen. Das Wort ist im bildlichen, manchmal aber auch fast im wörtlichen Sinn verwendet, um das innerliche Geschehen zum Ausdruck zu bringen. In diesen Worten Pascals klingt die Intensität des Fühlens, das sich befreit und Gestalt gewinnt. Für Pascals Interesse und Entscheidungen wurde jene Nacht zur radikalen Kehre.

Jan van Ruysbroec ist ein niederländischer Mystiker des vierzehnten Jahrhunderts. Wie jeder Ekstatiker unfähig zu wissenschaftlicher Beschreibung seiner Erfahrung, benutzt er oft Sprachbilder, Allegorien, Rätsel, manchmal von paradoxem Bau. Seine große dichterische Begabung macht seine Schriften schön und ergreifend. Zentrales Merkmal aller Mystik ist nicht eine Emotion, sondern eine sehr lebendige Wahrnehmung einer am Grunde wohnenden undifferenzierten Einheit nicht nur mit der Erde, sondern mit dem ganzen All.

Im folgenden seien Sätze aus einer der bekanntesten Stellen Ruysbroecs angeführt, wenngleich auch diese Stelle Fragment einer vollkommenen Erfahrung bleiben muß:

„Denn in diesem grundlosen Strudel der Einfachheit werden alle Dinge erfaßt in genießender Seligkeit. Aber der Grund bleibt selbst unbegriffen, es sei denn durch die wesentliche Einheit. Davor müssen die Personen weichen und alles, was in Gott lebt; denn hier ist nichts anderes als ein ewiges Ruhen in einem genießenden Umfangen minniglichen Zerfließens.

> Das ist das weiselose Wesen, das alle innerlichen Geister
> über alle Dinge haben erkoren.
> Das ist die dunkle Stille, darin alle Minnenden sind
> verloren.

---

3 Blaise Pascal, *Über die Religion und über einige andere Gegenstände (Pensées)*, übers. und hrsg. von Ewald Wasmuth, Tübingen 1950, 250. Pascals eigener Text endet bei „Entsagung", das weitere entstammt der Kopie des Abbé Périer.

Würden wir uns so in Tugenden bereiten,
Wir müßten uns schier des Leibes entkleiden.
Und würden uns verlieren in wilde Meereswogen.
Nimmermehr von Kreaturen angezogen."[4]

Es dürfte kaum Theologie sein, von Gott als der „dunklen Stille" zu sprechen, „darin alle Minnenden sind verloren" oder dem „wilden Meer", in das man fliehen soll, aber diese bewegenden und erregenden Aussagen öffnen Fenster wahrnehmenden Empfindens und bereichern das Gottesverständnis sogar für den Nichtmystiker. Von ähnlicher Kraft ist die aus Ekstase geborene Beredsamkeit, die wieder und wieder in den Protokollen von Menschen zu finden ist, die ihre Drogenerfahrungen wiederzugeben suchen.

Eine moderne Mystikerin: Mag Mystik heutigentags auch nicht mehr die hohe Wertschätzung erfahren wie in früheren Zeiten: es gibt sie auch heute, und sie ist häufiger, als das allgemein bekannt wird; denn manchmal mißverstehen die Mystiker ihre Ekstasen selbst als Pathologien oder doch als etwas derart Ungewöhnliches, daß sie sich von niemand Verstehen erhoffen. Sogar Kleriker, denen für gewöhnlich allerdings der rationale Zugang zur Religion gelehrt wird, wirken leicht verwirrt, wenn es um Mystik geht.

Die folgende Beschreibung stammt von einer Frau, die den Verfasser um Rat anging. Als Fünfundvierzigjährige hatte sie eine gute Stelle als Universitätsprofessorin inne. Sie war völlig unreligiös erzogen und wissenschaftspositivistisch ausgebildet worden. Dann hatte sie jene Erfahrung überfallen, die die Welt ihrer Werte völlig neu polarisierte. Ihre Notizen erinnern an Pascal:

1. Zeitlosigkeit,
2. Raumlosigkeit,
3. Tiefe Ruhe – Schwingen – kein Aufruhr,
4. Besser durch das zu beschreiben, was *nicht* ist; kein Schlaf,

---

[4] Johannes von Ruysbroec, *Der Wunderbare, Einführung in sein Leben. Auswahl aus seinen Werken*, hrsg. von Joseph Kuckhoff, München 1938, 158 f. Die Stelle entstammt der *Zierde der geistlichen Hochzeit*.

ein Traum, Tagträumen; sah oder hörte nichts, doch alles kam von draußen herein;

5. Ich war nicht hier oder dort in bekannter Welt, und dennoch *war* ich ganz und gar. Ich war ein Seiendes — beinahe gestaltlos. Die Zeit lief aus und drang doch in alles ein.

6. Es war eine andere Welt: großartig, schwingend, freudvoll, bewegt — ein *Mehr*. Das war ein Mehr — nicht verschieden von dieser Welt, aber es war mehr. Ich war darin, hindurch, ich nahm Anteil — nicht als Beobachter. Dieses Wissen war plötzlich da, dennoch zeitlos. Dieses andere Reich war sehr real — kein Blick, aber es war ganz da. Wünschte es nicht zu besitzen oder abzulehnen oder zu lieben — empfand nicht auf es hin, sondern fühlte es in allem Sein. Zu nah, um *darauf* zu antworten oder zu reagieren, sondern *darin*.

7. Nachher: in Agonie der Einsamkeit. Konnte es nicht weitergeben, erklären, mitteilen, und doch *mußte* es mitgeteilt, gegeben werden. Fühlte mich als ein Teil der ganzen Menschheit, litt intensiv mit den Menschen — liebte sie innerhalb ihrer. Und war dennoch getrennt von ihnen. Sie konnten nicht erreichen, was ich ihnen zu geben wünschte.

8. Liebe, Macht, Wahrheit, Christus, Gott intensiv wirklich.

Später fand sie eine gute Möglichkeit der Mitteilung und ein großes Interesse an religiösen Fragen. Sie gab ihre Professur auf, um Theologie zu studieren. Ein treuer Freund bezeugte, sie sei nicht mehr die egozentrische, gedankenlose, rücksichtslose Person von ehedem. Der Wechsel ihrer Stellung brachte viele Probleme mit sich. Mitten in solchem Wirbel antwortete sie auf die Frage, ob sie nicht wünsche, nie ihre Erfahrung gemacht zu haben, ohne Zögern: „Lieber würde ich sterben, als die Person sein zu wollen, die ich vorher gewesen bin!"

Diese Fälle mögen als knapper Hintergrund dienen. Obwohl sie kaum der Fülle individueller Erfahrung gerecht werden, werden sie dem Leser doch einen vorläufigen Eindruck von dem geben, was hier Thema ist! Das ist zumindest eine Möglichkeit, intuitiv Ähnlichkeit oder Unähnlichkeit der durch Drogen ausgelösten Ekstase an mehr überlieferten Formen religiöser Erfahrung zu messen. Ich möchte mit einigen Fällen aus der Heiligen Schrift beginnen, die so gewaltig und erschreckend sind, daß man sie heute mit dem Etikett der Geisteskrankheit versehen würde.

Furcht und Schrecken in der Ekstase:

Den erwähnten vier Fällen ist gemeinsam, daß sie positive ekstatische Erfahrungen bieten. Sie alle enthalten Eindrücke von gewaltiger Kraft, die sich den durch sie gewandelten Charakteren eingeprägt haben. Die meisten von uns fühlen, daß ihr Wille der Aufgabe einer Umkehr und damit der Wiedergewinnung des ersehnten Zustands wirklicher Ruhe, Spontaneität und dennoch kraftvoller Wirksamkeit nicht gewachsen ist, obwohl sie ihre Sünden bereuen und manche Gewohnheiten ganz ablehnen. Wie die im folgenden herangezogenen Fälle zeigen werden, ist es oft die aus der religiösen Ekstase entspringende Kraft, die solche Umkehr möglich werden läßt.

Solche Kraft wird nicht beiläufig erworben, und gelegentlich gebiert die Ekstase Härteres als nur den Kampf: Furcht und Chaos. Zu Recht erinnert Nietzsche daran, daß Chaos notwendig sein kann, um den „tanzenden Stern" hervorzubringen, aber ebenso kann die ekstatische Natur in den Wahnsinn stürzen. König Sauls Beispiel erinnert uns daran. Die Ärzte haben einen allgemeinen Grundsatz: jede Medizin, die zu heilen vermöge, könne auch mißbraucht werden. Sogar einfaches Tafelsalz kann unter Umständen töten.

So wird von der in vielen Berichten über religiöse Ekstasen erwähnten Kraft und Stärke her klarer, was Rudolf Otto als den Sinn für das *Numinose* und das *mysterium tremendum* bezeichnet[5]. Dieses Element veranlaßt Zurückhaltung nicht nur beim schlichten Gläubigen, sondern auch bei vielen Theologen, wenn sie nichtrationale und ekstatische Formen der Religion betrachten. Schließlich erinnert uns die Schrift daran, daß es „furchtbar ist, in die Hände des lebendigen Gottes zu fallen" (Hebr 10, 31).

Psychologisch läßt sich die Eigenart ekstatischer Religion dadurch erklären, daß diejenigen Ebenen, die für die Begegnung mit Gott aktiviert werden müssen, eben jene sind, auf denen

[5] Rudolf Otto, Kap. 2—5.

auch kraftvolle primitive Antriebe beheimatet sind, gar nicht zu reden von Zuständen der Angst und des Wahns, die den Verstand zu verwirren drohen. In biblischer, in mittelalterlicher und noch in neuzeitlicher Sprache ist dieser Zustand „Besessenheit" genannt worden. Das Geschehensgefüge ist sehr gut bei A. T. Boisen und bei C. G. Jung beschrieben worden[6].

William James diskutiert das Geschehen im ersten Kapitel seines Buches *Die religiöse Erfahrung in ihrer Mannigfaltigkeit* und gibt folgende eindrucksvolle Zusammenfassung:

„Was die vielen religiösen Erscheinungen psychopathischen Ursprungs betrifft, so brauchte es durchaus nicht überraschend oder beunruhigend zu sein, wenn so manche von ihnen von obenher als die köstlichsten der menschlichen Erfahrungen bezeugt würden. Es ist einem einzelnen unmöglich, den ganzen Bestand der Wahrheit zu finden. Nur wenige von uns sind nicht irgendwie schwach oder krank; gerade unsre Schwachheiten aber helfen uns unvermutet. Im psychopathischen Temperament ist diejenige Gefühlserregbarkeit gegeben, die die unerläßliche Bedingung für moralische Denkweise ist; in ihm liegt der Eifer und die Neigung zur Begeisterung, die für praktische moralische Kraft wesentlich sind, und ebenso die Liebe zur Metaphysik und zur Mystik, die das Interesse über die Sinnenwelt hinausheben. Was ist also natürlicher, als daß dies Temperament uns in Regionen religiöser Wahrheiten führt, in Sphären des Universums, die den selbstzufriedenen Besitzern eines derben Nervensystems niemals würden erschlossen werden.

Gibt es so etwas wie Inspiration aus einer höheren Welt, so kann es sehr wohl sein, daß das nervös reizbare Temperament die Hauptbedingung der notwendigen Empfänglichkeit ist."[7]

Anstelle von „nervös reizbar" schlage ich „sensitiv", „empfänglich" vor. Es ist das sensitive Instrument, das am leichtesten ausschlägt.

Die Erfahrung des *mysterium tremendum*, der „Furcht des Herrn", des „heiligen Schreckens" ist der Tribut, den der Geschaffene dafür zu zahlen hat, daß er vor dem Angesicht des

[6] Zu dem Bericht eines hochdramatischen Konflikts zwischen den Kräften des Guten und des Bösen im Zusammenhang dämonischer Besessenheit im Zeitalter Richelieus siehe Aldous Huxley, *The Devils of Loudun*.

[7] William James, 22.

Schöpfers lebt. „Kann ein Mensch Gott anschauen und leben?" Kann seine Gesundheit überleben? Es gibt Augenblicke, in denen solche Fragen ausgesprochen oder unausgesprochen den Frieden des Heiligen und des Propheten bedrohen. Deshalb gehört Tapferkeit zur Ausrüstung des Ekstatikers, sei es, um sich dem Wirbelwind Gottes zu überlassen, der ihn trägt, wohin er nicht will; sei es, um den warnenden Zeigefinger wohlmeinender Vertreter herkömmlicher Glaubensformen zu ertragen. Beispiele dafür gibt es in der klassischen Überlieferung wie in der Moderne. Zur Verdeutlichung des Gesagten reichen Stellen aus der Heiligen Schrift aus.

Mehr als nur eine Andeutung findet sich gleich in den Aussagen voller Majestät zu Anfang der Schrift, wo über Schöpfung die Rede ist. Schrecken verbreitet der Zorn Gottes, und dieser Zorn nimmt Gestalt an im Engel mit dem Flammenschwert, der den Stammeltern den Garten Eden verschließt; und Schrecken ist in der Bestrafung des Brudermörders Kain! Gott nähert sich seinem Auserwählten Abram, und auf Abram fällt „Betäubung, eine Angst und große Verfinsterung fällt da auf ihn" (Gen 15, 12—17)[8]. Noch mehr Furcht spricht aus einigen Visionen Jakobs, besonders aus jener, da er mit Gott ringt, „bis das Morgengrauen aufzog", und dann erklärt: „Ich habe Gott gesehn Antlitz zu Antlitz, und meine Seele ist errettet" (Gen 32, 24—32).

Der vielleicht berühmteste der alten jüdischen Ekstatiker ist Moses. Als er einen an einem Israeliten schuldig gewordenen Ägypter getötet hat, geht er als Flüchtling in die Wildnis nahe dem Sinai. Hier hat er seine Erfahrung: „Er sah: da, der Dornbusch brennt im Feuer, doch der Dornbusch bleibt unverzehrt" (Ex 3, 2). Nach der Einnahme psychodelischer Drogen haben manche über ähnliche Erfahrungen berichtet[9].

Es ist klar, daß auch Moses das *mysterium tremendum* erfahren hat: „Mosche barg sein Antlitz, denn er fürchtete sich, zu Gott hin zu blicken." Diese Erfahrung gibt seinem Leben Zuversicht und Richtung: trotz anfänglichen Zauderns und trotz eines Zusammentreffens mit dem Herrn, der „auf ihn stieß und trachtete,

[8] Alle alttestamentlichen Stellen dieses Kapitels sind nach Martin Buber zitiert.
[9] Siehe W. H. Clark in E. P. Booth (Hrsg.), *Religion Ponders Science*, New York 1964, Kapitel 1.

ihn zu töten" (Ex 4, 24), führt er sein Volk aus Ägypten heraus. Ähnliche Ekstasen, darunter die des Aufstiegs auf den Sinai zum Empfang der Zehn Gebote, helfen Moses in seinen Bemühungen gegenüber Widerwärtigkeiten durch den ganzen Exodus bis hin zur letzten Ekstase auf dem „Haupt des Pisga"-Berges (Deut. 34, 1), von dem aus er einen Blick werfen darf in das verheißene Land. Von solcher Art war der Mann, den „Er Antlitz zu Antlitz erkannte; ... in all der großen Furchtbarkeit, die Mosche dartat den Augen von all Jissrael" (Deut 34, 10—12).

Ein weiteres Begebnis ist undeutlicher, als es diese Geschichten aus der alten Überlieferung sowieso schon sein müssen. Aber auch dieses trägt das Siegel authentischer Erfahrungswahrheit. Es steht im Buche Hiob, dessen tiefe Wahrheiten und kraftvolle Aussagen nur der Feder eines Menschen entstammen können, der die Ekstase kennt und die Höhen des Wohlstands wie die Tiefen der Tragödie. Mit nur aus religiöser Ekstase aufbrechender Stärke widersteht er der Orthodoxie seiner Freunde, die ihn in seinem Kummer mit den theologischen Platitüden ihrer Zeit zu trösten suchen, die er mit ganzer Seele als Irrtum zurückweist. Die Wahrheiten werden kundgemacht durch die dem Seher gegebenen Mittel: Allegorie, Symbolik, Mythos.

Das Drama beginnt mit Glück und Wohlstand Hiobs. Dann folgt durch Satan eine Reihe furchtbarer Zerstörungswerke, und am Schluß steht die Tötung aller seiner Kinder und ein Leiden des Leibes, durch das der stolze und rechtschaffene Mann zu einem Gegenstand des Mitleids wird. In einem Anfall von Zorn verwünscht Hiob mit beispielloser Beredsamkeit den Tag seiner Geburt und alles, nicht aber Gott, wozu seine Frau ihn ermutigen will. Seine Freunde versuchen ihn mit der Selbstgerechtigkeit der Rechtgläubigen davon zu überzeugen, daß er gesündigt und sich so Gottes Zorn zugezogen habe. Obwohl er nicht genau weiß, wie ihrem Tadel zu begegnen sei, ist er davon überzeugt, daß bloße Worte nicht ausreichen, um ins Herz aller Dinge vorzudringen.

Durch alles da hindurch erklingen, den Hintergrund des Dramas bildend, die Melodien des *tremendum*, der Kraft und der Schrecklichkeit, der Stärke und der geheimnisvollen Weisheit eines ehrfurchtheischenden Schöpfers. Alles dies wird deutlich zu Beginn des achtunddreißigsten Kapitels, da Gott „aus dem Sturme" antwortet und verlangt: „Gürte doch wie ein Mann deine Lenden, ich will dich fragen und du laß es mich kennen." Hier, bei den Beschreibungen der Furchtbarkeit und Schönheit der Natur, dem Werk von Gottes Händen, der Grausamkeit des Straußes, des scharfen Auges des beutesuchenden Adlers, des Orion — „... lösest du dem Orion die Bande? führst zu seiner Frist du hervor das Zerstiebergestirn...?" —, der Stärke des stolzen Streitrosses, das den Boden stampft vor Kampfeslust, der Gefahren des schrecklichen Krokodils und des Geheimnisses des Triumphes und des Schreckens, erreicht die Beredsamkeit ihren Gipfel. Es ist nicht verwunderlich, daß nach Vollendung der Schöpfung „die Morgensterne jubelten zusamt und alle Gottessöhne jauchzten" (Hiob 38, 7). Es ist kein Wunder, daß ein Ekstatiker wie William Blake, der in seinen innerlichen Erfahrungen das Land der schreckenerregenden Schönheiten des Buches Hiob betreten hat, ganz nah an die kunstvolle Wiedergabe jenes Geistes herangekommen ist, der dieses große Werk durchweht.

Hier ist nicht der Raum, dieses Thema durch die Seiten der Weltliteratur hin zu verfolgen. Dem Leser sollte nur ein Blick in die Tiefen eröffnet werden, in die ergreifenden und verwandelnden Tiefen der Erfahrung Gottes. Es läßt sich ahnen, warum — wenn überhaupt einer — es der Mensch der Tapferkeit ist, der religiöses Leben versteht: Er ist bereit, sich zu stellen. Alle diese Aspekte müssen verstanden sein, wenn sich jener Hintergrund erfassen lassen soll, vor dem allein sich die religiöse Bedeutung der psychodelischen Mittel voll erschließen kann. Wem die Rede von religiöser Bedeutung psychodelischer Mittel von vornherein als ein Unsinn erscheint, der muß sich fragen lassen, ob er je — mit oder ohne solche Mittel — in jenem Land gewesen sei. Dann könnte er von Erfahrungen „aus dem Sturme" her sagen, ob wir uns hier mit den Mächten eines unendlich Guten oder eines unendlich Bösen beschäftigen. Vielleicht würde er paradoxerweise sagen, es sei von beiden etwas, aber es ist kaum wahrscheinlich, daß er sich für irgendein vage zwischen beiden Angesiedeltes entscheiden würde.

3. EIN KAPITEL MIT DROGENBEISPIELEN

> Aber wer durch die Tür in der Mauer zurückkommt, wird nie wieder ganz derselbe Mensch sein, der durch sie hinausging. Er wird weiser sein, aber weniger selbstsicher, glücklicher, aber weniger selbstzufrieden, demütiger im Zugeben seiner Unwissenheit und doch besser ausgerüstet, die Beziehung zwischen Wörtern und Dingen, zwischen systematischem vernunftgemäßem Denken und dem unergründlichen Geheimnis zu verstehen, das er mit jenem immerzu vergeblich zu begreifen sucht.
>
> *Aldous Huxley*[1]

Nirgendwo sonst zeigt sich unsere Individualität so klar wie in den Mannigfaltigkeiten „religiöser Erfahrung". Nie wird die religiöse Erfahrung des einen Menschen ganz der des anderen gleichen, und nicht einmal zwei visionäre Ekstasen einer Person werden je genau übereinstimmen. Forscher und religiöse Institutionen bemühen sich, diese Erfahrungen zu kodifizieren und zu generalisieren, aber trotz aller säuberlichen Beschreibung und Einordnung bleibt ein Rest, der jede Erfahrung einzigartig macht. Diese Einzigartigkeit verleiht ihr personales Gewicht. Daher erscheinen einem Mann wie William Blake etwa die Worte des Dogmas oder die Ebenen theologischen Streites so blaß und farblos. Und so sollte der Leser auch nicht erwarten, daß sich zwischen den durch Drogen eingeleiteten Ekstasen, wie sie in diesem Kapitel beschrieben werden sollen, und den anderen im vorigen Kapitel beschriebenen ein Verhältnis wie 1 : 1 herstellen ließe. Für den Vergleich beider Typen sind sowohl seine Intuition als auch sein Verstand aufgerufen. Umfassendere Information bieten die im ersten Kapitel erwähnten Passagen der Bücher von Metzner und Masters und Houston. Am besten wären Informationen aus erster Hand: sie wären zu erlangen durch das Aufsuchen solcher Men-

[1] Aldous Huxley, *Die Pforten der Wahrnehmung*, aus dem Englischen von Herberth Herlitschka, München 1964, 70 f.

schen, die psychodelische Erfahrungen gemacht haben, oder dadurch, daß man unter geeigneten Vorkehrungen diese Erfahrungen selber macht.

Der transzendierende Atheist:

Mr. D., ein kürzlich an der Harvard-Universität graduierter Zeitungsmann, der jüdischen Erziehung seiner Kindheit entfremdet, gehörte zu einer Gruppe heroischer Freiwilliger, die im Rahmen einer wissenschaftlichen Untersuchung sechzehn Tage lang täglich LSD einnahmen. Seine tägliche Dosis betrug fast 200 Mikrogramm. Zuerst war er mir gegenüber sehr verstimmt — ich gehörte zu denen, die das Experiment überwachten —, weil ich an einer theologischen Anstalt lehrte und an der religiösen Seite der Untersuchung interessiert war. Zu jener Zeit lehnte er jede Religion ab: er war militanter Atheist. In der täglichen Fragestunde betonte er, er nehme nichts wahr von der Präsenz eines Gottes. Dennoch zeigte sich bei ihm in die Religion berührenden Fragen wie etwa der Wiedergeburt, die er als „hinausliegend über alles je Erfahrene oder Vorgestellte" einstufte, eine jener Naturen, denen tiefe religiöse Erfahrungen zu eignen vermögen.

In den ersten Sitzungen konzentrierte er sich auf persönliche Konflikte und Verstimmungen, besonders im Verhältnis zu seiner Familie. Diese Konflikte kulminierten in einem symbolischen Ausgleich mit dem Vater und waren begleitet von einer hochdramatischen, fast psychotischen Feindseligkeit, von Panik und Entsetzen. Die Erfahrung endete mit einer symbolischen Lösung. Nach dem symbolischen Erleben seines eigenen Begräbnisses war er viel ruhiger, er schien eine innerlich schöpferische Phase durchzustehen. An diesem Punkt wies er mich darauf hin, um wieviel weniger eckig und kraus nun seine Handschrift geworden sei. Aber noch weigerte er sich, eine solche Entwicklung für eine religiöse zu halten.

Am vorletzten Tag saß er müßig im Gras und beobachtete das Verhalten zweier Heuschrecken. Plötzlich schienen ihm diese eine Art kosmischen Tanzes zu eröffnen. Diese Wahrnehmung rief eine transzendente Erfahrung von großer Intensität und Tiefe in ihm auf. Spontan rief er aus, er habe „Gott gesehen".

Etwa ein Jahr später besprach ich mit ihm seine Erfahrungen und deren Folgen. Heute sieht er das Ganze als eine religiöse Erfahrung an, freilich in einem Sinn, der in der Terminologie institutionaler Religion oder dogmatischer Theologie nicht auszudrücken ist. Er war erstaunt darüber, daß die Erfahrung nur ein Beginn gewesen war, daß er fühlte, wie die begonnene Reifung weiterschritt. Auf die Frage, was er während der verschiedenen Sitzungen gelernt habe, nannte er einen Sinn für Ehrlichkeit in verschiedener Hinsicht; einen Sinn für „das gewaltige emotionale Fluidum jenseits des Ich, das sich abseits von bestimmten fundamentalen Gegebenheiten entwickelt hatte; einen Sinn für Wege, auf denen meine ganze Persönlichkeit zersplittert worden war, die jetzt nach Integration rief", und die Annahme des eigenen Selbst und alles anderen im Leben. Dies war der Schlüssel.

Eine Schlüsselerfahrung war jene Todesszene, die sich nach etwa fünf Monaten mehrfach spontan wiederholte. Er gab dabei acht auf die von einer weiteren Dosis LSD hervorgerufene Angst und Verwirrung, als er die Szene durch Musik nachgestaltete. Dies löste seine Probleme: „Die Musik wob mich in einen Kokon ein, und ich sprang als Schmetterling heraus. Dieser Vorgang bannte für mich das drückende Gewicht des Todes und führte mich zu einer dynamischen Annahme des Lebens und zur Freiheit von der Furcht, die sich selber fürchtet. Was ich während des Experiments gelernt hatte, wurde nun artikuliert. Die Erfahrungen des Experiments wurden Kriterien, auf die hin ich mein Vorgehen ausrichten konnte, zum Beispiel die Musik."

Von seinem Schreiben sagte er, es sei „ehrlicher, weniger nachahmend, authentischer und schöpferischer" geworden. Seine Demut war gewachsen, zugleich seine Toleranz anderen gegenüber. Er konnte nun mit Menschen fühlen, die er früher nicht zu ertragen vermocht hätte. Nicht einmal die „Gerechten" waren ausgeschlossen. Er erlebte sich selbst als durch Schmerz und Leid „verletzbarer" geworden, aber das wurde Antrieb zu Wachstum. „Das Leben ist in Freude wie in Schmerz erfüllter geworden — seine Probleme wirken grundlegender, einfacher, radikaler."

Er sagte auch, die Themen seines Schreibens seien andere geworden. Die peripheren Bereiche des Lebens, in denen er sich für einen Experten gehalten hatte, haben drängenderen und bedeutenderen weichen müssen. So wurde sein Interesse für die

Plymouth-Plantage geweckt, und er fühlte, daß seine Erfahrungen ihn zur Identifizierung mit ihren puritanischen Gründern geführt hatten. Anders als früher verstand er die Motive, aus denen sie England verlassen hatten, wo ihnen das Religionsbekenntnis hatte vorgeschrieben werden sollen, und er verstand auch die Gründe ihres Versagens, wenn sie selbst in Positionen der Macht aufstiegen. Ein Jahr zuvor hätte ihn ein solches Thema gelangweilt. Beachtung verdient auch, daß die Erfahrung mit den Heuschrecken es ihm etwa ein Jahr lang unmöglich machte, schädliche Insekten zu töten.

Die Vision Christi und der Weg zur Freude:

Miss H., ordiniert in einer protestantischen Gemeinde des mittleren Westens, erhielt von einem Psychotherapeuten eine psychodelische Droge. Wie sich erwarten ließ, entstanden in der Ekstase äußerst unmittelbare Symbolismen christlichen Glaubens und starke Bildgestalten, darunter ein Kreuzigungserlebnis, das an die Erfahrung des Bankräubers zu Beginn dieses Buches erinnert.

Nach einer sehr angenehmen Phase war die nächste psychotomimetisch: sie bot eine Welt sich bewegender, drohender Maschinen. Der Kontakt mit der Außenwelt schien aufgehoben. Sobald aber der Zustand als ein psychotischer eingesehen worden war, verschwand die Furcht, und nun ging die Bewegung in eine Welt unausmeßbaren, strahlenden Lichtes hinein, das sich nicht beschreiben läßt: Es vermittelte die Gegenwart einer freundlichen Macht und von Flammen, die den Hindurchschreitenden nicht verbrennen. An diesem Punkt überfiel sie das Gefühl, sie sei in Gott, und Gott sei der Eine, an dem sie Anteil habe. Später erklärte sie, diese Erfahrung sei einer mystischen Erfahrung ähnlich — wenngleich in anderer Hinsicht auch wieder unähnlich —, die sie in ihrem früheren Leben gemacht und die ihrem Leben eine religiöse Richtung gegeben habe. Und diese wurde durch die Drogenerfahrung bestärkt. Auf diese Weise erinnerte sich Miss H. auch der Drogenerfahrung viel deutlicher.

An diesem Punkt schien sie teilzuhaben an „Gottes Sicht der Menschennatur", die sich zerstört in kleinlichen Streitereien, die sie, Miss H., nicht zu beendigen vermochte. Sie schien die Menschen zu lieben, auch noch in ihrer Schwäche. Sie erfuhr eine „großartige Schau Christi", und obwohl er unerreichbar blieb, umfaßte sie seine Füße „mit unendlicher Liebe". Als dann das Geschehen sich teilweise in Gott hinein zurückbewegte, schien sie wie Theresa von Avila die Dreifaltigkeit zu verstehen, und wie Christus nahm sie „teil an den Schmerzen der ganzen Welt". So erfuhr sie unmittelbar den Sinn der Kreuzigung. Darauf folgte eine scharfe Wahrnehmung: Christus werde durch ihren Ehrgeiz, ihre Gier, ihren Stolz und ihre ungeordneten Wünsche getötet. Ein Sturm symbolisierte die Kreuzigung — und sie fühlte sich geliebt in ihrer Scham und in ihrer Schande. Diese drei Phasen schienen den Kern ihrer Erfahrung auszumachen: „die Einheit mit Gott, die Vision Christi, die Kreuzigung".

Seither ist sie eine gewissermaßen Sterbende geworden, „sterbend in die Einheit Gottes hinein", und dann auch wiedergeboren für die Menschheit. „Ich fürchtete den Moment der Geburt. Aber jetzt weiß ich, es mußte sein." Irgendwie fühlte sie, daß die Erfahrung ihr helfen sollte, ihre Strebungen zu kontrollieren und ihre Probleme zu lösen. Damit war der Beginn einer „Wiedereintrittsphase" bezeichnet. Durch das Wiederaufleben traumatischer sexueller Erfahrungen ihrer Jugend wurde sie paranoid und empfand sich als eine verwirrte Ehebrecherin. Die Welt außer ihr erschien ihr wie eine „Puppenschau, ein Traum, eine Maskerade, ein Spiel". Eine große Dankbarkeit gegen den sie führenden Psychotherapeuten erfüllte sie, und sie „bat Gott, ihn zu lieben". Am Ende empfand sie plötzliches Schwinden der Angespanntheit und ein Gefühl von Glückseligkeit und Frieden. Die Sitzung endete für sie mit einer überwältigenden Flut der Freude[2].

Da Miss H. die im letzten Kapitel beschriebene Mystikerin ist, kann der Leser die beiden Erfahrungen vergleichen. Sie sagte, ihre erste Erfahrung sei zwar viel einflußreicher, aber doch der zweiten — drogeninduzierten — ähnlich gewesen. Die letztere habe bemerkenswert stark ihre Fähigkeit zum Mitempfinden mit jenen geistig Kranken gesteigert, denen sie in ihrem Gemeindedienst begegne.

Im Symbolismus der Ekstase können sowohl der Aufbruch der

---

[2] Entnommen R. Metzner, *The Ecstatic Adventure*, Kap. 7. Dieser Fall ist eine der vielen drogeninduzierten Ekstasen, die in diesem Buch berichtet werden.

Probleme als auch mögliche Problemlösungen ergriffen werden. So spiegelte beispielsweise die frühe psychotische Phase von Miss H. wahrscheinlich ihre Furcht vor dem Wahnsinn wider, während die Einsicht in die Furcht diese unmittelbar verringerte. Die Anwesenheit des bekannten Therapeuten trug zur rechten Auflösung dieser Furcht bei und zeichnete den Weg zu der religiösen Phase der Erfahrung, auf die Miss H. das Hauptgewicht zu legen scheint. Dieses letzte Stadium läßt sich jener Erfahrung vergleichen, die ohne Drogeneinwirkung zustande gekommen war. Ohne die Gegenwart ihres mitfühlenden und sie unterstützenden Führers hätte sich Miss H. vielleicht auf eine der psychotischen Phasen fixiert und sich dann jener beglückenden Erfahrung beraubt, in die das Unternehmen eingemündet ist.

Die Stunde der Wahrheit für einen Psychotherapeuten[3]:

Sowohl mit der psychodelischen Erfahrung wohlvertraute Autoritäten als auch Laien sprechen von dem, was man „schlechte Reise" *(bad trip)* nennen kann. Die sie nicht kennen, werden viel eher wegen ihrer Gefahren bestürzt. Diese Gefahren sind vorhanden: Ich habe von ihrer intuitiven Erfassung durch Menschen des Alten Testamentes gesprochen, die die Erfahrung des *mysterium tremendum* gemacht haben. Der durchschnittliche Psychotherapeut unterschätzt jedoch leicht das Gewicht der Konfrontation des Selbst mit den aus den Tiefen steigenden Aspekten des Schreckens. Mögen solche Konfrontationen auch zeitweise Psychosen einschließen: Sie können ungeahnte Reifung und Stärkung bieten, wenn sie angemessen bestanden werden. Der Schlüssel — das scheint Platon erkannt zu haben — heißt Tapferkeit. Es ist Tapferkeit, unwillkommenen Bloßstellungen unseres Selbst ins Gesicht zu sehen. Dann kann Schwäche in Stärke verwandelt werden. Der folgende Abriß einer „schlechten Reise" möge diese Wahrheit veranschaulichen.

Dr. H., ein wohlbekannter und anerkannter Psychotherapeut, Schriftsteller und Quäker, nahm nach einer mystischen Erfahrung auf der Basis von 50 mg Psilocybin acht Monate später 300 *Mor-*

[3] *Ibid.*, Kap. 4.

ning-Glory-Samenkörner. In seiner ersten Erfahrung hatte er gefühlt, daß er nicht genügend „aufgegeben" hatte, um ganz mit dem „kosmischen Sinn" eins zu werden; das erhoffte er von dieser Erfahrung. Während er das Experiment auf eigene Faust betrieb, war er zugleich froh, seine Frau in der Nähe zu wissen, damit sie ihm in Zeiten der starken Belastung beistehen könnte. Für den Ausgang des Experiments war dies ein ambivalenter Wert, da eine so gegebene Abhängigkeit jener vollkommenen Hingabe des Selbst ins Gehege kam, die er für so bedeutsam hielt.

Die Schärfe seines Erlebnisses entsprang dem Erschrecken vor der unerbittlichen Logik zweier Loyalitäten. So wurde eine Antwort auf den Ruf des Allerletzten gefordert, des grundlosen Abgrunds, der auf den völligen Verlust seines individuellen Selbst zielte, auf ein Entsetzen erregendes Sich-Überliefern an das Leben des Geistes — auf die Bereitschaft, alles hinter sich zu lassen, was gesellschaftliche Stellung heißt, Besitz, Sicherheit und notfalls auch die Familie, um offen zu sein dem Ruf des lebendigen Gottes. „Sein Leben verlieren, um es zu finden", war keine fromme Phrase, sondern schauerlicher Abgrund vor dem Dunkel der Nacht. Biblische Wendungen umlagerten seinen Sinn, so etwa Jesajas Wort von den „unreinen Lippen" und das zu Moses gesprochene Wort: „Kein Mensch kann Gott anschauen und leben". Später schrieb er: „Das Schweigen steigt herauf, weil man gesehen hat: zu Gott sprechen schließt eine Jüngerschaft ein, der man nicht gerecht werden kann. Was man wirklich wünscht, ist, mit fünfundsiebzig Jahren im Bett zu sterben." Er hatte erkannt, daß die Konsequenz aus dieser Erfahrung eine Selbsthingabe bedeutet hätte, der er sich nicht unterziehen wollte. Der Gekreuzigte kam ihm in den Sinn, und er erkannte, daß er nicht bereit sei, sein Leben zu verlieren, um es zu finden. Ganz plötzlich erschloß sich ihm die Bedeutung von Worten und Taten biblischer Personen; von Worten und Taten, denen er ein Leben lang Lippenbekenntnisse gewidmet hatte. Diese Einsicht erschütterte ihn bis in den Grund.

Zusammen mit dem Widerstreit solcher spirituellen Imperative stieg ihm eine Furcht von mehr säkularer Art auf. Im ernsthaften Erfassen dessen, was Überlieferung meint, erfuhr er, was es heißt, „in die Hände des lebendigen Gottes zu fallen". Würde er hilfesuchend diese Panik eingestehen, könnte er vielleicht in ein Hospital für Geisteskranke geschickt werden und seinen Beruf verlieren. Für einen Psychotherapeuten, dessen professionelles Selbst „an die Psychiatrie verkauft" war, eröffnete sich kaum eine schlimmere Schande als die, jenen Geisteskranken gleichgestellt zu werden, jenen Unglücklichen, deren Elend ihn veranlaßt hatte, sein Leben der Rettung anderer zu widmen. Dann würde er ein Arzt sein, der sich selbst nicht heilen könnte. Finger der Verachtung würden auf ihn weisen wie auf Hiob, und die Gesellschaft würde sein eigenes Vokabular benutzen, um ihn als Versager einzustufen. Die Weisheit der Welt stritt gegen die Weisheit des Geistes. Werte standen gegen Werte, aber Faszination und Integrität entließen ihn nicht aus seinem schrecklichen Kampf. Rückzug wäre Feigheit gewesen. Und so vollzog sich, was er „das große Schwanken zwischen den Tröstungen einer psychiatrischen und den Forderungen einer religiösen Anschauung" genannt hat. Er lernte damals erkennen, „wie erschütternd es war, sich durch eigenes Erleben aus einem persönlichen, psychologisch orientierten Begriffsgefüge in ein größeres, pneumatisches hinein aufzumachen". Später wurde ihm klar, daß er die falschen Fragen gestellt und die falsche Dichotomie anvisiert hatte. Jede Alternative, sogar das Hospital für Geisteskranke, wäre annehmbar erschienen, wenn er zum Sich-Überliefern fähig gewesen wäre. Er kam zu dem Schluß, daß wahrer geistiger Fortschritt nur da möglich ist, wo solche Hingabe geschieht.

Dr. H. sieht in seiner Erfahrung sowohl Elemente psychotischer Täuschung als auch eines Einblicks in wirkliche Zusammenhänge. Er hat entdeckt, daß sich manchen die Tiefen der Wirklichkeit nur öffnen im gefährlichen Flirten mit den Schatten des Wahns. A. T. Boisen, William James und andere, deren religiöse Ekstasen wir hier kurz gestreift haben, hätten ihm zugestimmt.

Die hier dargestellten Fälle können zur Abklärung jener Gründe beitragen, aus denen heraus sowohl viele Psychiater Warnungen angesichts der psychodelischen Drogen ausstoßen als auch die mehr an Konvention orientierten Kirchen nichts so sehr zu fürchten scheinen wie die ekstatische religiöse Erfahrung. Doch jeder der Menschen, deren Ekstasen hier beschrieben wurden, würde ohne Zögern ähnlich antworten, wie Miss H. auf die Frage geantwortet hat, ob sie wünsche, von den Folgerungen ihrer ekstatischen Augenblicke befreit zu sein: „Ich möchte lieber tot als die Person sein, die ich vor der Vision gewesen bin."

Dr. H. gab seiner Ansicht über seine „schlechte Reise" und seine Augenblicke spiritueller Qual so Ausdruck: „Schlechte Reisen können letztlich gute sein. Der Weg herauf ist der Weg herunter. Spiritueller Gewinn wird nie ohne das Risiko ... Der große Zweifel, der Abgrund, die Schrecknis der Wirklichkeit sind Sachverhalte innerer Erfahrung, deren Wert und Gewicht unser Zeitalter anerkennen muß."

Luzifer und der Kampf mit Gott:

Der letzte Fall dieses Kapitels ist der detaillierteste und dramatischste des bereits erwähnten Buches von Masters und Houston[4]. Er demonstriert eine bemerkenswerte Kraft der Droge: Sie bewirkt in manchen eine tiefgehende Veränderung der Persönlichkeit.

Die Person, um die es hier geht, wird beschrieben als sehr erfolgreicher Psychotherapeut und College-Lehrer gegen Ende der Dreißig, einziges Kind protestantischer angelsächsischer Eltern, zu denen er gute Beziehungen unterhält. Seit der Geburt krank, überlebte er zum Staunen der Ärzte und entwickelte sich zu einem gesunden Mann. Von frühreifer Intelligenz, hielt er sich in seiner Jugend für unterschieden von allen und für „der menschlichen Rasse fremd". Gleichzeitig fühlte er sich unwiderstehlich von dem angezogen, „was andere für böse hielten". Dabei war sein Gewissen, wie bei kriminellen Psychopathen, nie beunruhigt. Es machte ihm Spaß, andere zu manipulieren um des Manipulierens willen; er genoß sexuelle Promiskuität und die Ermunterung anderer zum Böses-Tun. Er identifizierte sich eher mit Satan als mit Gott, obwohl er allemal schlau genug war, sich aus ernsten Schwierigkeiten herauszuhalten. Zugleich war er ein sehr fähiger Psychotherapeut, der von vielen als freundlicher, mitfühlender Mensch betrachtet wurde.

In seinen Zwanzigerjahren entwickelte er ernsthafte neurotische Symptome. Eine Zeitlang war es ihm unmöglich, „irgend jemand nach irgend etwas zu fragen", ohne daß ihn das auf-

[4] R. E. L. Masters und J. Houston, letztes Kapitel.

gewühlt hätte. In siebenjähriger Selbstanalyse und Autohypnose ging er gegen die Symptome an mit dem Ergebnis, daß er die Symptome unter Kontrolle brachte. Damals begann er sein Interesse am Bösen als jugendlich-albern zu empfinden und er begann gegen „jene genuine Quelle der Kraft und des inneren Friedens zu streben, die die Menschen Gott nennen". Obwohl er mancherlei Fortschritte fühlte, war er nicht zufrieden. So kam er etwa ein Jahr darauf als ein Freiwilliger zu der Teilnahme an einem LSD-Experiment.

In der ersten Sitzung schien er die Schöpfung zu bezeugen, und zwar mit einer evolutionären Gewalt, die darauf abzielte, Gottes Werk zu vervollständigen. Diese stieß mit einer anderen Kraft zusammen, die auf Zerstörung gerichtet war. Er beschrieb sich selbst als ambivalent, „wünschend, auf der Seite Gottes zu stehen, aber manchmal der anderen Macht verbunden, die unablässig Ordnung in Chaos zu verkehren strebt".

In seiner zweiten Sitzung eine Woche später hatte er das Erlebnis einer gewaltigen Schlacht zwischen zwei gigantischen Tieren, die er als Kräfte innerhalb seiner selbst identifizierte: Sie würden von Auslöschung bedroht sein, wenn er sich Gott überließe. Er fragte, ob er „es wagen solle, ihm zu begegnen, ohne angemessen vorbereitet zu sein". Der Kampf entwickelte sich derart, daß es schien, er habe zu wählen zwischen Überlieferung und Versagung. An diesem Punkt sah er zum erstenmal sein Leben als eine „Rekapitulation von Luzifers Kampf gegen Gott". Sein zentrales Problem war der Stolz. Er betrachtete die zweite Sitzung als äußerst produktiv, hielt sie für viel produktiver als mehr konventielle Techniken, z. B. die Psychoanalyse.

In der darauffolgenden Woche hatte er seine dritte und letzte Sitzung. Furchtsam erwartete er eine „Begegnung mit Gott". Seine Symbolisierung war weiterhin hochdramatisch und komplex. Einige der bedeutsamen Ereignisse sollen mitgeteilt werden. Als ihm die Statuette einer Nixe gereicht wurde, empfand er sie als Personifikation des Bösen, bis er erkannte, daß er das Böse in diese Statuette hineinprojizierte. So war also er es, der aus Gottes Gaben Gutes oder Böses machte. Ebenso erkannte er, daß sein Leben trotz anderer möglicher Erklärungen — er bedauerte, nicht fähig zu sein, seine Einsichten in wissenschaftlich-medizinischer Sprache auszusprechen — sich am besten in mystischer

Terminologie erklären lasse, in Begriffen wie „Revolte Luzifers", „Gott und Satan", „Himmel und Hölle". „Ich würde es vorgezogen haben, diese einfachen Wahrheiten nicht so grob dahingestellt zu haben, sondern überzuckert mit einer Unmenge hochtönender medizinischer Termini."

Kurz darauf merkte er, wie er Kraft gewann, nicht mit anderen fertig zu werden, sondern mit sich selbst: „Mit diesem Wissen kann ich meine Kraft einsetzen, anderen zu helfen."

Der Versuchsleiter legte ihm nun nahe, seinen Widerstand aufzugeben und sich Gott zu stellen. Unter einem Symbolismus so lebhaft wie die Vision eines hebräischen Propheten und mit großer Bewegung „erfuhr" er „Gottes Gegenwart", in der er „Tränen des Glücks" freien Lauf ließ und sich symbolisch von jenen Wurzeln „freischüttelte", die ihn an die „Hölle" gebunden hatten.

Es ist allemal schwierig, eine Veränderung der Persönlichkeit angemessen einzuschätzen, besonders wenn sich ein solcher Vorgang tief im Innern einer Person vollzieht wie in diesem Fall. Das bedeutet aber nicht, daß diese Veränderung ohne objektiv sichtbares Ergebnis geblieben wäre: Ein Jahr später fühlte dieser Mann, daß er auf Evidenzen zu verweisen vermöchte, die seine Überzeugung von einem grundlegenden Wandel bekräftigen könnten. Er bemerkte, daß er nun mehr Patienten behandeln konnte als früher, und daß sein literarisches Schaffen ertragreicher und von besserer Qualität geworden war. Er war geselliger geworden und hatte zum erstenmal Freude an sozialen Aktivitäten gefunden; er hatte sich verliebt und eine Heirat mit einer ihm geistig ebenbürtigen Frau ins Auge gefaßt. Nicht länger vertrat er die sexuelle Promiskuität und verzichtete auch auf die Gesellschaft ihm geistig Unterlegener, die er früher gesucht hatte, um jene seine Macht fühlen zu lassen. Allgemein spürte er, daß „eine destruktive Reaktion auf die Welt einer wesentlich schöpferischen gewichen war".

Diese beiden Kapitel sollten unter anderem zeigen, wie durch die Kraft innerlicher religiöser Erfahrung eine radikale Veränderung der Persönlichkeit vorgehen kann, sei jene nun durch Drogen aufgerufen oder nicht. Außerdem sollte zumindest eine Artverwandtschaft der durch Drogen und der nicht durch Drogen induzierten Erfahrung aufgewiesen werden. In späteren Kapiteln werde ich mich um eine mehr wissenschaftliche Evidenz für diese Ähnlichkeit bemühen. Das führt dann zu der eigentlichen Frage dieses Buches: Ist es möglich und ratsam, zur Er-öffnung religiöser Erfahrung psychodelische Mittel einzusetzen? Und das nicht nur zur Erforschung des religiösen Bewußtseins, sondern — was viel wichtiger ist — um Menschen Hilfe zu bringen durch Wandlung?

Über die Frage hinaus, ob sich religiöse Erfahrung durch Drogen einleiten lasse oder nicht, wollen diese Kapitel — und das Buch als Ganzes — dem Leser ein Gefühl für ekstatische Erfahrung vermitteln; wollen ihm helfen, diese von jener blassen Emotion zu scheiden, die der durchschnittliche Kirchenbesucher allzuoft verspüren mag; wollen ihm helfen, Quellen wirklicher Kraft in personal verstandener Religion zu erschließen, um diejenigen ein wenig besser zu verstehen, die institutionaler Religion fernstehen. Ebenso wollen sie ihm einen Blick auf das vermitteln, was in der Schrift geschrieben steht: „Es ist furchtbar, in die Hände des lebendigen Gottes zu fallen." So mag dem Leser eine Ahnung aufsteigen von der glückgeladenen Ekstase dessen, der bei der Betrachtung von Gottes unermeßlicher Schöpfung schrieb: „... die Morgensterne jubelten zusamt und alle Gottessöhne jauchzten."

4. ZUR GESCHICHTE DER DROGEN

> Wie nun weiter? Hat der Himmel eigens den Menschen so eine Art von Angstzaubertrunk gegeben, so daß einer, je mehr er davon trinken will, bei jedem Trinken um so mehr meint, unglücklich zu werden, und fürchtet sich so für die Gegenwart und die Zukunft vor allen Dingen und gerät zuletzt in die entsetzlichste Seelenangst, obgleich er eigentlich der herzhafteste Mensch von der Welt ist; hat er aber ausgeschlafen und sich dessen entledigt, was er getrunken, dann wird er allemal wieder ganz der alte? ... wäre dir's recht, ... für deine Mitbürger so einen Prüfstein zu bekommen hinsichtlich ihres Mutes oder ihrer Feigheit?
>
> *Platon*[1]

> Cambridge, Massachusetts, war nicht der Ort, um eine neue Religion zu schaffen.
>
> *Timothy Leary*[2]

> Es zählt nicht, ob einige oder viele Propheten eitel oder falsch waren: wenn es nur einige wahre gibt. Hier wie anderswo nimmt die Natur tausend Anläufe, um ein Vollendetes hervorzubringen. Die Existenz des genuinen Mystikers — Bernhards, Mohammeds, Laotses, Plotins, Eckharts, Johannes' vom Kreuz — so selten sie sein mag, ist das Gewaltige. Sie reicht aus, der Tradition der Mystik Respekt zu verschaffen; sie reicht aus, jene Aufmerksamkeit zu rechtfertigen, die diesen Einzelnen durch die Geschichte der Religion hin entgegengebracht wurde.
>
> *William Ernest Hocking*[3]

---

[1] Platon, *Die Gesetze*, in: *Sämtliche Werke*, Bd. 3, Berlin 1940, 248 f.
[2] Timothy Leary, *High Priest*, Cleveland 1968, 320.
[3] William Ernest Hocking, *The Meaning of God in Human Experience*, New Haven 1912, 349.

Religiöse Erfahrung unter dem Einfluß von beinahe jeder Droge — den Alkohol nicht ausgenommen — kann nicht von vornherein bestritten werden. In diesem Buch geht es jedoch speziell um die sogenannten „halluzinogenen" oder „psychodelischen" Drogen. Der letzte Terminus bedeutet wörtlich „geistoffenbarend" und wird verwendet, wenn jemand die ekstatischen oder visionären Kräfte der Drogen im Sinn hat. Deshalb wird er in diesem Buch verwendet. Dabei sind neben dem LSD auch die vom LSD-Typus, hauptsächlich Psilocybin und Mescalin, eingeschlossen. Neue psychodelische Chemikalien wie DMT, DPT, STP und andere in ihren Wirkungen dem LSD ähnliche Drogen werden noch synthetisiert, und ihren psychodelischen Kräften ähnliche Potenzen werden in vielen Pflanzen und Kräutern entdeckt. Eigene Untersuchung hat mich überzeugt, daß Marihuana als eine milde psychodelische Droge anzusehen ist, die deshalb auch religiöse Erfahrung auslösen kann. Das vierte Kapitel soll die religiöse Verwendung der Drogen in der Geschichte behandeln und zugleich diese Geschichte bis in die Gegenwart weiterführen.

Zur religiösen Verwendung von Drogen bei den Alten:

Ohne Zweifel haben Chemikalien in vielen alten Religionen eine Rolle gespielt, wenn es auch schwierig ist, ihren Anteil darin genau zu bestimmen. Der Hanf, aus dem Marihuana gewonnen wird, ist in der chinesischen Literatur bereits 2737 Jahre vor Christus beschrieben und 800 Jahre vor Christus wurde er nach Indien eingeführt[4]. Auf eine frühe religiöse Bedeutung des Marihuana weist auch eine in Wilmersdorf in Deutschland entdeckte Urne hin, die einzelne Hanfsamen enthielt. Sie entstammt dem fünften Jahrhundert vor Christus. Auch unter den Bewohnern Kinshasas — des früheren belgischen Kongo — wurde die religiöse Verwendung des Hanfes festgestellt[5]. In der als *Bhang* bekannten Form wird Marihuana in Indien und in bestimmten Hinduriten verwendet[6]. Die Ursprünge solcher Verwendung verlieren sich, wie auch andere Aspekte dieser Drogen, in der Geschichte.

[4] Siehe W. H. McGlothlin in: D. Solomon (Hrsg.), *The Marihuana Papers*, New York 1966, 455.
[5] W. Reininger: *Ibid.*, 141—142.
[6] Siehe G. C. Carstairs: *Ibid.*, passim, besonders 112 f., 119.

Aber auch wenn sich genaue Einzelheiten nicht mehr erschließen lassen: gesichert ist jedenfalls die Verwendung psychodelischer Drogen bei den alten Griechen. Die Priesterinnen von Delphi inhalierten bestimmte Dünste, die der Erde entströmten. Diese Dünste riefen ekstatische Zustände hervor, während derer die berühmten Weissagungen gemacht wurden. Noch bedeutender waren die Eleusinischen Mysterien. In diesen Kult Einzuweihende unterzogen sich einer Probe, zu der es gehörte, einen den Zustand des Bewußtseins dramatisch verändernden Trunk einzunehmen. Dieser Trunk eröffnete Bereiche des Wissens, die gewöhnlichen Sterblichen verschlossen blieben. Da der Neuzugelassene sich durch einen heiligen Eid zur Schweigsamkeit verpflichten mußte und kein Bericht über einen Eidbruch vorliegt, können wir die Art des Trunks nur vermuten. Man hat Platon für einen Eingeweihten gehalten. Dafür spräche eine Stelle in den „Gesetzen", die sich auf eine hypothetische Droge von erschreckender Wirkung als auf einen „Prüfstein der Tapferkeit" bezieht, eine Tugend also, die Platon als eines der Merkmale des verantwortlichen Bürgers und Herrschers hoch geschätzt hat. Die die Wirkung der modernen psychodelischen Mittel erfahren haben, scheinen überzeugt zu sein, daß Platon sich hier auf seine eigene Prüfung bezieht[7]. Daß er eine Art tiefgehender ekstatischer Erfahrung gemacht hat, wird im berühmten Höhlengleichnis im siebenten Buch der *Politeia* angedeutet. Die LSD eingenommen haben, verstehen ohne Schwierigkeiten die metaphysischen Dimensionen dieses beachtlichen Werkes klassischen Symbolismus'.

Es gibt historische Hinweise auf den Gebrauch von Hanfdrogen im Mohammedanismus, wenngleich nicht unter den traditionellen Moslemmystikern, den Sufis, bei denen man das vielleicht erwarten möchte, sondern unter den „Haschischins". So ist der ursprüngliche Name für die Ismaeliten, einen Zweig der Schiiten. Diese hatten ihre große Zeit vom 11. Jahrhundert an, bis sie im 13. Jahrhundert politisch unterdrückt wurden. In dieser Sekte wurde Haschisch religiös verwendet, eine konzentrierte Form des Marihuana.

Die religiöse Verwendung des Haschisch war in dieser Sekte

---

[7] Plato, „A Touchstone for Courage": *Psychedelic Review*, 1, Nr. 1 (1963); R. Gordon Wasson, „The Hallucinogenic Fungi of Mexico": *Ibid.* 27—42.

geheim. Zeitgenossen haben geglaubt, daß diese Droge die „Meuchelmörder" in einen Mordrausch treibe. Das englische Wort für „Meuchelmörder", *assassin*, geht auf diese Haschischin zurück. Es bietet einen Hinweis auf die Angewohnheit ihrer Führer, fanatische Anhänger zur Ermordung politischer Gegner einzuspannen. Ähnliche Vorstellungen gehen heute in bezug auf die psychodelischen Drogen um. Jeder mit den Besonderheiten des Haschisch Vertraute wird jedoch geneigt sein, die „mörderischen" Wirkungen dieser Droge anzuzweifeln. Sie dürfte wahrscheinlich den gegenteiligen Effekt haben, eher Freundlichkeit als Haß hervorrufen. Die erwähnten Meuchelmorde geschahen unzweifelhaft aus politischen Motiven der Haschischin-Führer[8]. Haschisch wurde daher wahrscheinlich als eine Art spiritueller Belohnung eingesetzt.

In einem kürzlich erschienenen Werk hat R. Gordon Wasson, dem Ethnobotaniker R. E. Schultes von Harvard folgend, den *Amanita-Muscaria*-Pilz als die Quelle des legendären *Soma* Altindiens nachgewiesen. Er bietet sowohl objektive Einzelheiten als auch das Zeugnis des Vedanta. *Soma* wurde in der Rig-Veda verehrt und für göttlich gehalten[9].

Unserer Zeit näher, aber ebenfalls in der Vorgeschichte einsetzend, ist die Verwendung verschiedener halluzinogener Pflanzen und Pilze bei den Azteken und bei verschiedenen Indianerstämmen Nord- und Südamerikas. Die spanischen Eroberer des sechzehnten Jahrhunderts berichten mit Abscheu von „Orgien", bei denen religiöse Riten veranstaltet würden, um den heiligen Pilz oder „Gottes Fleisch" zusammen mit *Morning-Glory* und anderen Kräutern zu konsumieren.

Obskure Nachfahren dieser stolzen Zelebranten feiern noch heute in südamerikanischen Wildnissen ihre Riten. Wenn in der Regenzeit die Bergseen des mexikanischen Hinterlandes von Pilzen wimmeln, amtieren Priester und Priesterinnen bei den den Pilzgenuß begleitenden Zeremonien. Am meisten tritt in dieser Hinsicht heute die *Native American Church* in Erscheinung, die

---

[8] *Encyclopedia Britannica*, 11. Ausgabe, siehe unter „Assassin"; N. Taylor, „The Pleasant Assassin" in D. Solomon (Hrsg.), *The Marihuana Papers*, 31—47.

[9] R. G. Wasson, *Soma: Divine Mushroom of Immortality*, New York 1969; R. E. Schultes, „Hallucinogens of Plant Origin": *Science*, 163, 17. Jan. 1969, 245—254.

etwa 250 000 Anhänger haben soll, die sich auf mehrere bedeutende Indianerstämme verteilen[10]. Sie ist eine Verbindung nordamerikanischer Indianer, die Peyote einnehmen, das aus Blüte oder Knospe eines Kaktus gewonnen wird. Peyote-Wissenschaftler haben seinen Hauptwirkstoff, das Mescalin, isoliert, und zwar auf der Grundlage jener ersten Peyoteuntersuchungen, von denen vor der Jahrhundertwende Havelock Ellis und S. Weir Mitchel berichtet haben[11].

Viele Jahre lang haben Indianerbeauftragte und eifrige Missionare diesen Indianern zugesetzt, die sich als sehr schwierig zu belehren erwiesen. Ebenso haben ihnen Menschen ihrer eigenen Rasse entgegengestanden, die nicht Peyote einnahmen: ohne großen Erfolg. Vieles von dem, was gegen LSD gesagt wird, daß es die Menschen verrückt mache und demoralisiere, taucht auch in den indianischen Kontroversen über Peyote auf. Viele dieser Indianer würden sich lieber einsperren lassen als die religiöse Verwendung von Peyote aufzugeben. Wann immer die Bestimmungen, die die religiöse Verwendung regelten, von Gerichten überprüft wurden, ist man für gewöhnlich einer Übertreibung erlegen: Nie wurde eine zwingende Evidenz dafür gefunden, daß Peyote Schaden anrichtete. Die *Native American Church* nennt sich christlich, und ihre Morallehren von familiärer Verantwortung, von harter Arbeit, von der Liebe zum Nächsten und von Alkoholenthaltung weichen nicht allzu weit von den Lehren der typischen christlichen Mittelstandsgemeinde Nordamerikas ab. Anthropologen haben im allgemeinen mit Anerkennung von der Würde der religiösen Veranstaltungen gesprochen, bei denen in nächtelangen Zeremonien Peyote eingenommen wird, und ebenso von dem beeindruckenden Alltagsleben der Anhänger[12].

---

[10] Eine Aufzählung amerikanischer halluzinogener Pflanzen, mit Anmerkungen zu Religion und Geschichte, siehe R. E. Schultes, „Botanical Sources of New World Narcotics": *Psychedelic Review*, 1, Nr. 2 (1963), 145—166. Zusammen mit A. Hofmann arbeitet Doktor Schultes an einem Buch, *The Botany and Chemistry of Hallucinogens*, Springfield, Ill.

[11] Siehe R. S. de Ropp, *Drugs and the Mind*, New York 1960, das Kapitel über Meskalin.

[12] Siehe D. Aberle, *The Peyote Religion Among the Navaho*, Chicago 1966; J. S. Slotkin, *The Peyote Religion*, Glencoe, Ill., 1956.

Der neuzeitliche Gebrauch psychodelischer Mittel:

Die moderne Phase der Erforschung und des Gebrauchs psychodelischer Mittel setzt 1938 ein, als der hervorragende schweizerische Biochemiker Albert Hofmann entdeckte und synthetisierte, was er Lysergsäure-Dyäthylamidtartrat — kurz LSD — nannte. Es war das Ergebnis einer Untersuchung an Produkten gegorenen Roggens. Einige Jahre später entdeckte er seine psychoaktiven Eigenschaften anläßlich gelegentlichen Einnehmens einer winzigen Drogenmenge, die kaum 50 Millionstel Gramm überschritt. Das gibt einen Hinweis auf ihre Möglichkeiten. Von Anfang an war Hofmann sich der religiösen Potenzen des LSD bewußt. Die meisten Ärzte und Naturwissenschaftler dagegen, an Religion nicht sonderlich interessiert, sahen in LSD hauptsächlich ein Mittel zum Erzeugen zeitweiliger Verrücktheit und nannten diese Art von Drogen „psychotomimetisch".

Zur gleichen Zeit schenkten einige Psychotherapeuten der Droge Beachtung, nicht so sehr als einem Mittel zur Erzeugung, als vielmehr zur Behandlung von Geisteskrankheiten. In dieser Absicht führte Dr. Max Rinkl es in die Vereinigten Staaten ein und förderte seine wissenschaftliche Untersuchung.

Während der fünfziger Jahre interessierten sich kanadische Wissenschaftler dafür; die beiden bekanntesten sind Abram Hoffer und Humphry Osmond. Letzterer prägte den Begriff „psychodelisch", weil er beobachtet hatte, daß Patienten unter dem Einfluß der Droge oft Empfindsamkeiten und Fähigkeiten in sich entdeckten, die sie sich nie zugetraut hätten. Hoffer und Osmond haben eine bedeutende Pionierarbeit im Gebrauch von LSD zur Rehabilitierung von Alkoholikern geleistet und zu ihrem Staunen entdeckt, daß der Schlüssel zu seiner Wirkung in seinen religiösen Möglichkeiten liegt. Das soll in einem späteren Kapitel dieses Buches näher dargelegt werden.

Ein weiteres faszinierendes Kapitel psychodelischer Entdeckungen wurde durch das Hobby eines New Yorker Bankiers und seiner Frau geschrieben, Gordon und Valentina Wasson, die Amateurpilzforscher waren[13]. Ihr Interesse an Pilzen führte sie

[13] Siehe R. G. & V. Wasson, *Mushrooms, Russia and History,* 1957; R. G. Wasson, „The Hallucinogenic Fungi of Mexico": *Psychedelic Review,* 1, Nr. 1 (1963), 27—42.

von einer Spezies zur andern, bis sie schließlich auf den „heiligen Pilz" von Mexiko stießen. Im Juni 1955 reisten sie zur Sierra Mazateca in Oaxaka und genossen wahrscheinlich als erste Nichteingeweihte diesen Pilz im Rahmen des Pilzritus. Ihre religiösen Erfahrungen und die damit verbundenen Einsichten haben sie in verschiedenen wissenschaftlichen Abhandlungen niedergelegt. Ihr Interesse führte sie zu einer Zusammenarbeit mit dem französischen Mykologen Roger Heim und zur dann folgenden Synthese des Hauptwirkstoffs der Pilze, des Psilocybins, jener Droge, mit der später Dr. Timothy Leary seine Untersuchungen aufnahm.

In den fünfziger Jahren suchte auch Aldous Huxley, der sich für mystisches Bewußtsein interessierte und verschiedene dieses Thema anrührende Bücher geschrieben hatte, einen direkten Zugang zu diesem Thema durch das Experiment. Im Mai 1953 nahm er 0,4 Gramm Mescalin. Sein Buch *Pforten der Wahrnehmung* wurde ein literarisches Ereignis[14]. Zum erstenmal wurden weite Kreise auf die Phänomenologie einer psychodelischen Droge und ihre Beziehung zu religiöser Erfahrung aufmerksam. Einmal überzeugt, daß nur visionäre und mystische Formen der Religion die Persönlichkeit grundlegend zu verwandeln und zu gestalten vermöchten, befürwortete Huxley die Verwendung von Mescalin als sicheren und suchtfreien Weg zu wirklichem religiösen Leben. In diesem Zusammenhang zitierte er J. S. Slotkins Untersuchung über den Peyotekult. Zusammen mit dem theologischen Wissenschaftler Gerald Heard und dem Schriftsteller Alan Watts verband er sich einer Gruppe, die sich weitgehend von den westlichen Formen der Religion abgewandt hatte und östliche Religionsformen mit ihrer stärkeren Betonung der Mystik und der nichtrationalen Aspekte religiösen Lebens vorzog.

Der Harvard-Zwischenfall:

Das vielleicht am meisten bekannt gewordene Ereignis in der Geschichte der psychodelischen Drogenbewegung ist die Entlassung Dr. Timothy Learys aus seiner Stellung eines Dozenten der Harvard-Universität. Ihre Auswirkungen dürften in dieser Generation kaum noch zum Stillstand kommen. Hinter der Szenerie

[14] Aldous Huxley, *Die Pforten der Wahrnehmung*.

rumorte ein ganzer Komplex von Klagen und Gegenklagen, von leidenschaftlicher Anhängerschaft und von gemeinen Vorwürfen, die sich in administrative Entscheidungen einschlichen; von erfüllten und vereitelten Ambitionen, Leidenschaften, Gerüchten, Eifersüchteleien, von Geschwätz, von Weisheit und Narretei. Den Verwirrungen dieses Hexenkessels vollauf gerecht zu werden, dürfte unmöglich sein. Ich will mich hier auf einen sehr groben Umriß der Sachverhalte beschränken, wie sie mir bekannt geworden sind und wie ich sie nachprüfen konnte, zusammen mit solchen Interpretationen, die sich mit einem verantwortungsbewußten, aber notwendigerweise subjektiven Urteil vereinbaren lassen[15].

Seit Februar war Dr. Leary Dozent für Psychologie an der Harvard-Fakultät für *Social Relations*. Während des Sommers 1960 hatte er mit anderen Forschern und Freunden die Wirkungen des „heiligen Pilzes" von Mexiko getestet. Sehr schnell erkannte er die revolutionären Möglichkeiten seines Wirkstoffes, des Psilocybin, und später des LSD, für Psychotherapie und religiöses Erleben.

Nachdem er an die Harvard-Universität gekommen war, experimentierte er mit großem Interesse weiter und zog einige Harvardstudenten als freiwillige Mitarbeiter hinzu. Allmählich wurden bescheiden ausgestattete Forschungsprojekte entwickelt,

[15] Eine schätzenswerte Information über die Ereignisse, die zur Entlassungskontroverse führten, findet sich in T. Leary, *High Priest*. Die Kontroverse selbst wird in diesem Buch nicht berichtet. Meine Kenntnis der Ereignisse entstammt der Teilnahme an Seminaren, die Dr. Leary seit Ende 1961 für auf dem Gebiet der Religion Forschende eingerichtet hatte; der Tätigkeit als Organisator und Direktor im Dienste der *International Federation for Internal Freedom*; der Assistenz beim Karfreitagsexperiment; ausgedehntem Nachgehen des Concord-Prison-Projekts und dem Respekt und herzlicher Freundschaft gegenüber Dr. Leary. Das eine oder andere Mal schwankte ich zwischen den kontroversen Positionen, um sie dann gegeneinander abzuwägen. Kürzlich habe ich mich der Mühe unterzogen, die Sachverhalte noch einmal mit Dr. Leary durchzusprechen, ebenso mit Vertretern anderer Positionen. Seine Urteile waren erstaunlich frei von Verbitterung, wenn er von Harvard sprach. Sie halfen mir, mein Bild der ganzen Situation zu klären. Meine Einstellung zu den Drogen, die sich von der seinen unterscheiden dürfte, läßt sich durch einen Vergleich dieses Buches mit seinen Schriften nochmals verdeutlichen. Übereinstimmung besteht in dem Wunsch nach Fortsetzung der Drogenforschung, damit der Wert der Drogen für die Religion noch gesteigert werde.

darunter auch das sehr aussichtsreiche Versuchsprojekt für die Rehabilitierung von Häftlingen des Concord-Gefängnisses, das später dargestellt werden soll. Bald erhob sich wegen der studentischen Mitarbeit Kritik und Besorgnis unter Dr. Learys Kollegen und in der Harvardverwaltung. Man ließ ihn wissen, Eltern hätten Einspruch erhoben, und mehr als einmal wurde auf die Wirkung seiner Untersuchung auf die Öffentlichkeit hingewiesen. Daraufhin stimmten er und sein Kollege Richard Alpert zu, die Mitarbeit an Versuchen auf Doktoranden zu beschränken. Schließlich erklärte sich Dr. Leary einverstanden, seine Vorräte Dr. Dana Farnsworth, Direktor des Harvard-Gesundheitsdienstes, anzuvertrauen, unter der zumindest von Dr. Leary so verstandenen Voraussetzung, daß sie ständig für die kompetente Forschung zur Verfügung stünden.

Als kurz darauf Dr. Walter Pahnke mit Dr. Learys Zustimmung für das „Karfreitagsexperiment" Zugang zu diesen Chemikalien wünschte, standen sie nicht mehr zur Verfügung. Da das zuständige Harvard-Komitee dem Experiment zugestimmt hatte, empfand Dr. Leary, Dr. Farnsworth habe Treu und Glauben verletzt oder ihn sogar vorsätzlich „ausgetrickst". Dr. Farnsworth war über ernste Probleme einiger Studenten informiert worden, die die Droge genommen hatten; er befürchtete daher ernsthafte Gefahren von den psychodelischen Drogen. Er war keineswegs in dem Sinn Fachmann, daß er diese Chemikalien selbst an sich ausprobiert hätte oder bei Drogenversuchen mit einer neutral ausgewählten Gruppe anwesend gewesen wäre. Aber er empfand die Freigabe der Drogen für Versuche an Menschen als unverantwortlich. Außerdem waren Dr. Farnsworth zufolge von den zuständigen Leuten der Harvard-Universität noch keine Richtlinien für den Drogengebrauch ausgearbeitet worden. Das „Karfreitagsexperiment" konnte nur deshalb stattfinden, weil Doktor Leary kurz vorher einen Vorrat von Psilocybin einem Forscher in einer nahegelegenen Stadt gegeben hatte, der dann eine ausreichende Menge für das Experiment zur Verfügung stellte.

Die kollegiale Wertschätzung für Dr. Learys Arbeit zeigt sich nicht allein darin, daß er bei der Besetzung seiner Stelle als erster Kandidat in Betracht gezogen wurde, sondern auch in den Angeboten zweier Vorgesetzter, sich für ihn einzusetzen, wenn er für ein oder zwei Jahre „die Drogen beiseite legen" wolle. Aber um diese Zeit begann sich der als Sozialwissenschaftler nach Harvard gekommene Timothy Leary in einen Mystiker und einen Dichter zu wandeln und anderen zu einer ähnlichen Wandlung zu helfen, die ihm selbst durch eine tiefgehende religiöse Erfahrung zuteil geworden war. Für ihn war Harvard nicht mehr der Ort, die Erforschung visionärer Erfahrung fortzusetzen[16]. Der Prozeß gegenseitiger Ernüchterung hatte eingesetzt, und er,

Der mit nicht gewöhnlichem Fluge
Über den hohen Äonischen Berg sich zu schwingen gedenket,
Und die geheiligte Spur von großen Dingen verfolgt...[17],

begann jenes kühne Vorhaben zu entwerfen, das er jetzt als eine beinahe prometheische Gabe an die Welt ansah, die anscheinend in Materialismus, Gier und Streit abgeglitten ist. Seine Bestimmung wurde ihm von Stunde zu Stunde deutlicher. Das Harvard-„Establishment" schien nur Halsstarrigkeit und Fanatismus am Werk zu sehen, und wie schon oft in der Geschichte rollte das Drama der Unfähigkeit der Mächtigen zum Dialog ab: Ihre Gesichtspunkte standen gegen die des Mystikers und des Propheten. Man kann nur ahnen, wieviel Fehler sich auf beiden Seiten durch gegenseitiges Verstehen hätten vermeiden lassen. Aber dazu hätte es einiger mitfühlenden Einsicht auf Seiten derer bedurft, bei denen die administrativen Entscheidungen lagen; einer Einsicht in jene profunde religiöse Erfahrung, die Timothy Leary widerfahren war. Allzu wenig deutet auf solche Weisheit hin. Darüber hinaus waren sie aus Gründen, die wenigstens teilweise klar sind, nicht bereit, jene Risiken, die zum „Erwerb" solcher Weisheit durch die Einnahme der Drogen unerläßlich sind, in Kauf zu nehmen.

Ausgerechnet wenige Wochen vor Auslaufen von Dr. Learys Kontrakt fiel die Entscheidung. Gegen Ende des akademischen Jahres 1961/62 war Dr. Leary informiert worden, daß er trotz seines Vertrages nur zeitweilig lehren sollte und entsprechend bezahlt werden würde. Im Vorlesungsverzeichnis war er nur für das Frühjahrssemester 1962—63 als Lehrender aufgeführt. Er bat seinen unmittelbaren Vorgesetzten, Professor David McClelland,

[16] T. Leary, *High Priest*, 2, 20. Leary's *Psychedelic Prayers*, New York 1966, offenbaren genuine poetische Einsicht und eine Gabe der Sprache, von der der Leser sich selbst ein Bild machen mag.
[17] John Milton, *Das verlorene Paradies*, übers. von Friedrich Wilhelm Zacharia, Stuttgart 1880, Teil 1.

um die Erlaubnis, seinen ganzen Lehrauftrag im Herbstsemester wahrnehmen zu dürfen, damit er im März oder im April nach Mexiko gehen könnte, um ein Projekt der Internationalen Vereinigung für Innere Freiheit zu errichten. Diesem Ersuchen wurde Dr. Leary zufolge stattgegeben. Professor McClelland aber weiß sich an keinerlei Zustimmung zu erinnern. Daß schriftlich nichts niedergelegt wurde, ist ganz charakteristisch für Dr. Learys Art, mit Menschen umzugehen. Dr. McClelland versichert, daß er sich der Abwesenheit Learys zum erstenmal bewußt geworden sei, als ein Reporter aus Los Angeles angerufen habe, um sich der Authentizität eines Berichtes von Dr. Leary zu vergewissern, daß er „gefeuert" worden sei. McClelland behauptet, daß dieser die Aktion der Harvard Corporation auf den 30. April datierte, und daß Leary sogar dann noch seine Entlassung hätte vermeiden können, wenn er nach Cambridge zurückgekehrt wäre.

Als das Frühjahrssemester begann, nahm Dr. Leary an, daß er seine Pflichten erfüllt habe. Er erklärte sich jedoch einverstanden, das Arbeitsgebiet zweier Studenten am *Bridge Water State Hospital* zu überwachen. Die Studenten wurden informiert, daß er Cambridge im März zu verlassen beabsichtige. Tatsächlich wurde es Mitte April, ehe er wegging. Die Tatsache seiner Abwesenheit wurde der Harvard-Verwaltung zur Kenntnis gebracht, und am 6. Mai 1961 wurde folgender Beschluß der Harvard Corporation bekanntgegeben: „Weil Timothy F. Leary, Dozent der Klinischen Psychologie, seine Vorlesungen zu halten unterlassen und sich während des Semesters ohne Erlaubnis von Cambridge entfernt hat, wird er von weiteren Lehrverpflichtungen befreit und die Gehaltszahlung mit dem 30. April eingestellt."

Die Harvard Corporation betrachtete seine Aktion als eine klare Verletzung der Fakultätsregeln und hielt sie daher nicht für das Thema eines Hearings[18], obwohl die Entscheidung klar

---

[18] Diese Information erhielt ich vom Büro des Präsidenten der Harvard-Universität in einem vom 9. Februar 1967 datierten Brief, der eine Antwort auf meine Anfrage war. Besonders Dr. Farnsworth und Professor McClelland nahmen sich freundlicherweise die Zeit, ihre Überlegungen zum Leary-Zwischenfall mit mir zu diskutieren, und ich habe ihre Positionen, so fair ich konnte, wiederzugeben versucht. Ihre Ansichten unterscheiden sich natürlich von meinen. Doktor Farnsworth war so freundlich, folgende Aussage über seine Einstellung zum Karfreitagsexperiment zur Verfügung zu stellen: „Gemäß einem Übereinkommen zwischen dem Dekan des Harvard College und

gegen die Grundsätze in Absatz 4 der *Academic Tenure* verstieß, die 1940 von Vertretern der Vereinigung der Universitätsprofessoren und der Vereinigung Amerikanischer Colleges entworfen und 1941 von beiden Verbänden offiziell unterzeichnet wurde. In Absatz 4 heißt es: „Die Entlassung eines Lehrenden vor Ablauf eines Semestervertrages sollte nach Möglichkeit sowohl von einem Fakultätskomitee als auch von der Leitung der Institution beraten werden. In allen Streitfällen sollte der beschuldigte Lehrer vor dem Hearing schriftlich über die gegen ihn erhobenen Klagen informiert werden und die Gelegenheit erhalten, zu seiner eigenen Verteidigung von allen mit seinem Fall befaßten Körperschaften gehört zu werden." Diese Grundsätze wurden im Sommer 1963 in einer Ausgabe des AAUP-Bulletins kurz nach Dr. Learys Entlassung noch einmal abgedruckt.

Ob Dr. Leary ein Hearing erreicht hätte, wird sich nie sagen lassen, denn er hat es nie verlangt. Er empfand, auch vor dieser Aktion sei er in einer unfairen und eigenmächtigen Weise behandelt worden. Er hatte die Überzeugung gewonnen, eine ihm so wichtige Arbeit lasse sich in Harvard nicht tun, und eine Verlängerung seines Vertrages über den 30. Juni 1963 hinaus hatte er ohnehin nicht erwartet. Ein Streit mit Harvard um ein paar Monatsgehälter erschien ihm als Energieverschwendung und als

Mr. Leary und seinen Mitarbeitern sollte sämtliches in deren Händen befindliche Psilocybin zur Aufbewahrung mir übergeben werden, bis angemessene Maßnahmen für den Einsatz zu Forschungszwecken beschlossen würden. Wohlgemerkt sollten alle interessierten Gruppen (die *Social-Relations-Abteilung*, der Universitäts-Gesundheitsdienst, das Büro des *Dean of Students* usw.) an der Ausarbeitung von Richtlinien beteiligt werden. Als ich einige Tage darauf vor Ausarbeitung solcher Richtlinien um die Freigabe der Droge ersucht wurde, weigerte ich mich aus einleuchtenden Gründen. Als ich einige Tage später hörte, daß in der Boston University Chapel das Karfreitagsexperiment durchgeführt worden war, zog ich meine eigenen Schlußfolgerungen. Bis heute habe ich nicht die Quelle erfahren, aus der das dort verwendete Psilocybin stammte."
In Learys Buch *The Politics of Ecstasy*, New York 1968, 237, wird von einer Vorlesung am Central Washington State College berichtet, in der es heißt: „Dies ist meine letzte Vorlesung als Collegelehrer vor einem Collegeauditorium..." Die Anmerkung besagt, daß die Vorlesung eine Woche vor seiner Vertreibung aus Harvard gehalten wurde. Ihr Thema war „Amerikanische Erziehung als Süchtigkeitsprozeß und seine Heilung". Es mag diese Äußerung oder eine ähnliche in Los Angelos gewesen sein, die zu dem Telephonanruf des Reporters an Dr. McClelland führte.

ein möglicher Bärendienst an den guten Freunden, die mit ihm arbeiteten.

Es gab einige, die fühlten, daß diese Harvard-Aktion ein Schlag gegen die Prinzipien akademischer Freiheit sei. Wenn die Harvard-Universität mit ihrem Ruf als Verteidigerin dieser Prinzipien und als Leitbock der akademischen Herde einen Lehrenden aus irgendeinem Grunde fortschicken konnte, ohne daß er vorher gehört worden wäre, dann könnte jede Institution das Gleiche tun. Diese Menschen meinten, daß die Harvard-Gruppe der AAUP eine Untersuchung des Falles hätte verlangen sollen, um der akademischen Freiheit willen, ob Dr. Leary das gewünscht hätte oder nicht.

Wie es sich auch mit Recht und Unrecht bei den Aktionen Harvards und Dr. Learys verhalten haben mag: Sie haben bestimmte klare, praktische Konsequenzen für die Erforschung und Verwendung psychodelischer Drogen ergeben. Mag es sich mit den technischen Gründen für die Entlassung Dr. Learys und seines gleichzeitig, aber aus anderen Gründen entlassenen Kollegen Dr. Richard Alpert verhalten wie auch immer: Die Öffentlichkeit und der größte Teil der Harvard-Kommunität halten die Kontroverse über die Drogenanwendung für den Hauptfaktor. Wenn auch viele an der Fakultät und anderswo Dr. Farnsworths Urteil über die Gefährlichkeit der Droge anerkennen, so gibt es andere, die für eine Fortsetzung der Untersuchungen sind. Die Entlassung hat manche abgeschreckt, die eine unter Kontrolle weitergeführte Forschung in Harvard und anderswo gewünscht haben mögen. Wenige mochten Ruf oder Stellung aufs Spiel setzen. Viele von Learys Freunden ließen ihn fallen. Das *Massachusetts Mental Health Center*, teilweise unter Harvards Leitung, führte unter Dr. Pahnkes und anderer Leitung anschließend einige sorgfältig kontrollierte Untersuchungen mit Psilocybin durch. Aber auch hier wurde durch die Verwaltung Einhalt geboten.

Der den Prinzipien akademischer Freiheit zugefügte Schaden läßt sich nicht abschätzen, ist aber ohne Zweifel beträchtlich. Ich berichte einige Fälle, die mir zufällig bekannt sind. Ein Psychologieprofessor, dessen Interesse an den Drogen bekannt war, wurde vor den Präsidenten seiner Institution — nicht Harvard — zitiert, und es wurde ihm endgültige Entlassung für den Fall angedroht, daß er nicht verspreche, alle Versuche mit Drogen einzustellen und diese nie wieder in seinen Vorlesungen zu erwähnen. Ein Harvardstudent, der mit Dr. Leary zusammengearbeitet hatte, entging nur knapp einem Verlust seines Arbeitsbereiches, weil der angesehene Direktor einer *Mental Health Agency* in Boston eingriff. Ein graduierter Mitarbeiter mit ausgezeichneten Empfehlungen seiner Harvardprofessoren bekam unverzüglich die Rücknahme dieser Empfehlungen zu spüren, als seine Untersuchungen mit psychodelischen Drogen bekannt wurden.

Aber Dr. Learys Verweisung von der Harvard-Universität hatte ein noch subtileres Resultat. Er empfand, daß er in einer unsympathischen, ungerechten und inhumanen Art behandelt worden sei. Anscheinend hatten in Harvard die Nerven versagt. Als das Porzellan zerschlagen worden war, siegte der institutionelle „Naturschutz" über Aufgeschlossenheit und Wahrheitsliebe. Die Inhumanität der Art und Weise seiner Behandlung frustrierte Dr. Learys Beziehungen gegenüber dem Establishment im allgemeinen und dem akademischen im besonderen. Von daher wird sein radikaler Appell an die Jugend Amerikas besser verständlich: Sie ist ihm der einzige Teil der Gesellschaft, der genügend Mut aufbrächte, sich den Erfahrungen mit den psychodelischen Drogen zu stellen, und der zugleich vorurteilsfrei genug wäre, um jenen Wahrheiten ins Gesicht zu sehen, mit denen die visionäre Erfahrung ihn konfrontieren würde. Daher sein Rat: „Traut keinem über dreißig", und der andere: „Kehrt um, stimmt ein, steigt aus!"

Wenn einige mit grauen Schläfen eine Vorliebe für die etablierte Macht ihrer Stellung und für den Glauben an eine dynamische, erfolgsorientierte Gesellschaft entwickeln und dabei die Wege von Learys Anhängern beklagen, dann mögen sie sich fragen, ob die von ihnen beklagte Situation nicht weitgehend in dem Kommunikationsmangel innerhalb der Harvard-Kommunität und in der abrupten Entlassungsaktion ihre Gründe habe. Von einem Public-Relations-Fachmann habe ich gehört, er würde — unter Gesichtspunkten der Werbung — die mit Unterstützung der amerikanischen Regierung erfolgte Entlassung Learys mit mehreren Millionen Dollar einschätzen. Hätten Harvards Ziele in der weitestmöglichen Verbreitung von Dr. Learys Ansichten bestanden, ihm hätte nichts Großartigeres einfallen können.

Damit soll kein Urteil über Dr. Leary und über Harvard gesprochen sein. Ebensowenig soll unterstellt werden, nur Harvard habe Fehler gemacht, nicht aber Dr. Leary. Doch er kann Fehler einsehen, und er kann sie bedauern; er ist nicht gleichgültig gegenüber dem Dilemma jener, die seine Entlassung durchgesetzt haben. Außerdem hat Harvard einiges gutzumachen versucht: Spätere Vorlesungen in der Universität stießen auf weniger Schwierigkeiten als an anderen Universitäten. Aber es besteht kein Zweifel: Es hätten sich weniger junge Leute in rebellisches und frivoles Herumexperimentieren mit den Drogen gestürzt, wenn Harvard die wenigen kritischen Wochen bis zum Auslaufen des Vertrages mit Dr. Leary durchgestanden hätte; und das akademische Forum wäre in der Diskussion unbefangener und freier. Es ist zum Beispiel ein beschämendes Armutszeugnis, wenn so wenige Institutionen Dr. Learys Meinung in der Drogendebatte anhören wollen, eines Mannes, der auf dem Gebiet der psychodelischen Mittel wahrscheinlich über mehr Erfahrungen und Einsichten verfügt als sonst irgend jemand auf der Welt.

Seit Dr. Leary Harvard verlassen hat, haben er und seine Familie eine ganze Reihe von Unannehmlichkeiten über sich ergehen lassen müssen. Etwa ein Jahr nach seinem Weggang wurde er unter der Anschuldigung des „Schmuggels" verhaftet, als bei seiner Tochter eine kleine Menge Marihuana gefunden wurde. Offenbar wurde er durch die Zusammenarbeit mexikanischer und nordamerikanischer Zollbeauftragter zur Strecke gebracht. Das Urteil lautete auf dreißig Jahre Gefängnis und 30 000 Dollar Geldstrafe. Es wurde im Mai 1969 vom Obersten Gerichtshof der Vereinigten Staaten verworfen. Um diese Zeit trat Dr. Leary der Liga für geistige Erkundung (*League for Spiritual Discovery*) bei. Diese Vereinigung mit dem Hauptquartier in Millbrook im Staate New York behauptet als eine religiöse Institution ihr verfassungsmäßiges Recht auf Drogengebrauch. Ein Aufgebot von fünfzehn Polizisten fiel mitten in der Nacht in Dr. Learys Wohnung ein, weckte die Gäste und entkleidete die Frauen bei der Suche nach Drogen. Ein Besucherpaar hatte, was Leary nicht wußte, unbedeutende Mengen Marihuana bei sich. Leary wurde daraufhin an den Händen gefesselt abgeführt. Einige Wochen später wurde die Anklage fallen gelassen. Kürzlich wurde er auf Betreiben von Nachbarn neuerlich verhaftet. Sein Sohn wurde von der Polizei mißhandelt und mußte seine Tätigkeit aufgeben. Zuletzt – im Herbst 1968 –

wurde Dr. Leary in Laguna Beach in Kalifornien wegen falschen Parkens verhaftet. Die Insassen seines Wagens wurden durchsucht. Dabei fand man Marihuana bei seinem Sohn. Leary wurde wiederum verhaftet.

Bemerkungen zur Persönlichkeit Dr. Learys:

Ich kann es mir nicht versagen, einiges zu der anziehenden, rätselhaften Gestalt Timothy Learys zu sagen. Ein Hinweis auf seine Persönlichkeit ist zugleich auch ein Hinweis auf manchen „scharfen Kopf" und deshalb ein Schritt zum Verstehen der Drogenbewegung und ihrer Bedeutung, die für unsere Gesellschaft entscheidend werden kann. Ich habe eine Bemerkung von William James in seinem Buch *Die religiöse Erfahrung in ihrer Mannigfaltigkeit* in dem Kapitel über Heiligkeit im Sinn. James zeichnet nicht das herkömmliche Bild des Heiligen, sondern setzt auf seine ursprünglichen Intuitionen. Hätte man bei der Leary-Kontroverse in Harvard seine Gedanken herangezogen, würden sie sicher für Leary gesprochen haben.

James sagt von dem Heiligen, er habe „das Bewußtsein, außer dem Leben in den selbstsüchtigen, kleinen Interessen dieser Welt noch ein anderes, höheres Leben zu führen, und die felsenfeste unmittelbare Gewißheit von der Existenz einer idealen Macht"[19]. Die meisten von Learys Kollegen können sich kein höheres Ziel vorstellen als eine ordentliche Professur in Harvard mit allem Drum und Dran. Ihnen muß einer, der bewußt eine solche Gelegenheit ausläßt, als wahnsinnig erscheinen. Eine solche Einstellung war maßgeblich in der Auseinandersetzung über die psychodelischen Drogen sowie bei der Verurteilung derer, die die Drogen nahmen, von denen die meisten einen Blick in jene größere Welt taten, in der Timothy Leary lebt.

James zitiert Drummonds Satz von der reinigenden „Kraft höherer Gefühle"[20]. Diese ungestüme Kraft „höherer Gefühle" ist es, die den Heiligen auszeichnet. Vor ihr werden alle Werte einer „nüchternen" Gesellschaft zu Belanglosigkeiten. Der Durchschnittschrist kann die Kirche nur ertragen, weil er die Ohren zu

[19] William James, 257.
[20] *Ibid.*

schließen vermag vor dem Anruf der Heiligkeit, vor dem Ruf Jesu, Vater und Mutter, Sohn und Tochter zu verlassen, Netze und Geschäfte in die Ecke zu werfen — modern ausgedrückt: „auszusteigen" — und ihm nachzufolgen. Sokrates wurde von seinen Nachbarn wegen seines Müßigganges verurteilt, durch den er die Jugend „verderbe", und die Bürger von Assisi verschlossen ihre Türen vor der verlotterten Schar von „Hippies", die sich zu essen besorgte, wie's grad ausging, und sich im übrigen mit Franz in der Armut übte. Der nüchterne, einfallslose, hart arbeitende und gewissenhafte Bürger sollte nicht mehr verachtet werden als der gewissenhafte Harvard-Administrator oder der Dekan, der für das Wohlergehen vieler Studenten verantwortlich ist. Bestimmt durch Werte, die sie verstehen, tun sie ihre täglichen Pflichten, um der Gesellschaft zu dienen. Dabei müssen sie auch „Nein!" sagen, statt das Herz auf Liebe und harmonische Gefühle zu richten — auf ein „Ja!" dort, wo sie der Anruf des Nicht-Ich erreicht, was nach James ein weiteres Zeichen des Heiligen ist.

Auch Timothy Leary weist diese Radikalität auf. Er ist ein sehr umgänglicher und sehr gastfreundlicher Mensch, der freilich auch hart sein kann, wenn er auf jemand trifft, der anderen seine eigene Meinung aufzwingen will. Das nennt er „Tyrannei". An ihm spürt man etwas von einem „innigen Beziehungsverhältnis jener idealen Macht", „die willige Unterwerfung unter ihre Leitung" und das „Gefühl unbegrenzter Erhebung und Freiheit", von denen James spricht. Learys Gleichmut und Geistesschärfe, sein Mitgefühl im Unglück und schließlich sein Sinn für Humor in Umständen, die den Durchschnittsbürger „fertig machen" würden, wären unmöglich ohne jenes Eingetauchtsein in eine Quelle der Kraft, in jenes höhere Leben, an das James denkt, wenn er von „Seelenstärke" spricht[21].

Dieses Freisein von konventionellen Werten hat den Verachteten und Abgewiesenen öfter als den Überzeugten, Ehrenwerten die Augen geöffnet für die Heiligkeit. Jesus wurde scheel angesehen, weil er unter die Zöllner und Sünder ging, und Ausgestoßene und Aussätzige liefen Franziskus längst nach, bevor die ehrenwerten Nachbarn ihm zuhörten. Und Leary? Er begrüßte ehemalige Sträflinge in seinem Hause. Zwei von ihnen lebten — zur Aufregung der Nachbarn — in seinem Haushalt. Ein Räuber

[21] *Ibid.*

erzählte mir, Dr. Leary sei der einzige Mensch, der ungeteilt auf seiner Seite stehe, und ein anderer sagte, Leary sei der einzige gewesen, über den die Häftlinge nie ein Wort der Kritik gesagt hätten. Natürlich ließe sich dem entgegenhalten, beide Männer hätten nicht vorurteilsfrei geurteilt; denn in einem Psilocybinexperiment Dr. Learys waren sie psychologisch und spirituell von den Toten auferstanden.

All dies wird nicht gesagt, um aus Timothy Leary einen zweiten Jesus, einen zweiten Sokrates, einen zweiten Franziskus zu machen. Er ist einfach ein erster Timothy Leary. Er ist ein Mensch, der sein Maß an Fehlern aufzuweisen hat. Er ist ein komplexer Mensch, auf den ich nur einen Hinweis geboten habe. Ein abschließendes Bild dürfte noch lange Zeit auf sich warten lassen.

In der Begrifflichkeit des „höheren Lebens", von dem James gesprochen hat, wird auf die Perspektive der Zeit gesetzt: Sie werde wahre geistige Größe oder aber den Mangel daran offenbar werden lassen. Die Zeit wird zeigen, ob Timothy Leary ein exotischer Vogel oder einer der Seher unseres Zeitalters ist. Seine Ziele jedenfalls, seine Persönlichkeit und die Quellen seiner Einsichten und Energien veranlassen uns, jene Kriterien anzuwenden, die James in seinem Kapitel über Heiligkeit darstellt.

William Ernest Hocking hat vom wahren Mystiker oder authentischen Propheten als von einem unter tausend gesprochen. Er stimmt mit James darin überein: Die Heiligkeit sei das Größte, das sich in der Geschichte begeben könne. Aber dabei erinnert er an die Natur, die tausenderlei Ansätze mache, um zu einem Erfolg zu kommen[22]. Ich weiß nicht, ob Timothy Leary in diesem Sinn Ansatz oder Erfolg darstellt. Müßte ich auf eines von beiden setzen: ich würde auf Erfolg setzen.

Über die Entwicklung psychodelischer Religionsgemeinschaften:

Wenn der durch die psychodelischen Drogen freigesetzte Quell religiösen Lebens je in den Hauptstrom westlicher Religiosität einmünden sollte, dann wird er wahrscheinlich seinen Aufstieg

---

[22] William Ernest Hocking, 349.

haben wie manche andere kraftvolle religiöse Bewegung: außerhalb der großen religiösen Institutionen. Dieser Vorgang kehrt in der Geschichte oft wieder; die frischen Aufbrüche erscheinen dem durchschnittlichen institutionalen Beobachter als zu radikalistisch. Darüber hinaus können die freigesetzten nichtrationalen Energien gelegentlich zu Zusammenbrüchen und erschütternden Verirrungen führen. Solche Erwägungen geben zusammen mit einer Menge begründeter Interessen religiösen Institutionen eine harte Nuß zu knacken auf. Daher ist es nicht verwunderlich, wenn eine solche machtvolle und auch esoterische Erfahrung wie die durch die psychodelischen freigesetzte vielleicht manchen orthodoxen Kirchenmann veranlassen mag, sich dieser gegenüber zu distanzieren und von den psychodelischen Religionsgemeinschaften als von „Kulten" zu reden, um sie herabzusetzen. Ich benutze den Begriff „Kult" hier in einem deskriptiven, nicht in einem wertenden Sinn. Er ist in mancher Hinsicht mit dem Begriff „Kirche" austauschbar. Zumindest in gewissermaßen embryonaler Weise sind die psychodelischen Religionsgemeinschaften Kirchen.

Ich habe bereits die *Native American Church* erwähnt, die am klarsten umrissene und die traditionellste unter den psychodelischen Religionsgemeinschaften oder Kulten. Ihre Mitgliedschaft ist fast ausschließlich auf Indianer beschränkt. Es gibt darüber hinaus eine Anzahl religiöser Organisationen, die mit der Absicht gegründet wurden, die Verwendung psychodelischer Mittel zu einem zentralen oder sehr bedeutenden Element der Religionsausübung zu machen. In vielen dieser Organisationen zeigt sich das Bestreben, eine brüderliche Gemeinschaft zu bilden; eine Erscheinung, die sich am Beginn vieler religiöser Bewegungen erweist: in der frühen Christenheit, in Mönchsorden, in chassidischen Gemeinden[23].

Einer der am meisten in Erscheinung tretenden psychodelischen Gemeinschaften hat Dr. Leary seinen Stempel aufgedrückt: der *League for Spiritual Discovery*. Von ihrer Belästigung durch Nachbarn und Polizei war schon die Rede. Auch das Belästigtwerden ist ja eine nicht unbekannte Erfahrung für kultische Gruppen. Ein weiteres Beispiel ist die *Neo American Church*, gegründet von Arthur Kleps, der sich selbst als ihren *Chief Boo*

---

[23] Siehe W. H. McGlothlin, *Hippies and Early Christianity*, Los Angeles 1967.

Hoo[24] bezeichnet. So wissen viele Menschen, darunter auch Richter, nicht recht, ob sie ihn als religiösen Führer oder als professionellen Spaßmacher ansehen sollen. Jedenfalls hat er bei seinem Erscheinen vor einem besonderen Senatsunterausschuß für Narkotica in Washington am 25. Mai 1966 betont, er betrachte den religiösen Gebrauch psychodelischer Mittel als ein von der Verfassung jedem Bürger zugestandenes Recht, das er und seine Anhänger auszuüben gedächten.

Es hat Berichte über eine öffentliche Veranstaltung der *Neo American Church* am Ostersonntag 1969 gegeben, bei der in einem Washingtoner Park Peyote als sakramental verstandenes Element eingesetzt war. Dieser Versuch, die Verfassungsgemäßheit der Drogengesetze zu testen, zerschlug sich, weil die Polizei sich weigerte, irgendwelche Verhaftungen vorzunehmen. Am folgenden Tage jedoch betrat Mr. Kleps ein staatliches Gebäude, in dem er nicht ignoriert werden konnte und verhaftet wurde.

Um die irgendwie clownhafte Aktivität in seiner Gemeinde zu rechtfertigen, weist Mr. Kleps darauf hin, daß kirchliche Institutionen durch Jahrhunderte hin Gegner innerlichen religiösen Geistes gewesen seien. Wer sich demnach weigert, ihn und seine Organisation ernst zu nehmen, baut damit zugleich eine Barriere gegen einen neuen Institutionalismus ein. Um Mr. Kleps gerecht zu werden, muß man sagen, daß er sich gelegentlich auch dann geweigert hat, seinem Prinzip untreu zu werden, wenn seiner Gemeinschaft für solchen Haltungswandel materielle Güter winkten. Auch wenn ich nicht allen Praktiken der *Neo American Church* zustimme, wüßte ich keinen Grund, warum Arthur Kleps nicht ein religiöser Mensch sein sollte. Zumindest ist er – dabei in der Gesellschaft von Erasmus und Dean Swift – ein scharfer kirchlicher Satiriker.

Eine dritte Organisation innerhalb dieser wachsenden Strömung ist die mehr konservativ eingestellte *Church of the Awakening,* die 1963 in Socorro in New Mexico als religiöse Institution begründet wurde. Die Gründer sind zwei im Ruhestand lebende Ärzte, John und Louisa Aiken, die vor dem Einsetzen der Urteilsflut gegen die Verwendung psychodelischer Mittel oft Peyote und Mescalin verabreicht hatten. Ihre Anhängerschaft will sich durch den Einsatz wirksamer Mittel, unter denen die psycho-

[24] *Boo Hoo* bedeutet Geplärre.

delischen Drogen nicht nur bedeutsam, sondern wesentlich sind, einen Weg religiösen Forschens eröffnen. Die Mitgliedschaft in dieser Gruppe wird so verstanden, daß sie Mitgliedschaft in anderen religiösen Körperschaften nicht ausschließt. Diese Gruppe hat sich immer auf dem Boden des Gesetzes bewegt und sich bisher erfolglos an die Abteilung für Narkotica und gefährliche Drogen im Justizministerium gewandt. Sie wünscht die Erlaubnis für den Peyotegebrauch zu religiösen Zwecken. Nach Ausschöpfen aller legalen Möglichkeiten will diese Gemeinschaft in einem Testfall die Entscheidung provozieren.

Eine andere ähnliche Institution ist *Naturalism*, gegründet und geleitet von Mr. George Peters aus Chicago, einem ebenfalls kürzlich in Haft genommen gewesenen psychodelischen Führer. *Naturalism* unterhält einen freien Dienst, um Menschen auf „schlechten Reisen" zu helfen und Drogennehmer anzuleiten, Süchtigkeitsdrogen wie Heroin und Alkohol von den nicht-suchterzeugenden psychodelischen Drogen zu unterscheiden. Dann besteht die *Church of the Clear Light* an der Westküste der USA. Außer den als Vereinen begründeten Gruppen gibt es nichtkorporative psychodelische Gruppen und Gemeinschaften in großer Vielfalt. Sie weisen starke Unterschiede in ihrer Qualität und ihrem Verantwortungsbewußtsein auf.

Im Laufe der Zeit scheint sich in diesen Gruppen eher eine Tendenz zu geringerem Verbrauch psychodelischer Mittel durchzusetzen. Die erfolgreichen unter ihnen haben die Notwendigkeit einer Disziplin eingesehen; die Haushaltsgebarung muß geklärt und ein zumindest gruppenintern gültiger Maßstab des Verhaltens muß gesichert sein. Fast alle Mitglieder solcher Vereinigungen benutzen Marihuana frei und haben wenigstens einmal die stärkeren Drogen wie LSD benutzt. Man findet kaum jemand – sei er Mitglied oder kein Mitglied, mag er die Drogeneinnahme aufgegeben haben oder fortsetzen –, dem es leid täte, mit den Drogen Bekanntschaft gemacht zu haben[25].

[25] Unter hundert Antworten, die mir anläßlich einer von mir veranstalteten Fragebogenaktion zugingen, hat nur ein einziger Verwender psychodelischer Drogen behauptet, es tue ihm leid, je Psychodelica genommen zu haben, obwohl er betonte, daß sie ihm nicht geschadet hätten. Damit wurden meine mehr informellen Eindrücke von weiteren etwa 200 Drogennehmern bestätigt. Es gibt nicht einen, der auf dem Fragebogen nicht irgendein Element religiöser Erfahrung beschrieben hätte.

5. RELIGION UND EKSTASE

> Das persönliche religiöse Innenleben hat ... seine Wurzel und seinen Mittelpunkt in mystischen Bewußtseinszuständen.
>
> *William James*[1]

Wenn psychodelische oder halluzinogene Drogen im Leser bisher die Vorstellung giftiger, den Menschen verwirrender Substanzen heraufbeschworen haben, wird er jetzt spüren, daß die Situation beträchtlich komplexer ist. Manche durch die Drogen induzierten Bewußtseinszustände erweisen sich als weitgehend den tiefen Erfahrungen jener parallel, die von der Tradition unter die größten Exponenten unserer religiösen Überlieferung gerechnet werden. Deshalb erwähnte ich nicht nur die jüngste wissenschaftliche Wiederentdeckung der Besonderheiten dieser Drogen, sondern auch ihre Einwirkung auf bestimmte Personen, nämlich daß diese sich *wie* religiös Motivierte verhalten. Ihr Verhalten als religiöses Verhalten ist bestätigt worden durch ihr Bestehen auf dem Recht, diese Droge im religiösen Zusammenhang zu verwenden; ist bestärkt worden durch ihre Bereitschaft, Gefängnisurteile ebenso anzunehmen wie Abweisung durch die Gesellschaft und andere Belästigungen. Nichts hat sie abgehalten von ihrer Entdeckungsfahrt in den Grund.

In diesem Kapitel soll der Ort diskutiert werden, den die Ekstase in der Religion haben kann. So soll der Rahmen gewonnen werden, innerhalb dessen sich ein möglicher Ort drogeninduzierter Ekstase im Ganzen religiösen Lebens heute ausmachen ließe.

Drei moderne religiöse Strömungen:

Moderne religiöse Bewegungen weisen mindestens drei bedeutende, teilweise einander entgegengesetzte Strömungen auf. Die erste besteht in der Betonung traditioneller westlicher Rationali-

[1] William James, 365.

tät, auf die schon im ersten Kapitel hingewiesen wurde. Sie wird am stärksten in der theologischen Wissenschaft sichtbar, in der sich eine konsistente logische Begriffsbildung des Religiösen durchgesetzt hat, die in verschiedenen Graden auf Verstand, Dogma und Glauben beruht. Dennoch lassen sich in den Büchern solcher Theologen wie Paul Tillich und Karl Barth Zeichen für das Numinose, Nichtrationale entdecken. Solche Bezüge werden in Schriften ihrer Schüler freilich weniger klar. Der Versuch, Natur und Naturwissenschaft dadurch zu versöhnen, daß man der Religion ein wissenschaftliches Kategorienkleid überstülpt, ist, wenn auch nicht sehr wirksam, die Art des rationalisierenden Geistes. Diese Bewegung ist zum Teil schon gescheitert, und zwar wegen ihrer Tendenzen, Kategorien der Theologie ebenso abzulehnen wie die Vorgegebenheiten und Strukturen, auf denen Theologie ruht. Manch eine Schule hat auf ihren eigenen Sonderdogmen bestanden; wo dann eine Intransingenz gegen die andere stand, da war jeder wahrhafte Dialog ausgeschlossen. Inzwischen ist die Naturwissenschaft, z. B. in der Heisenbergschen Quantenphysik, weniger positivistisch und deterministisch geworden und damit fähiger, einem „Verstehen" des Religiösen näherzukommen.

Eine noch bedeutendere Bewegung zielte auf die „Säkularisierung" der Religion. Beispiele für solche Strömungen lassen sich in den Schriften von Harvey Cox finden, ebenso bei den „Tod-Gottes-Theologen". Im allgemeinen wendet sich diese Bewegung ab von der Betonung des Transzendenten und Heiligen in der Religion und zu der Auffindung von Werten im Leben der „Welt". Thomas Altizer spricht davon, daß Gott seine transzendente Majestät aufgebe. In diesem Sinn wollte dann Gott „seinen eigenen Tod", um immanent und anwesend zu werden[2]. Offenbar wird die Wendung vom „Tod Gottes" hauptsächlich um ihres Schockwertes willen gebraucht. „Transformation" zu sagen wäre besser als Tod, noch besser spräche man von „Transformation dessen, was die Leute für Religion halten". Einige dieser Schriftsteller, darunter Cox selbst, sind kürzlich mit dem Bereich des Heiligen wieder ins reine gekommen.

[2] Siehe T. J. J. Altizer, *The Gospel of Christian Atheism*, Philadelphia 1966. Ein guter journalistischer Bericht über die Tod-Gottes-Bewegung ist *The Private Sea: LSD and the Search for God* von W. Braden, Chicago 1967, Kap. 10.

Eine dritte — hier generalisierte — Bewegung hat ihren Brennpunkt in dem Willen zur Pflege des inneren Lebens als Antwort auf den Hunger jener nichtrationalen Aspekte der Seele, die in den Ausdruck streben. Im säkularen Bereich erscheint solches Streben für gewöhnlich in Schöpfungen der Musik, der Dichtung, des Tanzes, der Künste überhaupt. Seine religiösen Ausdrücke sind, wie schon gesagt, die Mystik, die Prophetie, das „Sprechen in Zungen" und andere Formen religiöser Ekstase. Das Interesse am Zen, an der Pfingstbewegung und an bestimmten Aspekten der Liturgischen Bewegung sind verschiedene Ausdrucksformen des Nichtrationalen in der Religion. Bestimmte religiös orientierte Hippie-Kommunitäten, die in mancher Hinsicht an frühe Franziskaner und mittelalterliche Mönchsgemeinschaften erinnern, haben teil an diesem Impuls.

Innerhalb dieser Dreiteilung ist die Drogenbewegung ganz sicher der letzten Richtung zuzuordnen. Rationalistische Intellektuelle neigen dazu, psychodelische Erfahrung als dem klaren Denken entgegengesetzt zu verachten, halten sie gar für eine Flucht ins Delirium. Säkularisten beklagen, daß LSD-beeinflußte Personen oft Erfahrungsberichte des Sakralen oder Heiligen geben. Das wird als ein Zurückdrehen des Rades der Geschichte, als Retardierung des Marsches nach vorn angesehen. Der Begriff vom „Aussteigen" wird dann verächtlich verstanden und kommt allzuleicht über die Lippen. Dabei wird dann einfach vorausgesetzt, daß der Verwender psychodelischer Drogen unverzüglich notwendige Aktivitäten aufgäbe zugunsten einer chronischen „Nabelschau". Aber einem lange mit den Hülsen religiöser Begrifflichkeit Gefütterten, nun nach einer vitalen Begegnung Gottes Hungernden ist nicht einfach beizukommen mit dem blassen Rat, er müsse etwas tun; und zwar deshalb nicht, weil die drogeninduzierte Erfahrung sein religiöses Leben vitalisiert und zugleich den Irrtum jener offenlegt, die nur die rationalen Aspekte der Religion für gültig halten. Sein verlebendigtes religiöses Leben zeigt den Säkularisten, die vom Tod Gottes sprechen, lebhaft, daß sein Gott lebt und ihm nahe ist.

Wesen und Bedeutung der Mystik:

Im Bereich der personalen Formen religiösen Lebens ist die religiöse Ekstase Mitte und Herz. William James sagt: „Das persönliche religiöse Innenleben hat meines Dafürhaltens zweifellos seine Wurzel und seinen Mittelpunkt in mystischen Bewußtseinszuständen."[3] Jede Diskussion über das Wesen der Religion muß mit dem Eingeständnis beginnen, es bestehe keine Hoffnung, je zu einem allgemeinen Konsensus darüber zu gelangen. Jedes ausführliche Lexikon breitet, wie schon bemerkt, mehr als ein Dutzend Definitionen aus, auch einander entgegengesetzte. Jedermanns eigene Definition von Religion wirft wahrscheinlich mehr Licht auf ihn als auf jede vorausgesetzte Kategorie. Ich habe im ersten Kapitel meine eigene Definition dargestellt und darauf hingewiesen, daß sie in die Richtung der Mystik weist. Abgesehen davon, daß sie nur *einen* Weg zum Verständnis von Religion bietet, sehe ich gute Gründe, die Mystik für den Grundbegriff bei der Definition der religiösen Person zu betrachten[4].

Der Hauptvorteil dieser Definition besteht darin, daß das mystische Bewußtsein von allen anderen Bewußtseinsformen derart unterschieden ist, daß es sich deutlich von ihnen abheben läßt. Andere Aspekte der Religion haben Gegenstücke im Säkularen. Denken und Rationalisieren können innerhalb, aber ebensogut auch außerhalb der Religion betroffen sein. Moralität kann — was oft genug geschieht — auch getrennt von einer religiösen Metaphysik existieren; der Kampf für die Bürgerrechte ist nicht notwendigerweise ein religiöser Kampf. Andererseits herrschen Institutionalismus und Machttrieb sowohl in säkularen Organisationen als auch in der Kirche. Natürlich begrüßen viele kirchliche Apologeten diese Sachverhalte als Indikatoren dafür, daß das Ghetto verlassen, daß Kirche voller Leben und Wachstum sei. Dies ist das Ziel der religiösen „Säkularisierer". Daß eine Aktivität als eine religiöse und als *nichts anderes denn als religiöse* anzuerkennen sei, erscheint ihnen ebenso als Anachronismus wie der Befund, die Religion habe sich aus dem Leben zurückgezogen und trockne in sich aus.

[3] William James, 356.
[4] W. H. Clark, „Mysticism as a Basic Concept in Defining the Religious Self": *Lumen Vitae*, 19 Nr. 2 (1966), 231 f.

Die Auffassung der Religion als Mystik oder als lebendige innere Erfahrung bewahrt sie vor Strilität. Bezeichnenderweise versäumen es die durch mystische Erfahrung Aufgerüttelten nur selten, diese Erfahrung als eine religiöse zu empfinden. Intuitiv werden sie gewahr, daß ihr Bewußtseinszustand sie – wenigstens subjektiv – dem Heiligen und dem Propheten verbindet. Das ist sogar bei Atheisten der Fall, denen der Gedanke widerstrebt, sie hätten vielleicht in irgendeiner Weise die Gegenwart Gottes oder ähnliches erfahren.

Eine wundervolle Verdeutlichung dieses Vorganges findet sich in dem autobiographischen Bericht Arthur Koestlers *Die Geheimschrift* in dem Kapitel „Die Stunden am Fenster", wenngleich das hier berichtete Erlebnis nichts mit einer Drogeneinwirkung zu tun hat. Als Kommunist und überzeugter Atheist erwartete er in einem spanischen Gefängnis seine Exekution. Die Betrachtung eines mathematischen Problems löste dann plötzlich eine mystische Erfahrung von großer Tiefe aus, von der er berichtet: „Das ‚Ich' hört auf zu existieren, weil es durch eine Art geistiger Osmose mit dem universalen Sein in Verbindung getreten und darin aufgegangen ist. Dieser Prozeß der Auflösung und unbegrenzten Ausdehnung wird als das ‚ozeanische Gefühl' empfunden – der Abfluß aller Spannungen... der ‚Friede', der das Verständnis übersteigt." Er war bereit für einen tiefen Wandel in seiner Persönlichkeit und in seinen Wertvorstellungen, der dann auch folgte. Er fühlte sich „wie ein altes Auto, dessen Batterien neu geladen worden waren", und „glaubte auch zu wissen, daß Gründer von Religionen, Propheten, Heilige und Seher in manchen Augenblicken fähig gewesen waren, Fragmente des Geheimtextes zu lesen"[5].

Rudolf Otto stellt dasselbe fest, wenn er die Erfahrung des Heiligen als ein Einzigartiges beschreibt. Und W. T. Stace, der mit Otto hinsichtlich des eben beschriebenen Phänomens nicht ganz übereinstimmt, hebt sieben Charakteristika als „den universalen Kern" der Mystik heraus. Jeder Mensch mit genuiner mystischer Erfahrung kann von Einsichten berichten, die alle Schöpfung erfassen als Einheit, Wirklichkeit und Grenzenlosigkeit in Raum und Zeit; er empfindet Freude, Frieden und eine Witte-

[5] Arthur Koestler, *Die Geheimschrift*. Bericht eines Lebens. Deutsch von Franziska Becker, Wien, München, Basel 1955, 375, 377.

rung des Heiligen. Er weiß, daß seine Erfahrung, obwohl sie paradox sein mag, wahr ist. Darüber hinaus ist seine Erfahrung unbeschreibbar[6].

Der durchschnittliche Wissenschaftler tut Mystik als esoterisch, wenn nicht sogar als schädlich und gefährlich ab. Daher verdiene sie nicht, den zentralen Platz in einer Definition der Religion zu erhalten. Eine solche Einstellung entspricht ganz gewiß nicht dem Empfinden des Mystikers selbst. Wie Koestler kann er fühlen, daß seine Gabe ein ganzes Leben lang brach gelegen hat; daß sie eine Schrift in unsichtbarer Tinte gewesen ist, die wohl einmal gesehen worden war, aber noch nie in voller Klarheit.

Ich glaube fest daran, daß in jedem von uns diese Gabe wohnt, und daß sie in uns wirkt, ob wir das wissen oder nicht. Sie bedarf nur der rechten Eingestimmtheit, um in all ihrem Reichtum vor unser Bewußtsein zu treten. Die Mystik dürfte, worauf Stace im letzten Kapitel von *Mysticism and Philosophy* hinweist, der individuelle Quellgrund für Ethik, Moral und ein Leben der Gerechtigkeit sein. Die Lebensläufe von Franz von Assisi, Theresa von Avila, Buddha, Ignatius von Loyola, Fox, Woolman, Swedenborg, Pascal, und vielen anderen Mystikern zeigen uns klar, daß ihre religiösen Erfahrungen mystischer und ekstatischer Art die Quellen ihrer erstaunlichen Vitalität und Wirkkraft gewesen sind. Koestlers mystische Erfahrung beispielsweise veränderte seine Persönlichkeit und motivierte seine Abkehr von kommunistischer Agitation. Ärzte und Psychologen haben diese konvertierende Macht der Mystik massiv vernachlässigt, und doch ist sie groß genug, um Verheißungen des Glaubens wahr werden zu lassen.

Über den Ort der Mystik:

Wenn Mystik derart Bedeutsames leisten kann, verdient sie in ihrer Rolle als Saat und Sauerteig anerkannt zu werden. Wie eine Mahlzeit aus purem Sauerteig geschmacklos, vielleicht sogar abstoßend wirkte, so würde eine nur aus Mystik bestehende Religion allerdings eine kulturelle Verirrung sein. Um der Mystik den rechten Ort anzuweisen, mag es hilfreich sein, vier Gestalten des religiösen Menschen zu betrachten, die alle auf ihre Weise zum

---

[6] Siehe W. T. Stace, *Mysticism and Philosophy*, Kap. 2.

vollen Erblühen traditionaler Religion notwendig sind. Es sind der Priester, der Prophet, der religiöse Intellektuelle und der Mystiker[7]. Die sichtbarste Gestalt ist der Priester; er ist wesentlich konservativ: er repräsentiert die religiöse Institution in ihrer Tradition, in Zeremonie und Disziplin. Eng auf ihn bezogen ist der religiöse Intellektuelle, der Theologe, der das begriffliche Gefüge liefert. Er hat durch die Zeitalter hin jene Rationalisierung vollzogen, um die lehrhafte Abgrenzung gegen Häretiker zu ermöglichen. Ebenso hat er neue begriffliche Pfade eröffnet und dadurch zu jenem intellektuellen Ferment beigetragen, das immer seinen Anteil am Weiterschreiten der Kirche gehabt hat.

Konträr zum Priester und teilweise auch zum religiösen Intellektuellen standen die Kinder der Ekstase: der Prophet und der Mystiker. Beider Inspiration entspringt primär nicht aus Logik, aus Tradition und Institution, sondern aus gewaltigen innerlichen Strömen. Der Prophet ist in den Strom der Geschichte eingetaucht und sieht wie Amos und Jesaja Gottes Wollen in Begriffen von Moral und Gerechtigkeit. „So spricht Gott, der Herr!" ist die alte Formel für das im Bewußtsein des Propheten brennende verzehrende Feuer. Manche Propheten waren zugleich Mystiker. So begann Jesajas prophetische Sendung mit seiner Schau Gottes und der Cherubim. Aber während der Prophet dazu neigt, Gerechtigkeit als Ziel seiner Sendung zu betrachten, zählt der Mystiker gute Werke einfach unter die „Nebenprodukte" seiner Vision. Die unmittelbare Erfassung des Einen und des Heiligen ist ihm die höchste der in der Schöpfung möglichen Gaben. Sie ruft die Liebe auf, und die der Liebe entspringenden Taten beruhen nicht mehr auf mühevoller Anstrengung, sondern sind unmittelbare Gestalten der Freude.

Keiner dieser vier Typen kommt unvermischt vor. Die lebendige religiöse Person weist jeweils verschiedene Anteile dieser Komponenten auf, deren jede ihre gewichtige Aufgabe im religiösen Geschehen insgesamt wie im Raum des einzelnen hat. Manche entfalten diese Komponenten schön ausbalanciert, aber die meisten, einschließlich der herausragenden großen religiösen Persönlichkeiten, entfalten besonders die eine oder andere dieser Begabungen.

[7] Zu einer ausführlichen Beschreibung dieser Typen siehe W. H. Clark, *The Psychology of Religion*, Kap. 12 und 13.

Jede dieser Anlagen kann der Gefahr des Hypertrophierens erliegen. Daher bedarf sie des Gegengewichts der anderen Gaben. Fanatismus, die Krankheit des Ekstatikers, findet in der Funktion des Intellektuellen, kritische Maßstäbe anzulegen, oder in der des Priesters, die Tradition zu vertreten, ihr Gegengewicht. Der Priester neigt dem zu, was William James in seinem Buch in anderem Zusammenhang den „bösen *praktischen* Genossen der Religion" nennt: „dem Geist korporativer Gewalt"; der Theologe mag sich mehr „dem bösen *intellektuellen* Genossen der Religion" zuneigen, „dem Geist dogmatischer Herrschaft"[8].

Wenn Religion zur leeren Schale des Institutionellen zu werden drohte, abgestützt durch theologische Begriffssysteme, die wie abgeschnitten von der lebendigen Sprachwelt wirkten, dann haben Propheten und Mystiker die klappernden Knochen der Kirche mit dem Fleisch lebendiger Religiosität umhüllt. Mehr noch als der Prophet reicht der Mystiker in einen Quellgrund hinab, der das eine Mal als nichts anderes denn sein wesentliches Selbst erscheint, das andere Mal aber als ein unermeßliches, transzendentes Meer ohne Raum-Zeit, als jene „dunkle Stille", von der Ruysbroec spricht, „darin alle Minnenden sind verloren ... in wilde Meereswogen, nimmermehr von Kreaturen angezogen"[9].

Wer nur — und sei es noch so flüchtig — einen einzigen Blick in eine solche Vision tun kann, zweifelt selten daran, auf ein Reich der Wahrheit getroffen zu sein, dem sich nichts anderes vergleichen läßt. Dies ist die „kostbare Perle", die „wertvoller als Rubine" ist; dies ist der Augenblick, da die Schuppen von den Augen fallen, daß wir endlich sähen. So spricht die innere Stimme. Als Thomas von Aquino ekstatisches Bewußtsein erlebte, erschienen ihm seine Schriften „wie Stroh"[10].

Mystik als Weg des Welterfassens:

Mystik als profundeste und wesentlichste Funktion des menschlichen Geistes — das ist einer der Hauptpunkte, um die dieses Buch kreist. Aus Mystik heraus erheben sich Prophetie,

[8] William James, 319.
[9] J. van Ruysbroec, siehe Anm. 4 des 2. Kapitels.
[10] G. K. Chesterton, *St. Thomas Aquinas*, New York 1958, 143.

dann Theologie, dann religiöse Einrichtungen. Die Institution für sich allein genommen ist kaum mehr als leere Schale, der ihr dienende Theologe kaum mehr als ein „Glasperlenspieler", wenn das „Spiel" nicht ganz hingerichtet ist auf die unmittelbare und transzendente Schau Gottes, des Ersten und Letzten, der aller Natur und aller Kultur Bezugspunkt ist. Wie alle Naturwissenschaft auf Natur angewiesen ist und jedes erfüllte Leben auf des Menschen Wissen um seine Bestimmung, so die Zivilisation auf jenen Sänger des Alls, der den Weg zum Brunnen lebendigen Wassers weist: das mystische Bewußtsein. Ein Mystiker war es, der uns mahnte, nicht zu forschen, wem die Glocke läute, denn sie läute uns; Gandhi war es, der Mann, der eine der erfolgreichsten Umwälzungen der Geschichte in Bewegung setzte. Und Platon meinte, nur der erleuchtete Führer sei fähig zur Leitung des Gemeinwesens.

Wenn die Staatsmänner mächtiger Nationen und die Anführer gewaltiger Heerscharen sich diese Weisheit nicht irgendwie zu eigen machen, dann wird unsere Welt zu einem gewaltigen Schlachthaus werden. Unheilvolle Hinweise lassen sich von den Menschen des zwanzigsten Jahrhunderts kaum übersehen.

Es ist deshalb wichtig, über diesen unfaßbaren Zustand, über dieses „mystische Bewußtsein" so klar wie möglich zu sprechen. Man hält ihn oft für einen Zustand beträchtlicher Verschwommenheit, wenn nicht sogar Verwirrtheit; für eine Emotion, die den Verstand durcheinanderbringe und den Menschen täusche. In akademischen Kreisen gibt es kaum einen schneidenderen Kommentar, als wenn einer den Gegner „mystisch" nennt.

Unter Bezugnahme auf W. T. Stace wurde bereits eine phänomenologische Beschreibung des mystischen Zustands gegeben. Aber der Hinweis ist angebracht, die mystische Bewußtheit sei nicht primär Emotion, sondern *Perzeption*. Diese Perzeption ist nicht verschwommen und nicht vage, sondern — besonders bei den großen Mystikern — bemerkenswert einfach, zwingend, klar.

Was ist eine *Perzeption*? Eine Reihe von Veranschaulichungen möge das Wort in einen Kontext stellen und so den Begriff der „Mystik" weiter verdeutlichen.

Es betritt jemand einen matt erleuchteten Raum und gewahrt in einer Ecke ein gewundenes Etwas. Er sieht es als ein zusammengelegtes Seil an. Diese Art des Erkennens ist eine Perzeption, die ihn wahrscheinlich wenig oder gar nicht weiter beschäftigt. Aber diese Perzeption kann bei genauerem Nachforschen einen erheblichen Wandel durchmachen, wenn der Besucher das Objekt als Kobra erkennt: unverzüglich werden die Emotionen des „Perzipierenden" aufgerufen. Die Emotion ist der Perzeption nahe verbunden und dennoch von ihr unterschieden. Die Emotion könnte den Betrachter verwirren, wenn dieser in seinem Schrecken sich von ihr beunruhigen und sogar zu unsinnigem Handeln hinreißen lassen würde. Dagegen wäre es die Kraft und Klarheit der der Emotion vorausliegenden Perzeption, die zu klugen, überlegten Reaktionen führte: zur Flucht oder zur Tötung der Schlange.

Heben wir das Beispiel auf eine andere Ebene, auf der wir uns den Perzipierenden als einen wahrhaft frommen Hindu denken, der nicht nur von den Buchstaben seines Glaubens, sondern auch von wirklicher unmittelbarer Perzeption jener ewigen Einheit geprägt ist, einer Erfahrung, auf die sich Mystiker allgemein berufen. Dann wird er nicht einfach eine Kobra wahrnehmen, sondern — inmitten von Angst und Schrecken — das Mitgeschöpf, mit dem er der Todesangst zutrotz leben muß. Er wird ebensowenig an die Tötung dieses Geschöpfes denken wie an das Abhacken der eigenen Hand. In einem seltsam zwingenden Sinn wäre hier eine religiöse oder mystische Perzeption gegeben, und das Zusammentreffen mit der Kobra würde ein schreckliches Trauma in religiöse Erfahrung umwandeln. Uns mag solche Reaktion als glatter Unsinn erscheinen, aber sie illustriert, wie die seltsame Alchemie mystischer Erfahrung den einzelnen befähigt, „seinen Feind zu lieben". Sie weist auch die Wahrnehmung, die Perzeption, als wesentliches Prinzip der Mystik aus, auch wenn diese für gewöhnlich von starker Emotionalität begleitet sein mag, die der Nichteingeweihte leicht für die Perzeption selber hält. Mit franziskanischer Entschiedenheit und Klarheit, oft mit überraschender Plötzlichkeit verbunden, nimmt der Mystiker alle Dinge als Einheit wahr, alle Menschen als Brüder, alle Wesen als Genossen, allen Stoff als geheiligt. Es verwundert nicht, daß die mystische Schau einen scharfen Schnitt durch das Verhalten legt.

Mystik und Gesellschaft:

Die umformende Kraft des mystischen Bewußtseins begründet seine Bedeutung. Eine Kobra als seinen Genossen anzusehen, mag als Gipfel der Unbesonnenheit erscheinen, doch sind Fälle berichtet, in denen die auf die Natur „Eingestimmten" wilde Tiere und auch Schlangen gezähmt haben. Es gibt Berichte über die Bändigung tödlicher Klapperschlangen durch Liebe[11]. Martin Buber hat sein Ich-Du-Verhältnis bis auf die Bäume und den Regen hin ausgedehnt[12]. Von Franz von Assisi wird berichtet, daß er sich nicht nur mit Licht und Wärme der Sonne verschwistert, sondern auch den Vögeln gepredigt und den wilden Bruder Wolf zu seinem Gefährten gemacht habe.

Man sollte solche Berichte nicht als Fabeleien abtun, sondern ihren Wert sorgsam prüfen: sie handeln von den Taten besonders Gezeichneter, sind Darstellungen von „Unglaublichkeiten", an denen Drogen keinen Anteil haben. Eine solche Prüfung kann uns zeigen, wie den von unseren Mitmenschen ausgehenden Gefahren zu wehren sei, die oft tödlicher als Kobra, Boa constrictor und Wölfe sind. Man denke an Dostojewskijs *Großinquisitor*, an Hitler, Stalin oder einen General, der über einem Dorf mit unschuldigen Kindern Napalmbomben abwerfen läßt. Wenn die Tiere des Feldes sich bändigen und empfänglich machen lassen durch einen, der in mystischer Schau die Einheit aller Dinge erfahren hat, dann läßt sich vielleicht sogar ein Mensch mit steinernem Herzen an einer weichen Stelle dieses Herzens fassen, wenn er auf jemand trifft, der selbst von einer religiösen Erfahrung getroffen wurde. Dann können die nur lose angeketteten Furien des Krieges vielleicht davor bewahrt werden, ein tödliches Gerangel um politische und doktrinäre Herrschaft zu entfesseln. Freilich wäre es naiv, wollte man von einer plötzlichen Begegnung mit der Mystik die kurzfristige Lösung aller Weltprobleme erwarten, aber das ist gewiß: ein Blick auf die Mystik gibt Aspekte des Lebens frei, die hoffen machen.

Einige behaupten und andere verneinen entschieden, daß psychodelische Drogen tiefe und transformierende genuine religiöse Erfahrung in vielen Menschen ausgelöst hätten. Ist die durch

[11] H. G. McCurdy, *The Personal World*, New York 1961, 543.
[12] Siehe Martin Buber, *Ich und Du*, 1923, ²1958, und weitere Werke.

psychodelische Drogen freigesetzte Erfahrung die gleiche wie die gerade erwähnte mystische Erfahrung? Wenn die durch jene aufgerufenen Perzeptionen zuverlässigerweise religiöse Perzeptionen wären, dann stünde damit ein unschätzbares Mittel aus erster Hand für die Untersuchung von Dynamik und Wirkungen tiefer religiöser Erfahrung zur Verfügung. Dann wäre auch ein Mittel verfügbar, Religion zu vitalisieren und ihre Segnungen zu vermehren: vielleicht nur in einem kleinen Rahmen, wie das bei der *Native American Church* der Fall zu sein scheint, vielleicht aber auch in einem viel weiteren Rahmen. Dennoch sollten wir unserer Imagination nicht erlauben, uns fortzureißen. Es gibt viele Schlaglöcher und Hindernisse auf dem angedeuteten Weg, und neue Entdeckungen machen oft selbst den wissenschaftlichen Geist leichtherzig. Deshalb müssen wir kritisch sein. Aber andererseits wissen wir auch, wie furchtsam, selbstzufrieden und unfortschrittlich Menschen sein können — auch Wissenschaftler. Wir müssen also auch kühn sein. Im nächsten Kapitel soll gründlicher überlegt werden, ob sich die Wirkungen der Drogen guten Gewissens als religiös betrachten lassen.

6. ZEITGENÖSSISCHE UNTERSUCHUNGEN ÜBER DAS VERHÄLTNIS VON DROGEN UND RELIGION

> Ich begann die Sitzung in einer Dämmerzone vorgeburtlicher Erinnerungen. Der Furcht vor der Wiedergeburt folgte eine überwältigende Freude, lebendig zu sein. Wie zum erstenmal entdeckte ich das Leben ringsum und freute mich. Ich erfuhr den heiligen Schrecken und das Mysterium der Erschaffung des Lebens und ahnte in jedem Wesen das atomare Chaos, aus dem es aufstieg und in das es zurückkehren wird. Ich schien teilzuhaben am religiösen Ritus der Heuschrecken im Gras vor mir und wurde dadurch die Heiligkeit der Dinge gewahr. Ich empfand die Gegenwart Gottes! Dieser Erfahrung folgte eine leidenschaftliche Freude, verbunden mit Einsamkeit und der Sorge über meine Unfähigkeit, andere mit der Verwunderung darüber zu erfüllen, lebendig zu sein.
>
> *Aus einer Darstellung, die ein Atheist*
> *von seiner LSD-Sitzung gab.*

Obwohl es Praktikern längst bekannt ist, daß Drogen und andere Formen biochemischer Intervention, wie z. B. Fasten, die religiöse Erfahrung fördern, haben sich erst seit kurzem Natur- und Religionswissenschaften der systematischen Untersuchung dieses Vorgangs zugewandt. James erwähnt einige der frühesten Versuche in seinem Buch, besonders da, wo er sich auf die Arbeit von Benjamin Blood beruft[1]. James hatte von den Peyote-Indianern gehört und selber Mescalin versucht, war davon aber schwer krank geworden[2]. Erfolgreicher war sein Experiment mit Lachgas, das in seinem Kapitel über Mystik eine Rolle spielt. Der mystische Hang bei James' Vater, den William vorher nie recht verstanden hatte, erfuhr eine ergreifende Bestätigung. Durch dieses Experiment, das einige Jahre vor seinen berühmten Gifford-Vor-

---

[1] William James, das Kapitel über die Mystik.
[2] W. Allen, *William James*, New York 1967, 383.

lesungen liegt, wurde James überzeugt, daß das mystische Bewußtsein von anderen Bewußtseinsformen unterschieden ist und die Wurzel der persönlichen Religiosität sei. Nach einer Anspielung auf das mystische Bewußtsein sagte er, daß „unser normales, waches Bewußtsein — unser rationales Bewußtsein, wie wir es nennen können — nur eine bestimmte Art von Bewußtsein ist, und daß um dasselbe herum potentielle Bewußtseinsformen liegen, die ganz andersartig... sind... Keine Gesamtweltanschauung kann eine abschließende sein, die diese anderen Bewußtseinsformen ganz unberücksichtigt läßt... In jedem Falle verbieten sie einen voreiligen Abschluß unserer Betrachtung der Wirklichkeit. Blicke ich auf meine eigenen Erfahrungen zurück, so bieten sie in ihrer Gesamtheit eine Art Einsicht, der ich eine metaphysische Bedeutung zuschreiben muß."[3]

1953 nahm Aldous Huxley etwas Mescalin und schrieb einen Bericht seines Experiments und der Reaktionen in *The Doors of Perception*. Er empfahl die Droge als sicheren Weg zu mystischen Perzeptionen; zu Veränderungen der Persönlichkeit, wie sie oft die Mystik begleiten; zur Vitalisierung der Religion für den Durchschnittsmenschen. Dieser Essay war vielleicht die erste, ein breites Publikum erreichende Einführung in das Thema der Drogen. Ihre Verwendung wurde darin als legitimer Weg zu künstlerischem und religiösem Leben gedeutet. Huxley wies auch darauf hin, daß die Stimulation biochemischer körperlicher Veränderungen als eines der Elemente zur Erzeugung religiöser Erfahrungen nicht nur allgemein in der Tradition vorkomme, sondern auch kirchliche Zustimmung erfahren habe: Fasten und besondere Diätspeisen sind sowohl vorsätzlich eingesetzte wie unbeabsichtigte Faktoren der Ekstase gewesen[4].

Eine Entgegnung ließ nicht lange auf sich warten. R. G. Zachner, ein katholischer Forscher auf dem Gebiet der vergleichenden Religionswissenschaften und Professor in Oxford, entschied sich im Gegegensatz zu vielen Kritikern der Droge zum eigenen Versuch. Auch er nahm Mescalin, aber es beeindruckte ihn nicht. Er fand nichts spezifisch Christliches in der Erfahrung, sie sei non-

---
[3] William James, 356—359. Wie James die Bedeutung dieses Themas für die Religion einschätzte, zeigt der Anfang des Kapitels über Mystik.
[4] A. Huxley, *Die Pforten der Wahrnehmung*, 145 ff.

theistisch. Die Erfahrung einer natürlichen Mystik gab er zu, setzte diese aber auf viel tieferer Ebene an als die orthodoxere und religiösere Mystik. Aber sein Experiment und sein Streit mit Huxley sind in einem wissenschaftlichen Werk, *Mysticism: Sacred and Profane*, dargestellt, das auch manches von allgemeinem Interesse enthält.

Das „Karfreitagsexperiment":

Den überzeugendsten Beweis dafür, daß psychodelische Mittel unter bestimmten Umständen tiefe religiöse Erfahrung freisetzen, ist das sogenannte „Karfreitagsexperiment". Mir sind keine Experimente aus der Geschichte der Religionsforschung bekannt geworden, die besser vorbereitet oder in ihren Folgerungen klarer gewesen wären als dieses, das auch einen Beitrag zu dem Thema liefert, ob Drogen ein Mittel zum Studium religiöser Erfahrung darstellen.

Das Experiment bildete die Grundlage zu einer philosophischen Doktorarbeit an der Harvard-Universität. Walter N. Pahnke, der bereits das Doktorat in Medizin und das Baccalaureat in Theologie erworben hatte, gewann als Versuchspersonen zwanzig protestantische Theologiestudenten im ersten Jahr ihres Studiums, die weder je mit dieser Drogenart Erfahrungen gemacht hatten noch sehr viel von Wesen oder Wirkung mystischer Erfahrung wußten, wenngleich einige glaubten, „religiöse Erfahrungen" gehabt zu haben. Fast alle waren begierig, durch das Experiment ihr religiöses Leben zu bereichern, obwohl einer nachher zugab, er habe demonstrieren wollen, daß die Einnahme von Drogen zu keiner religiösen Erfahrung führe. Er kam als einziger ohne religiöse Vorbereitung in das Experiment, und er war der einzige unter den Drogeneinnehmern, der keine Befunde mystischer Erfahrung zu berichten wußte.

Nach einer Vorbereitung wurden zehn Studenten 30 Milligramm Psilocybin und zehn weiteren drogenfreie Tabletten in der gleichen Form verabreicht. Weder der Versuchsleiter noch die Versuchspersonen wußten bis zum Abschluß des Versuchs, wer die Droge erhalten hatte und wer nicht. Alle zwanzig wohnten dann einem zweieinhalbstündigen Karfreitagsgottesdienst in einer

Collegekapelle bei ... Auf Tonband gesprochene Berichte, ebenso schriftliche Berichte, wurden nach dem Gottesdienst eingesammelt. Die Ergebnisse zeigten eine scharfe Differenzierung zwischen beiden Gruppen. Als Kriterien für mystische Erfahrung verwendete Pahnke die sieben aller Mystik eignenden Merkmale, die bei Stace genannt werden und weiter oben erwähnt sind, dazu zwei weitere: Vorübergang *(transiency)* der Erfahrung und anhaltende positive Veränderung in Einstellung und Verhalten. Dann machte er drei sonst an dem Experiment nicht beteiligte Beurteiler mit ihrer Aufgabe vertraut, festzustellen, bei welchen Versuchspersonen die neun Kriterien gegeben wären. Sie erhielten die von den Versuchspersonen gegebenen Daten, ohne zu erfahren, welcher Gruppe die einzelnen angehörten. Neun von den zehn Drogeneinnehmern berichteten von unmißverständlichen Anzeichen wenigstens teilweiser mystischer Bewußtheit, die meisten von einem beachtlichen Ausmaß. Dagegen erlebte nur einer von der Kontrollgruppe mystische Bewußtheit in bescheidenem Ausmaß. Die statistische Analyse ließ vermuten, daß bei Wiederholung des Experimentes mit ähnlichen Versuchspersonen die Hauptresultate und -folgerungen mit einer Wahrscheinlichkeit von mehr als 999 : 1 sich bestätigen würden. Sozialwissenschaftler halten eine These für bewiesen, wenn die Ergebnisse 99 : 1 gesichert sind. Die Ergebnissicherung in diesem Experiment geht weit darüber hinaus. Nehmen wir die Pahnke'schen Kriterien als angemessen an, dürfte es äußerst schwierig, wenn nicht unmöglich sein, dem Schluß zu entgehen, daß die psychodelischen Drogen bei bestimmten Menschen, die angemessen vorbereitet wurden, unter bestimmten Verhältnissen eine starke Tendenz zur Freisetzung mystischer Erfahrung aufweisen.

Im Hinblick auf die Kritik, psychodelische Drogen — und auch die Mystik — veranlaßten die Menschen leicht zum „Aussteigen", zum Fliehen vor den Aufgaben des Alltags, sind Pahnkes letzte Kriterien bedeutsam. Die Versuchspersonen glaubten, daß der Karfreitagsgottesdienst ein hilfreiches religiöses Ereignis gewesen sei; die die Drogen genommen hatten, waren von ihrem Wert überzeugt. Noch nach sechs Monaten waren beide Gruppen deutlich zu unterscheiden. Es folgen Beispiele von Aussagen jener, die die Droge genommen hatten. Sie entstammen Antworten auf Fragen nach den Wirkungen des Experiments:

„Sehr starke Wohltat: ein tiefes Erkennen des ‚Mystischen' im vollen religiösen Leben — aber diese Einstellung erschien nicht als Flucht vor der Welt, vielmehr gab sie mir ein größeres Gefühl für die Bedeutung des Hier und Jetzt."

„Sehr starke Wohltat: ein erschreckender Sinn für andere — besonders für die mit Problemen."

„Sehr starke Wohltat: ein Gespür für einen Ruf — insofern das bedeutet: ‚Das Wort' muß der Welt verkündigt werden — nicht so sehr verbal als ‚existentiell', und ich muß mich irgendwie dieser Herausforderung stellen, da sie mich getroffen hat."

Daß diese Veränderungen in der Einstellung zur Arbeit in der Welt tief in lebendiger persönlicher Erfahrung gründen, sagen die folgenden Passagen:

„Sehr hilfreich: seit Karfreitag habe ich ein viel größeres Maß an Selbsterkenntnis; damit meine ich eine größere Gewißheit von Sein und Werden. Eng damit verbunden ist das Gefühl, ein Geschöpf zu sein, das ein Ziel kennt."

„Ich fühle, daß ich eine größere Kenntnis der Motive habe, die meinen verschiedenen Handlungen zugrunde liegen. Ich glaube fest, ein Wissen um die Selbstsüchtigkeit zu haben, die vielen meiner Handlungen unter-liegt. Diese Erkenntnis hat sich mit Versuchen verbunden, diese Selbstsüchtigkeit beiseite zu schieben und darüber hinauszugehen."

„Ich habe von der Freude gesprochen, die ich erfuhr, als ich aus der Karfreitagsnachmittagserfahrung ins Leben zurückkam. Zeitweise habe ich eine solche Freude empfunden, lebendig zu sein, wirkliche Existenz zu haben, daß ich nicht glaube, das je vor diesem Karfreitag in solchem Ausmaß erlebt zu haben, obwohl ich intellektuell von solchem Leben wußte."

Zusammen mit weiteren Kommentaren der Versuchspersonen über ein „Gefühl der Liebe und Einheit und Liebe zur Menschheit" sind mühelos Akzente zu fassen, die den Eindruck vermitteln, hier sprächen wirklich Mystiker. Solche Erfahrungen können auch theologische Begrifflichkeit bereichern und transparent werden lassen[5].

[5] Ich habe beim Karfreitagsexperiment assistiert. Ich kannte die zwanzig Testpersonen und sprach mit ihnen. Wem Dr. Pahnkes Dissertation unzugänglich ist, findet eine Zusammenfassung in seinem Kapitel in H. A. Abramson (Hrsg.), *The Use of LSD in Psychotherapy and Alcoholism*, Indianapolis 1967, oder in W. N. Pahnke and W. A.

Das folgende Zitat stammt aus einem auf meine Bitte hin geschriebenen Bericht eines Theologiestudenten, der in einem Krankenhaus unter freier und freimütiger Aufsicht zu Versuchszwecken Psilocybin erhielt. Er wurde ermutigt, sich in jeder Weise nach seinen Wünschen vorzubereiten. Das Ergebnis beschrieb er als „schlechte Reise", jedenfalls zu Beginn, als die plötzliche Konfrontation mit seinen Fehlern und Schwächen und paranoide Vorstellungen, die sich auf das Personal richteten, ihn erschreckt hatten. Als die Angestellten und die Versuchsperson sich dann zu einer Mahlzeit niedersetzten, wurde sein Empfinden, es werde zu einer „sinnvollen und konstruktiven Erfahrung" kommen, neu gestärkt.

„Mir schien, es sei die größte Nähe zur Feier des Abendmahls, die ich mir vorstellen konnte... Es war das Empfinden, in meiner eigenen Problemwelt, die mich vorher erschreckt hatte, verloren zu sein... Ich habe mich oft in meinem Leben allein gefühlt, aber in diesem Augenblick erschien mir die Gemeinschaft mit den Anwesenden als Hinweis auf den Sachverhalt, daß wir in diesem Leben nie ganz verlassen sind, wenn wir wirklich sinnvolle Beziehungen mit anderen Menschen suchen, Beziehungen von ernsthafter gegenseitiger Verantwortung.

Eines der Ergebnisse dieses Experiments war die gesteigerte Wahrnehmung der *imago Dei* in meinen Mitmenschen. Ich versuche, in theologischer Begrifflichkeit auszusagen, was ich als sehr bedeutsamen Aspekt meiner größten Einschau in die Geheimnisse des Lebens empfinde. Heute war ich in einem Bostoner Restaurant. Ich saß einem Herrn gegenüber, der in Kürze seinen 93. Geburtstag feiern wird. Er war mir ein völlig Fremder, bis ich ihn fragte, was das Geheimnis solch langen Lebens sei. Nun nahm ich wahr, daß dieser Herr ein Mensch von Charakter und von vielen reichen Erfahrungen sei. Im Verfolg meiner ersten Frage war er in der Lage, mit einer ebenfalls älteren Dame ein Gespräch anzuknüpfen. Ich war erstaunt über die Heiligkeit des Lebens, wie sie in etwas so Einfachem wie einer Mahlzeit in einem Restaurant erscheinen kann. Ich will nicht darauf hinaus, mich diesem Mann ebenbürtig an die Seite zu stellen, sondern

Richards, „Implications of LSD and Experimental Mysticism": *Journal of Religion and Health*, 3 (Juli 1966), 175—208. Die Zitate entstammen der Dissertation.

will sagen, daß uns die Menschenfreundlichkeit Gottes verbindet. Ich sage ‚Gottes', weil ich dieses Zusammentreffen als ‚heilig' ansehe, als etwas, dessen alle Menschen gewahr werden können, aber auf das einzulassen sich nur wenige Menschen die Zeit nehmen ... Wo immer sich zwei Menschen treffen, vermögen sie ein gelegentliches Gespräch über das Leben zu führen. Ich bin sicher, daß jeder Mann auf der Straße einen Strahl des Göttlichen in sich trägt, das ihn hinaushebt über den streunenden Hund, der hingegeben an Busch und Baum schnüffelt."

Beim sorgsamen Lesen dieser Stelle zeigt sich die Fähigkeit der Droge, einen Dialog zwischen theologischem Konzept und alltäglicher Erfahrung zu stimulieren, was ja eigentlich die Funktion lebendiger Theologie sein sollte. Ebenso erweist sie sich als ein Lösungsmittel, in dem die typische reservierte Art Neu-Englands existentiellen Grundfragen gegenüber zusammenstürzt.

Forschungen am Norwich Hospital:

Noch besser ist der Verfasser mit einer weiteren Untersuchung vertraut, da es seine eigene ist. Sie wurde von ihm und dem Mediziner Dr. Milton Raskin, dem für die Verwaltung der Droge verantwortlichen Psychiater, berichtet[6]. Die *Worcester Foundation* für experimentelle Biologie nahm acht nicht besonders ausgewählte normale Freiwillige zu einem Experiment am Norwich Hospital in Connecticut an, damit verschiedene Aspekte von Wirkungen unterschiedlicher LSD-Mengen über Zeiträume bis zu sechzehn Tagen hin erforscht werden könnten. Mir war im Gesamtexperiment die Erforschung der religiösen Aspekte anvertraut. Etwa zehn Monate nach dem Experiment wurden die Versuchspersonen gebeten, ihre Drogenerfahrungen mit ihren normalen Bewußtseinszuständen zu vergleichen, und zwar mittels einer von o,

---

[6] Clark and Raskin, „LSD As a Means of Exploring the Nonrational Components of the Religious Consciousness" (eine Arbeit, die auf dem Jahrestreffen der *Society for the Scientific Study of Religion* in Atlanta, Georgia, am 27. Okt. 1967 vorgelegt wurde). Dank für die Zusammenarbeit gebührt auch den Mitarbeitern Dr. J. Bergen, Dr. W. Koella, Dr. D. Krus.

[7] W. H. Clark and M. Raskin, „Subjective Ratings of Feelings by Subjects with Varying Doses of LSD" (Tafel).

SUBJEKTIVE SCHÄTZUNGEN VON GEFÜHLEN BEI PERSONEN MIT VERSCHIEDENEN LSD-DOSEN NACH VERLAUF VON 9—11 MONATEN[7]

	Subjekte und Dosierung in mcgr. per kg								Zusammenfassung			
	K. 3.0	U. 3.0	M. 2.5	C. 2.5	W. 1.25	F. 1.25	Mc. 0.625	L. 0.625	Höhere Dosen	Niedr.	Differenz	Gesamt-durchschnitt
1. Zeitlosigkeit	5	3	4.3	4	5	2	3	5	4.08	3.80	0.28	3.94
2. Raumlosigkeit	5	3	4	2.3	4	0	0	5	3.58	2.80	0.78	3.19
3. Einheit und Selbstverlust	5	5	4.7	3	5	1	3	5	4.48	3.50	0.58	3.89
4. Einheit mit Objekten und mit Lebendigem	0	4	2.7	2	4	2.3	0	1	2.18	1.82	0.36	2.00
5. Einheit mit den Menschen	4	2	4.7	2	4.3	2	4	4.3	3.68	3.65	0.03	3.66
6. Letzte Wirklichkeit	5	5	3.3	3.3	5	0	3	3	4.15	2.75	1.40	3.45
7. Glückseligkeit und Friede	5	3	5	0	5	2.7	2.7	5	3.25	3.85	−0.60	3.55
8. Das Heilige und Göttliche	5	4	5	2.7	4.7	2.7	3	4.3	4.15	3.68	0.47	3.92
9. Paradoxität	5	0	4.3	4.3	5	2	3	0	3.40	2.50	0.90	2.95
10. Unaussprechbarkeit	2	3	3.3	4.3	5	2.3	3	5	3.15	3.82	−0.67	3.45
11. Furcht und Schrecken	5	3	5	3.5	3	2.7	2.7	1	4.12	2.35	1.77	3.23
12. Geheimnis	5	5	4.3	3.5	5	2.7	4	1	4.45	3.18	1.27	3.81
13. Freude	5	2	4	0	5	2.3	3	5	2.75	3.82	−1.07	3.29
14. Todesgefühl	0	0	3.3	3.3	5	2	2.3	0	1.65	2.32	−0.67	1.99
15. Wiedergeburt	1	0	5	2	5	2.3	1	5	2.00	3.32	−1.32	2.66
16. Gegenwart Gottes	5	0	4	0	5	0	3	5	2.25	3.25	−1.00	2.75
17. Ästhetische Erfahrung	5	3	5	3	5	2	4	5	4.00	4.00	0.00	4.00
18. Intensive Farbigkeit	5	4	4.7	3.3	5	1	1	1	4.25	2.25	2.00	3.25
19. Musikalische Bewegtheit	5	5	3	3	5	2	0	5	4.00	3.00	1.00	3.50
20. Signifikanz der Erfahrung	5	5	5	3	5	3	3	5	4.45	4.00	0.45	4.22
Gesamtdurchschnitt	4.15	2.70	4.23	2.62	4.70	1.70	2.40	3.53	3.50	3.18	0.32	3.34

0 = Normaler Zustand; 1 = etwas übernormal; 2 = deutlich übernormal; 3 = auffallend und intensiv übernormal; 4 = außerordentlich intensiv; 5 = über jede Erfahrung und Vorstellung.

„vom Normalen nicht unterschieden", bis 5, „über alles je Erfahrene oder Vorgestellte hinaus", reichenden Skala. Die Versuchspersonen waren zwischen 22 und 42 Jahren alt. Zwei von ihnen waren Theologiestudenten, zwei Atheisten. Alle waren unbefangen, wenn nicht gar radikal in ihren Auffassungen über Religion. Ihre Reaktionen auf zwanzig Bezugspunkte sind auf der nebenstehenden Tafel zusammengestellt.

Die Tafel macht unmittelbar klar, daß alle Versuchspersonen, wenn auch in unterschiedlichen Graden, religiöse und teilweise mystische Erfahrungen machten. Die beiden Atheisten, K und M, gehörten zu den dreien, die die intensivste Erfahrung religiöser Art berichteten, einer der beiden Theologiestudenten war der dritte. Obwohl die beiden Atheisten dem Gebrauch des Wortes „Gott" widerstrebten, gaben beide unmißverständliche Hinweise religiöser Art, als sie von Erfahrungen wie „Wiedergeburt", „Einheit", „Glückseligkeit und Frieden" und von „Heiligem und Göttlichem" berichteten. Keine der wiedergegebenen Erfahrungsstrukturen glich völlig einer anderen, aber alle Versuchspersonen sprachen von einer Verdichtung ihrer Erfahrung über das normale Maß hinaus, wo es um Zeitlosigkeit ging, um Einheit und Verlust der Selbstempfindung, um Einheit mit den Mitmenschen, um das Heilige und Göttliche, um Unaussprechlichkeit der Erfahrung, um Furcht und Schrecken, um Mysterien, um ästhetische Erfahrung.

Der Konsensus zehn Monate später bestand darin: Die Erfahrung hatte eine tiefe personale Bedeutung gehabt. Fünf von den acht sprachen von ihr als „hinausgehend über alles je Erfahrene oder Vorgestellte". Ähnlich wie die Versuchspersonen des „Karfreitagsexperiments" bekundeten diese, daß die Erfahrung ihre Fähigkeit zu realistischem Befassen mit ihren Problemen verstärkt und ihr Wachstum im seelischen Bereich enorm angeregt habe. Ein Schriftsteller entdeckte, daß er nicht länger in esoterischen Themen befangen sei, durch die er bei geringer Forschungstätigkeit leicht hätte als Experte bekannt werden können. Inzwischen schrieb er über Bereiche allgemeinen Interesses, sogar über Geschichte und Religion. Diesen Weg hätte er vor der Erfahrung durch LSD für unmöglich gehalten. Interesse und Selbstvertrauen waren erweitert worden. Der Leser möge die Tafel selbst prüfen und dann entscheiden, ob eine große Evidenz für profunde religiöse Erfahrung vorliegt oder nicht.

Durch die Untersuchung fällt ein interessantes Streiflicht auf die Ergebnisse drogeninduzierter Religiosität: sie scheinen den „normalen" gleichzukommen. Eine der vom zivilisierten Menschen am meisten geschätzten Eigenschaften dürfte das Mitleid sein. Jeder möchte sich verstanden wissen: daher sein intuitives Hingezogensein zum mitfühlenden Mitmenschen. Mitleid wird nicht nur für ein Element der Religion gehalten, sondern ist Thema eines der härtesten und gültigsten Tests, durch die der Religion des anderen auf den Zahn gefühlt wird. Ein Hauptelement im Charisma des Franz von Assisi, das auch an Gautama Buddha am häufigsten gerühmt wird, ist dasselbe wie jener Zug, durch den Zöllner und Sünder sich von Jesus angezogen fühlten, weil sie *wußten, er würde sie verstehen.*

Das Zitat der zweiten Versuchsperson bei dem Karfreitagsexperiment und der Bericht des Theologiestudenten, der im Krankenhaus Psilocybin erhalten hat, belegen, daß durch die Drogen das Empfinden für andere und deren Probleme stimuliert wurde. Obwohl es nicht unabdingbare Begleiterscheinung psychodelischer Erfahrung ist, wurde es häufig bemerkt, so z. B. in Kapitel 4 der *Varieties of Psychodelic Experience* von Masters und Houston, daß sich aus psychodelischen Erfahrungen oft Mitgefühl erhebt. Es erwächst aus der Erfahrung der Einheit. Wenn einer sich mit allen Wesen vereint weiß, dann erkennt er seine Verantwortlichkeit für alle an. Die obenstehende Tafel zeigt, daß alle Versuchspersonen von einem wachsenden Empfinden für die Einheit aller Menschen berichtet haben. Diese Einstellung kennzeichnet Hinduismus und Buddhismus deutlicher als westliche Religiosität. Es wirft ein interessantes und bezeichnendes Licht auf die Erfahrung zweier Versuchspersonen, daß sie noch Monate später keine Insekten, auch keine schädlichen, zu töten imstande waren.

Hier ist nicht der Raum, alle Hinweise auszubreiten, die auf die Verbindung von psychodelischer und religiöser Erfahrung hindeuten, aber eine Reihe von Beispielen findet sich in den Studien von Masters und Houston, Leary, McGlothlin, Ditman, Savage, Huston Smith und in den von Abramson herausgegebenen Bänden[8].

---

[8] Die meisten dieser Forscher sind in Masters und Houston, Kap. 9, erwähnt. Auf die Abramson-Bände bezieht sich das folgende Kapitel.

Die Peyote-Religion:

Eines der hinsichtlich der psychodelischen Drogen instruktivsten Phänomene ist die blühende religiöse Bewegung der *Native American Church* unter amerikanischen Indianern. Hauptsächlich durch Anthropologen wie Aberle, Slotkin, La Barre und Castaneda sind wir über diesen bemerkenswerten Kult unterrichtet. Die Praktiken dieser Bewegung leiten sich wahrscheinlich aus der aztekischen Tradition her, aber die um die Einnahme dieser Droge sich gebildete Peyote-Religion ist ein Synkretismus aztekischer und christlicher Elemente mit einer Beigabe dessen, was weiße Amerikaner für Aberglauben und Folklore halten.

In ausreichenden Mengen genommen, ruft Peyote eine Erfahrung auf, die stark der durch LSD vermittelten gleicht[9]. Die Indianer kauen entweder eine angemessene Menge der getrockneten Knospen oder brauen einen bitteren Tee daraus. Dieser Vorgang liegt am Beginn einer würdevollen Zeremonie, die eine ganze Nacht über andauert, für gewöhnlich in einem *Tipi*, einem Indianerzelt. Diese wird von einem Priester oder einem beauftragten *Road-Chief* geleitet, dem zwei Helfer zur Seite stehen: sie schlagen die Trommel, helfen beim Singen der Hymnen und achten auf Eingang und Feuer. Andächtige haben Visionen und partizipieren an Erfahrungen, die die Gruppe verbinden und die Anhänglichkeit an die Lehren fördern. Diese Bewegung ist unter den Indianern über mehrere Jahrhunderte hin gewachsen und hat trotz der Gegenanstrengungen von Missionaren und Indianerbeauftragten und trotz innerer indianischer Opposition inzwischen bei fast allen nordamerikanischen und kanadischen Stämmen Fuß gefaßt. Im neunzehnten Jahrhundert begannen sich kultische Gruppen zu ihrem Schutz in Religionsgemeinschaften zusammenzuschließen, die sich gegenwärtig fast alle in der *Native American Church* vereinigt wissen. Diese stellt eine lose Föderation kleinerer Gemeinden von schätzungsweise je 30 000 bis 250 000 Mitgliedern dar[10]. Obwohl Weiße zugelassen wurden, hat man sie nie ausdrücklich zum Beitritt ermuntert. So kam es, daß nur Anthropologen und wenige seltene Gäste, die das

---

[9] R. C. DeBold und R. C. Leaf, *LSD, Man and Society*, Middletown, Conn. 1967, 104—108.
[10] J. S. Slotkin, 60—71.

Vertrauen der Indianer hatten erringen können, zu den Zeremonien zugelassen wurden.

Trotz oder auch wegen vielfachen Widerstandes hat die Peyote-Religion ihren Einfluß im Laufe der Zeit immer mehr ausgedehnt. Sie dehnt sich weiterhin aus. Ihre Anhänger betrachten sich im allgemeinen als Christen und betonen eine Ethik brüderlicher Liebe, familiärer Verantwortung, harter Arbeit, des „Selbst-ist-der-Mann" und des Alkoholverzichts[11]. Die neueste anthropologische Studie über den Peyotismus kommt u. a. zu folgendem vorsichtigen Schluß:

„Die *Native American Church* von Nordamerika hat sich als standfeste Bewegung von großer Vitalität erwiesen, deren Übergreifen auf weitere indianische Gruppen sich weiterhin fortsetzt... Derzeit liegen keine Hinweise für eine Peyotesüchtigkeit vor, auch keine ausreichenden Beweise dafür, daß Peyote schadete oder physisch nützte. Aussagen sprechen in den meisten Fällen für das Empfinden spirituellen, physischen und psychologischen Nutzens...

Es hat sich kein Hinweis ergeben, der dafür spräche, daß die Praktiken der *Native American Church of North America,* ihre Peyoteverwendung eingeschlossen, schädliche Auswirkungen auf Gesundheit, Wohlfahrt oder Moral ihrer Mitglieder hätten. Viele Hinweise sprechen dafür, daß die Mitglieder der *Native American Church* ernstlich und tief ihrer Religion verbunden seien, die Peyoteverwendung eingeschlossen, und sie werden notfalls eher ins Gefängnis gehen als ihre Gemeinschaft verlassen. Sie werden ihre Sache vor den Gerichten verfechten, seien es die des Stammes, des Bundesstaates oder des Staates, solange ihnen vom Gesetz Einschränkungen auferlegt werden."[12]

Der mit kirchengeschichtlicher Forschung Vertraute wird in diesem Bericht erkennen, daß diese Indianer manche Charakteristika mit den religiösen Separatisten der verschiedenen Zeitalter gemeinsam haben: mit der Qumran-Kommunität, mit den Jüngern Johannes' des Täufers, mit Jesus und seinen Zwölfen, mit den frühen Christen, mit Franz und seinen Jüngern, mit den Albigensern, Waldensern, Lollarden, Hussiten, Lutheranern und Wiedertäufern; mit den Söhnen des Ekstatikers Ignatius, mit den frühen

[11] *Ibid.*
[12] David F. Aberle, 352—354.

Quäkern und den Methodisten und den chassidischen Gemeinschaften Mitteleuropas und schließlich mit den Zeugen Jehovas und den Amish unserer Tage. Außerhalb jüdisch-christlicher Tradition wären noch zu erwähnen die Schüler des Sokrates, die Anhänger Gautamas, viele Hindu-Ashrams, Zen-Kommunitäten und Sufi-Bewegungen. Alle diese Gruppen haben das gemeinsam, daß sie religiösen — und oft auch weltlichen — Autoritäten Kummer bereiteten. Einige sind wirr und extrem gewesen, aber alle haben auf die eine oder andere Weise jenen universalen ekstatischen Strom in sich entdeckt, aus dem ihnen Energie und Kraft zuflossen, und die Frische, um in von Intellektualismus und Moralismus und Institutionalismus verseuchte Religionskadaver wieder den Anspruch lebendiger Religion hineinzurufen. Bei den Peyote-Indianern ist es wesentlicher Teil ihrer kultischen Ekstase und zugleich unübersehbarer Hinweis auf ein intensives religiöses Leben, daß sie bereit sind, das Gesetz in die Schranken zu fordern und Unannehmlichkeiten und Verfolgung zu erleiden, wenn man sie zwingen will, etwas aufzugeben, was ihnen wesentlich ist.

Der Peyotekult erlaubt einen Ausblick auf die Probleme, die mit den psychodelischen Drogen in Zusammenhang stehen. Ärzte und Verwaltungsbeamte, Gesetzgeber und Öffentlichkeit begründen ihre Haltung mit der Fiktion, die psychodelischen Drogen würden nur von einer frivolen und rebellierenden Jugend genommen, und das einzige Ergebnis von Gewicht sei das Risiko der Geisteskrankheiten und vielleicht das des Todes. Solche pauschalisierenden und einseitigen Ansichten haben Hunderte gebildeter und religiös empfindsamer junger Leute ins Gefängnis und um eine Karriere gebracht. Und was noch schlimmer ist: Viele Eltern haben sich ihren Söhnen und Töchtern entfremdet, die aus ihrer eigenen Drogenerfahrung den Schluß zogen, daß die Tragödie selten, religiöses und künstlerisches Wachstum das Häufigere sei. So ist es zu einer großen, noch wachsenden untergründigen religiösen Bewegung gekommen, in der die Drogen eine Rolle spielen. Und diese Bewegung ist zeitweise gefährlich geworden wegen des Zwiespalts zwischen Eltern und Kindern, zwischen Gesetz und Praxis.

Die Peyote-Indianer haben jene Periode überlebt, in denen Peyote aus ihnen Verbrecher machte; heute haben sie ihr legales

Recht zum religiösen Gebrauch des Peyote durchgesetzt. Ihre Fähigkeit zum Gebrauch psychodelischer Mittel ohne Mißbrauch liegt nicht nur in bestimmten Eigenarten dieser Droge, sondern noch entscheidender in einem System begründet, das schließlich ihren Gebrauch erlaubt hat: Die religiöse Struktur ihrer Gemeinschaft bietet den Teilnehmern gleichzeitig eine Hilfe an, die von den Drogen aufgerufenen Energien in schöpferische und sozial nützliche Kanäle zu leiten. Die Peyotisten haben gezeigt, daß diese Drogen zu einer lebensfähigen religiösen Bewegung beitragen können. Damit erteilen sie weißen Autoritäten die Lehre, um wie vieles rationaler Indianer mit einer psychodelischen Droge umgehen, im Interesse von Religion und verantwortungsbewußtem Leben.

Ungeachtet des endgültigen Stellenwertes der Droge im religiösen Leben dürfte es dem verantwortungsbewußten Christen schwerfallen, solches Zeugnis als irrelevant und frivol abzutun. Die Kirchen können solchen Aufweis nur auf die Gefahr hin vernachlässigen, daß ein kraftvolles Agens religiösen Lebens abgewiesen und „Kultikern" ausgeliefert wäre, von denen manche die Drogen unverantwortlich und manche sie mit der Absicht und in einer Weise einsetzen könnten, die darauf zielten, die Kirchen in Mißkredit zu bringen. Dann würde für viele der Anschein erweckt, jene hätten nur ein religiöses Leben von solcher Oberflächlichkeit zu bieten, daß ihr geistiger Einfluß weiter schwinden könnte. Die Geschichte bietet ein breitgefächertes Zeugnis, daß dieser Eindruck nicht zum erstenmal entstünde. Manche Religionsgemeinschaft mag zur Ablehnung jeder Drogendiskussion neigen, solange nicht die Verdammung dabei als abgemachte Sache gilt. Die Herausforderung der Kirche aber ist es, tapfer *alle* Aspekte der Frage mit Freimut zu prüfen, damit kein vorschnelles Urteil gefällt werde.

Verursachen Drogen religiöse Erfahrung?

Ob Drogen religiöse Erfahrung *verursachen*, ist eine wichtige theoretische und praktische Frage. Jedenfalls folgt *Verursachung* des einen noch nicht aus der *Verbindung* beider. Der aufmerksame Leser wird bemerkt haben, daß ich die Begriffe „freisetzen" *(release)* und auslösen *(trigger)* vorziehe, obwohl kein Zweifel daran besteht, daß die Drogen in einem gewissen Sinn Teil eines Faktorenganzen sind, das uns hilft, ein wundersames, ergreifendes und geheimnisstiftendes Zusammentreffen mit dem zu haben, was manche Letzte Wirklichkeit, andere den Schöpfer und wieder andere ganz einfach Gott nennen.

Ich ziehe den Begriff „freisetzen" dem Begriff „verursachen" vor, weil die Drogen nicht der einzige Weg zu religiöser Erfahrung sind oder auch nur der beste Weg, weil Millionen von Menschen religiöse Erfahrung auch ohne Drogen haben. Natur, Liturgie, Askese der Sinne, strenge Meditation, Tanz, Musik, Schriftlesung, Verkündigung, Taten der Liebe und vieles andere — einzeln oder in tausenderlei Kombinationen: sie alle können helfen, Tore aufzustoßen. Und es scheint, daß Ansprechbarkeit auf das Schöne hin, daß ein „Organ" für das Heilige in jeder Seele wohnen. In zu vielen mag es für immer schlafen: jedenfalls träumt es dem Erwachen entgegen, das sich in der richtigen Konstellation der Gegebenheiten ereignen kann.

Die Drogen stiften nicht etwas, das nicht schon im Menschen ruhte, und niemand sollte meinen, aus dem Stein der Dummheit ließen sich die Funken der Intelligenz hervorschlagen, wie manche möglicherweise annehmen. Wie photographische Chemikalien das bereits in den Film Eingeprägte ans Licht bringen, so haben psychodelische Mittel viele Menschen zu einer Hochschätzung der Musik, zu einer Sensivität gegenüber der Dichtung, zu einem Können in der Kunst kommen lassen. Die Anlagen waren da, aber diese Menschen hätten sich nicht träumen lassen, solche Anlagen in sich zu tragen. Es war Aufgabe dieses Kapitels, den Aufweis zu versuchen, daß diese Drogen wie Aladdins Lampe wirken können: sie können aus den Tiefen des Selbst den Genius ans Licht heben, der das Heilige „kennt"; das im heiligen Schrecken wohnende Wissen, daß der Stoff, dem wir entstammen, Gottes ist.

Zusammenfassung:

Zusammenfassend läßt sich sagen, daß William James und Aldous Huxley nicht die einzigen waren, die uns nahegebracht haben, daß Drogenwirkung religiöse Bewußtseinszustände auslösen kann. Sorgsam und systematisch durchgeführte Untersuchungen wie das „Karfreitagsexperiment" haben klar gezeigt, daß auf diese Weise religiöse und ekstatische Erfahrungen freigesetzt werden. In viel größerem Umfang haben Anthropologen den Peyotekult unter amerikanischen Indianern studiert und günstig über seinen Einfluß berichtet. Die Bereitschaft dieser Indianer, zur Verteidigung ihres Rechts Gefängnis und Verfolgung auf sich zu nehmen, ist eine religiöse Bereitschaft. Eine Erforschung der *Native American Church* kann die weiße Gesellschaft lehren, die durch die Drogen freigesetzten religiösen Energien zu verstehen und in rechte Bahnen zu lenken. Auf der Grundlage der vorgelegten Aufweise erscheint der Schluß als zwingend, daß es ein bedeutsames Merkmal der psychodelischen Drogen ist, bei vielen Menschen als Auslöser tiefer religiöser Erfahrung ekstatischer und mystischer Art wirken zu können, die sonst nicht einmal im Traum daran denken würden, mit solchen Gaben ausgestattet zu sein.

7. DROGEN UND PERSÖNLICHKEITSVERÄNDERUNG

> Brich den Granitfelsen mit dem Rasiermesser; vertäue das Schiff mit dem Seidenfaden: dann magst du hoffen, mit solch feinen und zerbrechlichen Instrumenten wie menschlichem Wissen und menschlichem Verstand gegen die Giganten der Leidenschaft und des Stolzes anzugehen.
> *John Henry Newman*[1]

> Solche psychodelischen Erfahrungen scheinen eine machtvolle Wirkung zu haben und eines Menschen Einstellung zum Leben derart ändern zu können, daß er seine unangepaßten Reaktionen für immer aufgibt zugunsten eines gesunderen Standorts.
> *Ruth Fox*[2]

Können Drogen eine konstruktive Persönlichkeitsveränderung bewirken? Die spontane Antwort des braven Bürgers wird ein Nein sein, und er wird dabei an jene erbärmlichen Wracks denken, die dem Heroin verfallen sind. Solcher Einstellung ist die Vorstellung, Drogen vermöchten menschliches Leben zu heben und die Persönlichkeit zu integrieren, so fremd, daß sie als absurd, wenn nicht gar gefährlich und widerwärtig, zurückgewiesen wird. Der Weg, menschlicher Leidenschaft und Schwäche zu begegnen, führt für solches Denken fraglos über Intelligenz und Willenskraft.

Dieser Gesichtspunkt einer Persönlichkeitsveränderung durch psychodelische Mittel ist Thema des vorliegenden Kapitels. Ich werde zu zeigen versuchen, daß psychodelische Drogen, von geübten und erfahrenen Fachleuten behutsam eingesetzt, in der Tat ihren Anteil an wohltuenden Veränderungen vieler Menschen gehabt haben. Ich werde zeigen, daß konstruktive und anhaltende Veränderungen oft belastenden und schrecklichen Erfahrun-

[1] John Henry Newman, zitiert von John Coulson, *Commonweal* (15. Juni 1962).
[2] Ruth Fox in H. A. Abramson (Hrsg.), *The Use of LSD in Psychotherapy and Alcoholism*, Indianapolis 1967, 480.

gen, die von Patienten als religiöse beschrieben wurden, verbunden waren, wie z. B. im Fall des Bankräubers, von dem zu Anfang des Buches die Rede war.

Im letzten Kapitel wurde aufgewiesen, daß die „psychodelische" oder „sinnesoffenbarende" Erfahrung häufig Menschen als fundamental religiös eingestellt ausgewiesen hat, und daß die durch Intoxikation freigesetzten Erfahrungen nicht von solchen religiösen Erfahrungen zu unterscheiden sind, die durch herkömmlichere Mittel ausgelöst werden. In meinem Bericht über die Experimente habe ich bereits einiges vorweggenommen, das hier gründlicher ausgebreitet werden soll.

Am Ausgangspunkt meiner Diskussion möchte ich kurz bestimmte Wahrheiten über die religiöse Erfahrung wiederholen, zuallererst meine Behauptung, tiefe religiöse Erfahrung sei *immer* eine der bewegendsten und wahrscheinlich die ergreifendste und erschütterndste aller dem Menschen bekannten Erfahrungen. Wenn ich „erschütternd" sage, denke ich daran, daß diese Erfahrung gewisse fundamentale Vorentscheidungen, die einer erfüllteren und menschlicheren Sicht im Wege stehen, erschüttert. Diese „Erschütterung der Grundmauern" unterscheidet die intensiv religiöse Person von der Allgemeinheit der Gesellschaft und erklärt zugleich, warum sie von den Mitmenschen oft als radikal oder exzentrisch angesehen wird. Was wir in Kirche oder Gesellschaft „Respektabilität" nennen, muß zu seinem Teil dafür herhalten, soziale und kirchliche Institutionen vor dem explosiven Einfluß des Propheten und des Mystikers zu schützen. Ebenso wird dadurch der einzelne von einer radikalen Umkehr seiner Persönlichkeit abgesperrt, so daß Worte wie „Heil", „Erlösung" oder „Wiedergeburt" in Gefahr geraten, Begriffe mit nur noch psychologischer und verhaltenstheoretischer Bedeutung zu werden. Das erspart dem Menschen Belastung, gewinnt ihm aber nicht jenen „Frieden, der alles Erkennen übersteigt", sondern das kleine Glück, das im Gemeinplatz haust. Dieses ist der Siegespreis für Vorsicht und Verstand, der Friede dagegen das Kind der Ekstase.

Groß den Seiten der Geschichte eingeschrieben sind Beispiele dieser Wahrheit wie Sokrates, Gautama, Franziskus und Jesus, die alle einen Bruch mit Familie und Gesellschaft erlebten. Ein Beispiel aus unserem Jahrhundert ist der Maler van Gogh. Eine plötzliche religiöse Einsicht in seiner frühen Laufbahn zeigt ihm an, daß die Nachfolge Jesu Christi nicht in die Vorstellungsstrukturen der Familie passen würde, die sich an Erfolg und zu erwerbendem theologischen Diplom orientierte. Er fühlte sich zur Identifikation mit den benachteiligten und ausgebeuteten Bergleuten getrieben, bis in das Leben hinein, wie diese es führten: in einer elenden Bude, bei schlechtem Essen, mit primitiver Kleidung, bis in die Nähe des Verhungerns. Solche Hingabe war unannehmbar für seine Familie und für jene religiösen Sozietäten, die ihn vielleicht unterstützt hätten. Für diese ekstatische und leidenschaftliche Natur war es bezeichnend, daß diese und weitere Veränderungen plötzlich und als Offenbarungen zu ihm kamen. In einem gewissen Sinn waren diese Veränderungen nur Variationen einer leidenschaftlichen Persönlichkeit, die sich gleich blieb, in einem anderen Sinn aber machte jede einen neuen Menschen aus ihm und veränderte sein Leben grundlegend[3]. Humanere Gesittung war allen diesen Ekstatikern ein Großes, aber der „neue Mensch", der jeder von ihnen wurde, machte sie zu einer Plage für die Familie und zu einem Stein des Anstoßes für die Nachbarschaft.

Solche Art der Wiedergeburt ist zu beachten, wenn wir nach Ergebnissen psychodelischer Erfahrung Ausschau halten, wenn ich weiterhin die Behauptung des letzten Kapitels, diese Erfahrungen seien wirklich religiöse Erfahrungen, aufrechterhalten will. In diesem Kapitel soll der Aufweis versucht werden, daß die ekstatische Erfahrung in bestimmten Problembereichen die Oberflächlichkeit erschüttern und den neuen Menschen werden lassen kann, der sich nun selbst zu meistern und das in den Ausdruck zu bringen weiß, was er als seine Bestimmung erkennt. „Bestimmung" ist hier scharf abzuheben von jenem sattsam bekannten Gerede, jeder Sterbliche müsse in Wirtschaft und Gesellschaft „seine Bestimmung erfüllen". Dieses Gerede hält den Durchschnittsbürger derart gefangen, daß er sich und seine Ziele dem gleichsetzt, was man von ihm denkt, und daß er sich so von sich weg „umfunktionieren" läßt.

Der Prophet aber, der Künstler, der Mystiker, der Dichter — sie finden in jenen großen Augenblicken, da sie ganz erfüllt sie selber sind, ihre Wegweisung tief und einzigartig in einem Abgrund

[3] Irving Stone, *Lust for Life: The Story of Vincent van Gogh*, New York 1945, oder andere Biographien.

ihres Wesens, aus dem ihnen jene kosmische Weisheit strahlt, die sie aller Menschheit verbindet. Diese wundersame in jedem von uns wohnende Gabe setzt auch dem noch so alltagsorientierten Bürger derart zu mit Unrast und Unbehagen, daß er sie nur in frenetischem Aktivismus zu unterdrücken vermag. Hat er mit seinem „Geschäft" den Glauben an die Geschäftigkeit verloren und keine Ersatztätigkeit gefunden, dann wird der Ruheständler krank und stirbt. Selbst der typische aktive Amerikaner nimmt seine Zuflucht zu zeitweiser Flucht in den Alkohol, den Sex, das Hinausschreien von Vorurteilen, in — direkte oder sublimierte — Gewalttätigkeiten, wenn er sich vor jener Zusammenbruchsneurose retten will, die mehr und mehr zum „Gütezeichen" des modernen Faust wird.

Der Ekstatiker dagegen geht ein anderes Risiko ein. Dem „Mann auf der Straße" ist sein Bewußtseinstypus derart unvertraut, daß er, weil — vielleicht unbewußt — verwirrt durch die Klopfzeichen aus eigener mystischer Tiefe, ihn als „Spinner" oder Wahnsinnigen ablehnt. Die Gesellschaft meidet den Mystiker und zwingt ihn dadurch auf seinen einsamen Weg abseits heilsamen Umgangs mit den Mitmenschen und des Dienstes an ihnen, die ja seine Bestimmung wären. Diese Phänomene treffen wir in Biographien von Künstlern wie van Gogh an, und wir finden sie in den sozialen und juridischen Gefahren großer Propheten und Führer wie Sokrates, Jeremias, Eckhart, Fox, Jesus Christus. Wie schon angedeutet, sehen wir sie heute in der Tendenz, alle an Versuchen mit psychodelischen Drogen Befaßten in die Rollen irregeleiteter Jugend oder verantwortungsloser Fanatiker zu drängen.

Obwohl viele Psychiater den Wert psychodelischer Mittel für die Therapie bestreiten, gibt es genügend Hinweise, daß durch die Wirkung der Drogen bemerkenswerte Heilerfolge und häufig dramatische Persönlichkeitsveränderungen erzielt worden sind. Außerdem legen diese Hinweise die Vermutung nahe, daß solchen Veränderungen brennendes Verlangen der Menschen zugrunde lag; ihr Hunger nach einer religiösen Bindung, die dem Leben einen Sinn verleihe. Beim Öffnen der Tore zur religiösen und — eng damit verbunden — künstlerischen Identität des Menschen mit sich selbst dienen die psychodelischen Mittel einfach als Schlüssel oder Werkzeuge, die dem Menschen den Zugang zu seinen schlafenden Gaben eröffnen. Wir hoffen, daß dieser Schlüssel nicht eine Büchse der Pandora aufschließt, aus der den Menschen Furien anstarren. Auch das geschieht gelegentlich, aber nicht durch diese Drogen allein, sondern in künstlerischer oder religiöser Ekstase überhaupt.

Man sollte nicht meinen, es gäbe eine risikofreie Verwendung der psychodelischen Mittel. Ich denke dabei nicht so sehr an das Risiko des Mißverständnisses und der Entfremdung gegenüber Freunden, obwohl sich auch dies nicht übersehen läßt, sondern besonders an das einer verlängerten psychotischen Nachwirkung, einer Verwirrung oder, wenngleich es selten vorkommt, eines bleibenden Wahnsinns. Die „schlechte Reise" ist eine Ahnung dieser Gefahr. Sie erinnert uns an den offenkundigen Sachverhalt, daß die Drogen keine automatisch wirkenden Allheilmittel sind. Sie sind gewaltige Werkzeuge, die in erprobten Händen als Behandlungsmittel für eine Anzahl von Krankheiten dienen können.

Die psychodelischen Mittel sind weit davon entfernt, eine gleichbleibend sichere Kur für Geisteskrankheiten zu bieten, wie mancher es sich vielleicht wünschen mag, und es ist erwiesen, daß ihre besondere Wirkung eng mit ihren Fähigkeiten zur Freisetzung ekstatischer religiöser Zustände zusammenhängt. Genau das könnte den Schlüssel zur angemessenen Verwendung und die Erklärung dafür bieten, warum manche Forscher zu dem Schluß gekommen sind, LSD sei wirksamer als andere Drogen.

Damit mag auch die Erklärung dafür angedeutet sein, daß psychodelische Forscher darin — wenn auch nicht einhellig — übereinstimmen, es sei für den forschenden Therapeuten wünschenswert, selbst die psychodelische Erfahrung zu machen. Das Verstehen des gehobenen Bewußtseins läßt ihn gegenüber dem Patienten toleranter werden; außerdem intuitiver in der Anwendung von Methoden, um solchem Bewußtsein zum Durchbruch zu verhelfen; bereitwilliger, es pfleglich zu behandeln. Von hier aus läßt sich auch erklären, warum Forscher zu voneinander abweichenden Berichten über die religiösen Charakteristika der Versuchspersonen gekommen sind, denen sie die Drogen verabreicht haben. Leary und Savage haben beispielsweise einen höheren Prozentsatz von Personen genannt, die bereit waren, ihre Sitzungen als religiöse zu beschreiben[4].

[4] R. E. L. Masters und J. Houston, 254 ff.

Daher mutet es befremdlich an, daß in manchen Kreisen Bedenken bestehen, die Untersuchung der Droge auch solchen Forschern zu gestatten, die sie selbst genommen haben. Sie könnten, heißt es, nicht objektiv sein. Lassen wir einmal die Frage beiseite, wer auf diesem Gebiet überhaupt objektiv sein könne, dann erhebt sich doch die andere Frage, ob, dem Forschenden die Erfahrung vorzuenthalten, hier nicht gleichbedeutend damit wäre, ihn in jenem Bereich zu blenden, der ihm therapeutische Effekte vermitteln könnte. Bezeichnenderweise ist Ärzten in der Tschechoslowakei die Verwendung der psychodelischen Drogen in Experiment und Praxis unter der Voraussetzung erlaubt, daß sie sich speziell eingearbeitet haben, was die Beobachtung von mindestens dreißig Verabreichungen und fünfmaliger eigener Einnahme der Droge einschließt[5]. Allerdings stimmt es, daß einige gute LSD-Therapeuten die Droge nicht selbst genommen haben. Mindestens aber sollte die Ansicht, daß vorhergehende eigene Erfahrung das Verständnis für den Vorgang verstärken und so die Therapie begünstigen könne, als prüfenswerte Hypothese betrachtet werden.

Nach diesen Bemerkungen will ich nun die Gründe darlegen, die dafür sprechen, daß religiöse Erfahrung und beste therapeutische Resultate in engem Zusammenhang stehen.

LSD und Alkoholismus:

1953, als LSD hauptsächlich als psychotomimetisches Mittel angesehen wurde, diskutierten die Doktoren A. Hoffer und H. Osmond in einem Hotelzimmer in Ottawa die Möglichkeit, hoffnungslose Alkoholiker dadurch künstlich „auf Grund zu setzen", daß man sie mit der Droge erschreckte, um so im Vorhinein einen *delirium-tremens*-Anfall vorzutäuschen. 1960 berichtete Dr. Hoffer auf einer Konferenz über LSD-Verwendung die Ergebnisse bei sechzig dieser Alkoholiker, denen weder Psychiatrie noch Medizin noch die *Alcoholics Anonymous* hatten helfen können[6]. Die Patienten hatten große Dosen erhalten mit dem für die Unter-

---

[5] Diese Information stammt von Stanislav Grof am Psychiatrischen Institut, Prag, und an der John Hopkins University.
[6] H. A. Abramson (Hrsg.), *The Use of LSD in Psychotherapy*, New York 1960, 18 f., 114 f.

suchenden überraschenden Ergebnis, daß viele mehr ekstatisch-religiöse als psychotomimetische Erfahrungen machten. Noch erstaunlicher war, daß die Hälfte von ihnen nach fünf Jahren das Trinken aufgegeben hatte. Unter denen, die das Trinken aufgegeben hatten, hatten die meisten religiöse Erfahrungen gemacht. Viele ohne religiöse Erfahrungen waren zum Trinken zurückgekehrt.

In einem kürzlich erschienenen Buch haben Hoffer und Osmond solche Ergebnisse allgemein bestätigt, obwohl sie bei einigen wenigen auf eine Kondition gestoßen sind, die eine Gegenindikation für LSD vermuten läßt. Für diese Kondition, die sie *malvaria* genannt haben, berichteten sie von einer erfolgreichen Behandlung mit Nikotinsäure[7]. Sie nennen 200—300 Mikrogramm als Normaldosis für ihre Arbeit, zögern aber auch nicht, gelegentlich 500 Mikrogramm und mehr zu verabreichen, wenn sie es für notwendig halten; besonders wenn solche Dosen zur Freisetzung transzendenter Erfahrung erforderlich sind[8].

Ein interessantes und sorgfältig kontrolliertes Experiment zur Nachprüfung der Hoffer-Osmondschen Ergebnisse wurde von P. O. O'Reilly in Moose Jaw in Saskatchewan durchgeführt[9]. Dr. O'Reilly war anfangs skeptisch gegenüber der Verwendung von LSD bei Alkoholismus, besonders deshalb, weil er annahm, die Berichte darüber seien stark subjektiv gefärbt. 68 stark dem Alkohol verfallene Patienten wurden für die Behandlung ausgewählt. Nur sechs Prozent von ihnen hatten eine Geschichte unkontrollierten Trinkens von weniger als sechs Jahren aufzuweisen, alle anderen galten als chronische Alkoholiker. Die Versuchspersonen wurden ihre eigenen Kontrollpersonen: ihre sorgfältig zusammengestellten Berichte über die Zeitdauer eines Jahres unmittelbar vor ihrer Behandlung wurden mit den Daten ihrer Antworten aus einem Zeitraum von zwei bis vierunddreißig Monaten nach ihrer Behandlung verglichen. Verhaltensdaten jedes Patienten in den zwei Monaten unmittelbar nach der Behandlung wurden ausgewertet und mit denen der beiden letzten Monate vor dem Endtermin verglichen. Da sich zwischen beiden Auswertungsperioden keine signifikanten Unterschiede ergaben, wurde

[7] A. Hoffer and H. Osmond, *New Hope for Alcoholics*, New Hyde Park N. Y. 1968.
[8] *Ibid.*, 92.
[9] H. A. Abramson (Indianapolis 1967), 504—510.

angenommen, daß therapeutische Ergebnisse verhältnismäßig durchhalten.

Jeder Patient wurde ins Krankenhaus aufgenommen und nach einem standardisierten Verfahren behandelt. Nach sechs Tagen erhielt jeder 200 Mikrogramm LSD in für ihn angenehmer Umgebung. Am nächsten Tag wurden alle von einem Psychiater zum Zwecke der Abreaktion interviewt und um die Niederschrift ihrer Erfahrung gebeten. Waren sie vollständig erholt, wurden sie am nächsten Morgen entlassen. 26 Patienten oder 38 Prozent waren in den darauffolgenden Monaten abstinent geworden. Andere hatten sich gebessert, wurden aber zu den Nichtabstinenten eingestuft. Keiner der behandlungsexternen Faktoren korrellierte mit der Abstinenz: Variable wie Alter, Familienstand, Bildungsgrad, Mitgliedschaft in einer Kirche oder dem Automobilklub, vorangehende psychiatrische Behandlung, Jahre unkontrollierten Trinkens, psychiatrische Diagnose – sie alle wiesen keine signifikante Relation zur Abstinenz auf. Acht Psychiater übten die Behandlung aus, aber keiner hatte entscheidend bessere Ergebnisse als der andere. Nur ein einziger Faktor korrellierte signifikant mit der Abstinenz, und zwar auf der Wahrscheinlichkeitsebene von 1 Prozent. Das bedeutet, daß bei einer Wiederholung des Experimentes mit über 99prozentiger Sicherheit kein gegenteiliges Ergebnis zustande gekommen wäre. Dieser Korrelationsfaktor bestand darin, daß Patienten, die Depression und/oder transzendente Erfahrung gehabt zu haben behaupteten, und zwar ohne Anzeichen physischer Erschöpfung oder nach der Behandlung aufgetretener Störungen, in der Folgezeit eine größere Abstinenz aufwiesen. Dieses Kriterium traf auf 46 Prozent der Abstinenten und auf nur 6 Prozent der Nichtabstinenten zu. Das Unternehmen ist aus mindestens drei Gründen bemerkenswert. Unter Wissenschaftlern hört man oft die Kritik, Enthusiasten berichteten fabelhafte Ergebnisse, die andere nicht erzielten. Darauf ist zu erwidern, daß Experimente mit LSD oft von Forschern ausgeführt werden, die eine starke Gegenmeinung mitbringen. Das hier berichtete Experiment wurde von einem Skeptiker durchgeführt, der die Droge selbst nie genommen hatte. Zweitens kam es zu positiven Ergebnissen trotz der für diese Alkoholiker sehr kurzen Behandlungszeit; denn nach der einen Woche gab es für gewöhnlich keine Behandlung mehr, sofern man nicht die zwei noch folgenden Sitzungen als eine Art Behandlung ansehen will. Und schließlich ist noch beachtenswert, daß O'Reilly wie Osmond und Hoffer berichteten, die Veränderung in den Trinkgewohnheiten sei mit religiöser Erfahrung verbunden.

Diese beiden Ergebnisse seien einer noch besser kontrollierten Untersuchung gegenübergestellt, von der Dr. E. F. W. Baker vom *Toronto Western Hospital* berichtet[10]. Ohne Berücksichtigung weiterer Kriterien wurden zwei gleichartige Gruppen chronischer Alkoholiker zu je zehn Personen gebildet. In der einen Gruppe wurden 800 Mikrogramm LSD verabreicht, in der anderen ein davon nicht zu unterscheidendes wirkungsloses Mittel. Weder Versuchsleiter noch Testpersonen wußten vorher, wer welcher Gruppe angehörte. Den Patienten war das Verlassen des Krankenhauses untersagt worden. Eine weitere Zehnergruppe wurde aus den mit herkömmlichen Mitteln behandelten süchtigen Anstaltspatienten gebildet, damit eine zusätzliche Kontrolle gegeben wäre. Es wurden verschiedene Faktoren studiert, religiöse Erfahrung als spezifischer Untersuchungspunkt wird aber nicht erwähnt. Die dreißig Patienten wurden ein Jahr lang weiter beobachtet. Das Ergebnis wies keine signifikanten Unterschiede der drei Gruppen auf. Angesichts der in anderen Untersuchungen zutage getretenen Bedeutung der religiösen Faktoren muß man sich fragen, ob diese Untersuchung nicht das entscheidende Kriterium außer acht gelassen habe. Mit anderen Worten: es ist vielleicht nicht so sehr das LSD als die damit verbundene religiöse Erfahrung, die dem Alkoholiker zur Kontrolle über seine Neigungen verhilft. In diesem Sinn läßt sich Bakers Untersuchungsergebnis als Bestätigung meiner Behauptung ansehen.

Hoffer hat die LSD-Berichte über Alkoholikerbehandlung von elf Forschern in den Jahren von 1953–1964 zusammengefaßt. Die darin erwähnten 269 Patienten wurden in einem Zeitraum von zwei bis sechsunddreißig Monaten weiter beobachtet. 145 oder gut die Hälfte dieser Alkoholiker wurden als stark gebessert bezeichnet, 45 als gebesssert, und 80, also weniger als ein Drittel, als nicht gebessert. Bei 80 Vergleichskontrollen, die von sechs bis achtzehn Monaten nachher reichten, erwiesen sich elf als sehr

---

[10] *Ibid.*, besonders 199 f. Ein ausführlicher Bericht findet sich in R. G. Smart, T. Storm, E. F. W. Baker und L. Solursh, *Lysergic Acid Diethylamide (LSD) in the Treatment of Alcoholism*, Toronto 1967.

gebessert, sieben als gebessert und zweiundsechzig als nicht gebessert. In dieser Zusammenfassung berichtet Hoffer nichts über den Anteil gebesserter Alkoholiker, die transzendente Erfahrungen hatten. Allerdings hatten sich die meisten, wenn nicht alle Forscher hinsichtlich der Bedeutung solcher Erfahrungen für wirksame Behandlung sehr reserviert gezeigt[11].

Erinnern wir uns, daß nach dem Bericht von O'Reilly erfolgreiche Therapie nicht nur mit transzendenten Erfahrungen, sondern auch mit Depression verbunden war. Leser von William James oder meines Buches *Psychology of Religion* und anderer Berichte werden sich erinnern, daß normalen Erfahrungen der Konversion schmerzliche Erfahrungen vorangehen, die von den Beteiligten oft als „Überzeugung von der Sünde" beschrieben werden[12]. Es liegen nicht genügend Informationen vor, die einen klaren Vergleich beider Zustände gestatteten, aber es läßt sich nicht ausschließen, daß eine Verbindung besteht.

Dieses Merkmal kann helfen, gelegentlich unter dem Einfluß religiöser Depression begangene Selbstmorde zu erklären, ebenso einige der seltenen, aber publizistisch hochgespielten Selbstmorde, bei denen LSD im Spiel gewesen ist[13]. Mir will scheinen, dieser Sachverhalt sollte als Gegenindikation weder für die LSD-Therapie noch für die Religion angesehen werden, besonders wenn die Depression selbst eines jener Agentien wäre, die ein neues Leben möglich machten. Die „Überzeugung von der Sünde" kann zur „Hingabe" führen, einer Geistesverfassung, die eine dramatische Umkehreinstellung, das „neue Leben" oder die „Wiedergeburt" begründet. Das erinnert an den Rat, den der LSD-Patient gewöhnlich erhält: unwillkommenen Gedanken nicht zu widerstreben, sondern sie anzunehmen und sich „vom Strom mittragen zu lassen".

Einer der Mitbegründer der *Alcoholics Anonymous* beschrieb mir die transzendente Erfahrung, die ihm Kontrolle über sein

[11] H. A. Abramson (Indianapolis 1967), 351.
[12] William James, Kap. 8-10; W. H. Clark, *The Psychology of Religion*, Kap. 9.
[13] S. Cohens ausführlicher Überblick berichtet von mehreren tausend Freiwilligen, die LSD genommen haben und bei denen kein Selbstmord vorgekommen ist, während es bei einer ähnlichen Zahl von Patienten zu vier Selbstmorden kam. S. Cohen, „LSD Side Effects and Complications": *Journal of Nervous and Mental Disease* (1960), 130—140.

unmäßiges Trinken verschafft hatte. Jahre später hatte er fünf- oder sechsmal LSD genommen. Das, sagte er, habe seine ursprüngliche Ekstase wieder lebendig werden lassen. Daher wünschte er, daß LSD für Alkoholiker reichlicher zur Verfügung stünde. Er schien die von mir eingenommene Position zu unterstützen.

Gerade wie das Manuskript in den Druck gehen soll, liegt eine weitere Bestätigung vor. Dr. W. N. Pahnke hat kürzlich vor der *American Medical Association* berichtet, daß bei 117 Alkoholikern nach nur einer LSD-Behandlung sechs Monate später eine bedeutende Besserung der inneren Zwänge im Gesamtverhalten und besonders im Trinkverhalten festgestellt worden sei. Er sagte tatsächlich, daß die Beherrschung der Zwänge durch die „Spitze" oder die für gewöhnlich mit starken Dosen verbundenen mystischen Erfahrungen herbeigefürt wurde. Die Untersuchung fand am *Spring Grove State Hospital* in Baltimore in Maryland statt[14].

LSD und Kriminelle:

Die psychodelischen Drogen haben auf dem Gebiet der Hilfe für die kriminell Gewordenen beträchtliche Aussichten eröffnet. Aus vielen Gründen sind diese Menschen schwierig zu behandeln und zu rehabilitieren. In einigen Gefängnissen können nicht weniger als 80 Prozent der Entlassenen innerhalb eines Jahres zurückerwartet werden. Viele Kriminelle, die von Psychologen als „Psychopathen" oder „Soziopathen" eingestuft werden, scheinen unheilbar egozentriert und chronisch unfähig für den Eintritt in die Gesellschaft zu sein. Dabei kann es sich durchaus um Menschen mit einer erheblichen Intelligenz handeln, die erfassen können, was Recht und Unrecht ist, aber sie haben keine oder eine nur geringe Fähigkeit, diesen Unterschied effektiv zu *empfinden*, um dann von ihm geleitet zu werden. Es liegt auf der Hand, daß eine Behandlung, die diesen chronischen Außenseitern Hilfe bringen könnte, ein unerwarteter Segen wäre.

Aber noch ist die Anzahl der durchaus erfolgversprechenden

---

[14] Berichtet von dem 118. Jahreskonvent der *American Medical Association*, New York 17. Juli 1969, auf dem Symposium über psychodelische Drogen.

Versuche auf diesem Gebiet klein, und ihre Qualität hat die Anfangsstufen der Forschung noch nicht überschritten. Über solche Vernachlässigung kann nur der rätseln, der nicht von der Macht des Vorurteils gegen die psychodelischen Mittel weiß. Strafrechtsexperten wie Staatsbeamte zögern verständlicherweise, sich auf ein Terrain zu wagen, das sie nur allzuleicht in politische Schwierigkeiten stürzen kann. Und doch gibt es heute ehemalige Strafgefangene, die ihre Fähigkeit, das Leben draußen meistern zu können, jenen Erfahrungen zuschreiben, die sie mit Hilfe der psychodelischen Therapie gemacht haben. Der Bankräuber, von dem zu Beginn des Buches die Rede war, ist einer von ihnen. Ohne seine Vision Christi, sagte er mir, wäre seine Umkehr unmöglich gewesen! Ohne Psilocybin aber — hätte sich die Vision je eingestellt?

Einer der ersten Berichte, die mein früheres Vorurteil gegen die Auffassung, daß Drogen genuine und heilsame religiöse Erfahrung auszulösen vermöchten, ins Wanken brachten, handelte von der Arbeit mit Häftlingen. So grotesk es scheinen mag: Ich wurde von Dr. Leary beeinflußt, der zwar zu jener Zeit noch in Amt und Würden war, aber allmählich schon in Meinungsverschiedenheiten mit seinen Harvard-Kollegen geriet. Nachdem ich Kraft und Wohltat psychodelischer Erfahrung am eigenen Leibe erfahren hatte, vermochte ich ernsthafter die Möglichkeit zu erwägen, daß Häftlinge durch ebensolche Erfahrungen positiv beeinflußt sein könnten.

Nach Ansicht eines von Dr. Learys Vorgesetzten in Harvard war seine Forschung bei den Gefangenen eine wilde Wurstelei. Gefängnisleitung, Aufsichtspersonal und die Häftlinge selbst seien gleichermaßen enttäuscht, hieß es. Da diese Information den von Dr. Leary gegebenen Berichten widersprach, war mir klar, daß ich selbst nachforschen müßte, wenn ich zu einer rechten Einschätzung der Situation kommen wollte. Also bat ich Dr. Leary, mich einigen der von ihm behandelten Häftlinge vorzustellen, und so kam ich in das Gefängnis hinein.

Am 15. März 1963, kurz nach ersten Berichten über wachsende Differenzen zwischen Dr. Leary und Harvardautoritäten in Tageszeitungen, machte ich meinen ersten Besuch. Ich war noch nicht fünfzehn Minuten hinter den Mauern, als mir klar wurde: wenn jemand enttäuscht war, dann nicht die Gefangenen. An einem der Schwarzen Bretter war ein aus der Zeitung herausgeschnittenes Bild Dr. Learys angebracht, unter dem geschrieben stand:

„Warnung — Gefährlich: Gesucht wird Timothy Leary, alias ‚Doc', alias ‚Der Kopf', Alter 40, Größe 1.85 m, Gewicht 86 kg. Trägt falsche Hörhilfen, neigt zu Harvard-Akzent. Es werden Verbindungen zur internationalen Maffia vermutet.

Dieser Mann ist gefährlich. Er ist ausgerüstet mit Mitleid und dem Verlangen, jedermann zu helfen, der im Dreck steckt.

Jeder, der mit diesem Desperado in Kontakt kommt, ist aufgefordert, sofort die Polizei zu benachrichtigen."

Bereits im Gefängnis ließen Gespräche mit Teilnehmern am Psilocybin-Projekt erkennen, daß Erfahrungen unter Drogeneinfluß oft religiöse Erfahrungen gewesen waren, am deutlichsten bei Mr. P., dem schon erwähnten Bankräuber. Er sagte mir, daß er vor seiner Vision Christi keine Gewissensregung verspürt und er sich nur deshalb für das Experiment zur Verfügung gestellt habe, um gegen die Langeweile anzugehen und seine Chancen für eine bedingte Freilassung zu verbessern. Diese Art der Motivation war charakteristisch. Von Dr. Leary aufgestellte Pläne für die therapeutische Nachbehandlung der sechsunddreißig Freiwilligen nach ihrer Entlassung wurden wegen seiner Schwierigkeiten an der Harvard-Universität nicht verwirklicht. In dieser Gruppe war die Rückfallsrate im Verhältnis zu der übrigen Gefängnisbelegschaft zuerst stark gesunken[15]. Noch fünf Jahre später wies sie einen 23%igen Vorteil gegenüber der übrigen Gefängnisbelegschaft auf, obwohl ihr vom ursprünglichen Untersuchungsteam in der Zwischenzeit wenig Beachtung gewidmet worden war[16].

Diese Verbesserung in der Rückfallsrate ist teilweise der Bildung einer Selbsthilfegruppe zu verdanken. Mr. P. und Mr. K., beide Bankräuber mit langen Freiheitsstrafen, organisierten diese Gruppe zu ihrer eigenen und anderer Häftlinge Rehabilitierung. Mit Unterstützung der *State Commission on Correction* ist diese Organisation gewachsen und hat sich auf das *Deer Island House*

---

[15] T. Leary und W. H. Clark „Religious Implications of Consciousness Expanding Drugs": *Religious Education*, 58, Mai/Juni 1963, 251—256; T. Leary, *High Priest*, 173—211. Zu einem Bericht über die Erfahrungen eines Häftlings siehe G. Castayne, „The Crime Game" in R. Metzner (Hrsg.), *The Ecstatic Adventure*, New York 1968.
[16] Diese Information stammt von Dr. Ralph Metzner, einem Mitarbeiter Dr. Learys.

of Correction in Boston Harbor, ein Kreisstadtgefängnis, ausgedehnt. Sie verfügt inzwischen über eine Außenorganisation, die aus ehemaligen Häftlingen besteht, aber privat finanziert wird. Bis Januar 1969 hatte sie auf das Leben von 300 Häftlingen innerhalb und außerhalb des Gefängnisses Einfluß genommen. Sie glaubt, durch Senkung der Rückfallsrate den Steuerzahlern von Massachusetts eine halbe bis eine Million Dollar gespart zu haben. Selbst wenn die tatsächlichen Beträge nur ein Zehntel dieser Summe ausmachen sollten: Die sich hier andeutende Chance, Frucht eines nur teilweise ausgeführten Drogenexperiments, sollte die Kriminologen nachdenklich machen.

Ein Gespräch mit dem kürzlich verstorbenen Mr. Edward S. Grennan, Superintendent der *Concord Reformatory*, macht klar, daß er, weit davon entfernt, von Dr. Learys Projekt enttäuscht gewesen zu sein, sehr beeindruckt von ihm gewesen ist und auf seine Fortsetzung gewartet hat. Er wies darauf hin, daß das Experiment überzeugender gewirkt hätte, wenn eine Kontrollgruppe, ohne Drogen zu erhalten, die gleiche Aufmerksamkeit erfahren hätte. Schließlich hat ein Kritiker gesagt: „Tim Leary allein könnte einen Stein bekehren!" Trotz Vorschlägen, das Experiment mit verbesserten Methoden zu wiederholen, ist es nie dazu gekommen. Dieser Sachverhalt spiegelt zu einem Teil das schwierigere Klima wider, das die psychodelischen Drogen umgibt, zum andern Teil das natürliche Zögern der Bürokratie, sich auf Risiken einzulassen.

Aber es hat Versuche im Ausland gegeben, die in derselben Richtung gelaufen sind. Eines dieser Projekte war das von Dr. G. W. Arendsen-Hein in Ederveen in Holland. Er fühlte sich herausgefordert, die Drogen „in den sogenannten unheilbaren und bis jetzt hoffnungslosen Fällen" zu versuchen, bei „stark psychopathischen Persönlichkeiten, die Wahnsinn, *Pseudologia phantastica*, chronischen Alkoholismus, sexuelle Perversionen usw. aufwiesen, ein langes Strafregister und mindestens fünf bis zwanzig Jahre Haft hinter sich hatten"[17].

[17] Berichte in R. Crocket (Hrsg.), *Hallucinogenic Drugs and their Psychotherapeutic Use*, Springfield, Ill. 1963, 101—106. Dr. Arendsen-Hein hat sich in einer Diskussion, in der er tiefer auf die religiösen Aspekte der Drogenerfahrung eingeht, auf dasselbe Projekt bezogen, ebenso auf personale Kommunikation: Abramson, *Use of LSD*, 569—576.

Einundzwanzig Patienten wurden in der offenen Abteilung einer soweit wie nur möglich von Gefängnisatmosphäre entfernten therapeutischen Gemeinschaft behandelt. Man sagte ihnen, was ihnen bevorstünde. Gleichzeitig wurde eine Beziehung zwischen Patient, Therapeut und Pflegeschwester geschaffen, ein Vorgang, der sich über mehrere Wochen erstreckte. Dann erhielten die Patienten Dosen von 50 bis 450 Mikrogramm LSD einmal wöchentlich oder zweiwöchentlich, wie der Patient es wünschte, über einen Zeitraum hin, der zwischen zehn und zwanzig Wochen lag. Am Ende jeder LSD-Sitzung wurden die Patienten ermuntert, ihre Erfahrungen in freiem Malen zum Ausdruck zu bringen. Danach folgten eine gruppentherapeutische Diskussion und die Niederschrift eines persönlichen Berichts. Das so gewonnene Material wurde in privaten Konferenzen mit dem Therapeuten und in weiteren Gruppensitzungen herangezogen.

Unter den wertvollen therapeutischen Effekten der Droge wurden „kosmische religiöse Erfahrungen" erwähnt, die in manchen Fällen mit der Freisetzung „schöpferischer, autoregulativer und integrativer Kräfte des Ich" sowie mit großer Bereicherung verbunden waren. Der Untersuchende erwähnt auch, diese korrektiven emotionalen Erfahrungen seien „vielleicht sogar eine Restituierung des Glaubens an das Leben, an Gott und an das eigene Selbst", wenngleich er auch erwähnte, wie wichtig es sei, diese neu gefundenen Werte in praktisches Tun umzusetzen. Ähnliches haben wir ja auch beim Leary-Experiment bis zu seinem Abbruch gesehen. Die darauffolgende Periode wird nicht erwähnt, aber während jener Zeit wurden von einundzwanzig Patienten zwölf als klinisch gebessert und zwei weitere als sehr gebessert verzeichnet. Einige hatten geheiratet, bessere Beschäftigungen gefunden und sich in der Folgezeit emotional stabilisiert. „Ein eingefleischter Schwindler und sexuell Pervertierter, früher als wahrscheinlich geisteskrank beurteilt und fünf Jahre erfolglos behandelt, ist nun ein derart anderer Charakter, daß Skeptiker sagen würden, das sei zu gut, um wahr zu sein."[18] Mir scheint, wenn religiöse Konvertiten sich bereit fänden, ähnliche Darstellungen zu geben — was ja in authentischen Fällen auch geschehen ist[19] —:

[18] Crockett.
[19] William James, W. H. Clark, *The Oxford Group*, New York 1951; H. Begbie, *Twice Born Men*, New York 1909.

die Skeptiker wären auch dann noch bereit, jene Rolle weiterzuspielen, die ihnen so vertraut geworden ist.

LSD und unheilbare Krankheit:

In seinem Buch *Island* breitet Aldous Huxley seinen Traum einer utopischen Gesellschaft aus, in der die Menschen an den Wendepunkten ihres Lebens psychodelische Mittel erhalten, zum letztenmal als Vorbereitung auf den Tod. Die Verwendung dieser Mittel ist ganz in die Gesellschaft integriert. Huxley führt diesen Aspekt an dem Beispiel der „Moksha-Medizin" aus, von der es heißt, ein Kranker habe mit Hilfe des LSD dem Tod gelassen entgegengesehen, als er unheilbar an Krebs erkrankt war.

Die erste systematische Untersuchung der Verwendbarkeit des LSD auf diesem Gebiet ist wahrscheinlich die von Dr. Eric Kast an der *Medical School* der Universität Chicago. Die Versuchspersonen waren 121 männliche und weibliche Krankenhauspatienten, die unheilbar krebskrank waren und deren Tod innerhalb von zwei Monaten zu erwarten war. Nachdem sie 100 Mikrogramm LSD erhalten hatten, sagte man ihnen beim Auftreten der ersten Symptome, sie hätten ein starkes Mittel erhalten, das ihnen eine Zeitlang Erleichterung verschaffen würde.

Zu den Ergebnissen dieses Versuchs zählte nicht etwa ein Verschwinden der Schmerzen, wohl aber hatte sich die Bereitschaft zum Ertragen der Schmerzen um etwa das Zehnfache verstärkt gegenüber der durch Opiate hervorgerufenen. Das wurde über die ganze Zeitspanne hin ermittelt, die zwischen der Einnahme und dem neuerlichen Verlangen des Patienten nach Erleichterung lag[20]. Eine gewisse Erleichterung wurde für drei Wochen beobachtet. Dr. Kast erwähnte in seinem Bericht zwar nicht eine religiöse Erfahrung, sondern sagt, daß die Patienten im allgemeinen imstande waren, Unheilbarkeit und Todesnähe in Bereitschaft anzunehmen[21]. Das läßt vermuten, daß religiöses Erleben zu einem beträchtlichen Teil beteiligt war.

[20] E. Kast, „Pain and LSD-25" in D. Solomon (Hrsg.), *LSD: The Consciousness-Expanding Drug*, New York 1964.
[21] Dargelegt von Dr. Kast in einer Vorlesung am *Massachusetts Institute of Technology* im Jahr 1964.

Von einem Unternehmen, bei dem LSD zur Auslösung religiöser Erfahrung bei nahendem Tod eingesetzt wurde, hat Dr. Walter N. Pahnke im Juni 1968 in seiner *Ingersoll*-Vorlesung an der Harvard-Universität berichtet. Am *Sinai Hospital* in Baltimore in Maryland wurde ein Versuchsprogramm mit siebzehn unheilbar Krebskranken durchgeführt, die einmal oder auch öfter LSD erhielten. Man sagte ihnen, die Droge werde nicht ihre physische Krankheit heilen, sondern sei gedacht als Hilfe, ein größeres emotionales Gleichgewicht zu erlangen: auf diese Weise könne sie ihre Leiden erleichtern. Die einzelnen Patienten wurden zwischen drei und zehn Stunden psychologisch auf die Behandlung vorbereitet. Eine Diagnose ihrer Krankheit kam dabei nicht zur Sprache, es sei denn, daß der Patient von sich aus auf dieses Thema zu sprechen kam[22].

Etwa einem Drittel dieser Gruppe schien nicht sonderlich geholfen, einem weiteren Drittel etwas, dem letzten Drittel „dramatisch". Irgendwelche Hinweise auf einen Schaden lagen selbst bei den physisch sehr Kranken nicht vor. Die wahrscheinlich signifikanteste Feststellung der Untersuchung bestand darin, daß die dramatischen Wirkungen dem Aufsteigen einer „psychodelischen mystischen Erfahrung" folgten. Furcht, Beklemmung, Depression gingen zurück und deshalb manchmal auch der Bedarf an Medikamenten. Es kam zu einer deutlichen Steigerung der Fähigkeit, dem Tod ohne Furcht entgegenzusehen. Dieser Sachverhalt trug nach Dr. Pahnkes Eindruck am meisten zur Erleichterung bei.

Als Beispiel eines repräsentativen Ergebnisses führt er den — wenn auch nicht klar mystischen — Fall einer neunundvierzigjährigen Großmutter mit Pankreaskrebs an, der nicht zu operieren war. Mann und Tochter hatten sie ins Krankenhaus gebracht, weil sie Agonie und physischen Zerfall nicht länger ansehen konnten. Herkömmliche Behandlung hatte versagt. Der Familie war die Diagnose bekannt, aber sie hatte — wie das viele Familien tun — den Befund vor der Patientin sorgsam geheimgehalten. Als er am Ende seiner Weisheit war, schlug der Mann „barmherzige Tötung" vor.

Die folgende LSD-Sitzung war voller religiöser Symbolik, und

[22] *Harvard Theological Review*, 62, 1 (Jan. 1969). Ein Teil des in meinem Bericht verwendeten Materials entstammt der persönlichen Unterhaltung im Anschluß an die Vorlesung.

es gab Augenblicke, in denen die Patientin intensiv „die Gegenwart Gottes"[23] fühlte. Sie empfand eine Erleichterung hinsichtlich bestimmter Schuldgefühle, und beim abendlichen Besuch bemerkten ihre Angehörigen eine deutliche Entspannung und eine gehobene Stimmung. Nun war ihren Schmerzen mit Narkotika beizukommen. Einige Tage später fragte sie den Therapeuten spontan, ob sie krebskrank sei. Ihr Hausarzt und die Familie hatten zuvor erklärt, sie seien nicht dafür, daß sie die Wahrheit erführe. Doch sie bestand auf einer klaren Auskunft, und in der dann folgenden dramatischen Konfrontation war es allein die Patientin, deren innere Stärke Mann und Tochter mit dem bevorstehenden Tod versöhnte. Eine zweite LSD-Sitzung verhalf ihr zu dem Entschluß, auch mit den Enkelkindern in angemessener Weise über ihren Zustand zu sprechen. Dann ging die Patientin heim, und die Familie berichtete, daß sie in dem ihr noch verbliebenen Monat ihre Schmerzen viel besser ertragen habe. Der Tod, der vorher als Schreckgespenst durchs Haus geistert war, hatte nun seine Schrecknisse verloren, weil er offen anvisiert wurde.

Dr. Pahnke erläutert die Wohltaten der Selbsthingabe in der transzendenten mystischen Erfahrung. In unserer betont individualistisch und wettbewerbsmäßig orientierten Gesellschaft, die auf die Bewahrung des *Ego* hingerichtet ist, und in der das Argument, die psychodelische Erfahrung könnte „das Ego aufheben", wenn man die „Kontrolle" — ein weiteres psychiatrisches Schlagwort unseres naturwissenschaftlichen Zeitalters — aufgäbe, eine gewichtige Rolle spielt, eckt solche Haltung an. In der Tat ist es die Wahrnehmung, einem Ich-Verlust zuzutreiben, die den LSD-„Reisenden" oft in Panik stürzt. Deshalb ist ein erfahrener Leiter wichtig, der die Annahme des „Absterbens" unterstützt. Solche Erfahrung bietet den psychologischen Grund, aus dem heraus sich der Zugang zu jenem Geschehen von Tod und Transfiguration eröffnet, das die Alten gefeiert haben; zu jenem Paradoxon, daß nur durch das „Sterben" hindurch Leben in Fülle zu gewinnen sei. „Wenn ein Mensch nicht wiedergeboren wird, kann er das Reich Gottes nicht schauen", sagt Jesus zu dem bestürzten Nikodemus[24]. Wer sich dem psychodelischen Tod der „Persönlichkeit" unterzogen hat, für den verlieren solche Aussagen ihre

[23] *Ibid.*
[24] Joh 3, 3.

Schwierigkeit. Der Mut zur Überlieferung der eigenen Egozentrik, das „Sein-Leben-Verlieren", um es zu finden, scheint der Schlüssel zu jenem Triumph über den Tod zu sein, auf den hin der vorhin berichtete Fall einen Blick freigegeben hat. Er hilft zu verstehen, was es bedeutet, dem Tod mit Würde entgegenzusehen. Zu oft beraubt eine materialistisch orientierte Medizin den Menschen dieses Rechtes.

Angesichts solcher Aussichten ist es bedauerlich, zu erfahren, daß die amerikanische Gesellschaft für Krebsforschung, die *American Cancer Society*, trotz Kenntnis solcher Sachverhalte sich geweigert hat, einen Fonds zur weiteren Erforschung eines solch vielversprechenden Mittels zur Erleichterung der Agonie des typischen Krebstodes bereitzustellen, obwohl sie eine solche Forschung für nützlich hält. Eine solche Forschung läßt klar jene Rolle ins Blickfeld treten, die eine einmal freigesetzte religiöse Erfahrung in jenem großartigen Abenteuer des Friedens spielen kann, das den Sterbenden erwartet, der in rechter Weise vorbereitet ist.

Die Forschungen Grofs in der Tschechoslowakei:

Es ist nicht möglich, allen bedeutsamen Beiträgen und brillanten LSD-Untersuchungen in der ganzen Welt, besonders aber in Nordamerika und in Europa gerecht zu werden. Außer den bereits Erwähnten sollte Dr. Hans-Carl Leuner von der Universität Göttingen erwähnt werden. Er ist Deutschlands führender Fachmann in der LSD-Therapie. Weiter sind zu nennen Dr. Richard A. Sandison am *Powick Hospital* in England und Dr. H. A. Abramson in den Vereinigten Staaten, der nicht nur geforscht, sondern auch zwei bedeutende Bände mit Beiträgen von Fachleuten herausgegeben hat[25].

Der wohl eindringlichste und erhellendste in englischer Sprache vorliegende Bericht über LSD-Forschung stammt aus der

---

[25] Leuner, *Die Experimentelle Psychose: Ihre Psychopharmakologie, Phänomenologie und Dynamik in Beziehung zur Person*, Berlin 1962. Sandison assistierte R. Crockett bei der Herausgabe von *Hallucinogenic Drugs and their Psychotherapeutic Use*.

Feder von Dr. Stanislav Grof[26]. Der größte Teil seiner Untersuchungen wurde im Psychiatrischen Institut in Prag durchgeführt. Interessantester Aspekt seiner Arbeit ist seine Feststellung, daß es für klinische Wirksamkeit außerordentlich bedeutsam ist, ob sich durch den „Tod des Ego" hin die mystische Vision einstellt oder nicht. Das bestätigt zwar, was andere Forscher unabhängig davon ebenfalls festgestellt haben: daß für eine wirksame Therapie die religiöse Erfahrung wichtig sei, die möglicherweise auch ohne diese Mittel zustande kommt[27]. Doch ist das nie zuvor derart klar und eindrucksvoll dokumentiert worden. Die Versuchsgruppe wurde aus fünfzig in der Anstalt untergebrachten Psychotikern gebildet.

Im Zusammenhang dieser Arbeit besteht das bedeutsamste Ergebnis der Grofschen Studie darin, daß bei so vielen seiner Versuchspersonen die Symptomstrukturen der Besserung einander ähnlich waren. Am dramatischsten war die Erfahrung, die dem Todeserleben folgte. Sie wurde als ein „Wegschmelzen" der „Persönlichkeits"-Grenzen erlebt. Offenbar ist dieses Erleben mit dem Erleben jener Einheit identisch, wie es dem mystischen Bewußtsein gegeben ist. Dem Tod des Ego, vom Therapeuten angemessen angeleitet und unterstützt, folgte das Gefühl einer Wiedergeburt, das „Anziehen des neuen Menschen", „Erlösung", „Heil", in der Sprache der Heiligen Schrift ausgedrückt; die „Illumination", „Ekatram", „Nirwana", „Sartori" oder welchen Begriff immer man aus nichtchristlichen Traditionen heranziehen will.

Der Verlauf der Therapie nach sukzessiven LSD-Dosen, ver-

---

[26] Eine Zusammenfassung von Dr. Grofs Werk bietet Abramson (Indianapolis 1967), 154—190. Die letzte Information stammt aus Vorlesungen, die Dr. Grof am *Massachusetts Institute of Technology* gehalten hat, die von der neurobiologischen und psychodelischen Studiengruppe betreut wurden, sowie aus persönlicher Unterhaltung, ganz besonders aber aus Dr. Grofs brillantem unpubliziertem Manuskript, *Theory and Practice of LSD Psychotherapy*. Zusammen mit Z. Dytryck hat Dr. Grof das zweibändige Werk: *LSD-25 und seine Anwendung in der klinischen Praxis* veröffentlicht, das zum Teil in deutscher Übersetzung vorliegt. Zur Zeit ist Dr. Grof in den Vereinigten Staaten, wo er an der *John-Hopkins-University* und am *Spring Grove State Hospital Research Center*, Baltimore, Md., arbeitet.

[27] Die Bedeutung religiöser Erfahrung in der Alkoholismusbehandlung, wie sie von der Heilsarmee und den *Alcoholics Anonymous* berichtet wird, vergleiche man mit der Betonung der Religion in der Jung'schen Therapie.

abreicht an Psychotiker, Neurotiker und Normale, wird durch die nebenstehende Tafel veranschaulicht. Sie bietet eine allgemeine Zusammenfassung klinischer Eindrücke.

Für den Psychotherapeuten ist von Interesse, daß die Therapie auf einander folgenden Stufen die Einsichten Freuds, Ranks und Jungs bestätigt. Anscheinend werden sukzessive Stufen des Unbewußten freigelegt. Zuerst wiesen die visionären Befunde der Sitzungen das Freudsche Unbewußte des Patienten mit seinem Kindheitstrauma und ödipalen Beständen auf. Dann folgte der spannungsgeladene Tod des *Ego* durch das von Rank betonte Geburtstrauma hin, anschließend das Wiedergeburtserlebnis und nach längeren oder kürzeren Intervallen eine dramatische Besserung der Symptome. Nach dem Wiedergeburtserlebnis dominiert Jungscher Symbolismus mit religiösen Archetypen und der spontanen Verwendung religiöser Terminologie bei den Bemühungen der Versuchspersonen, zu beschreiben, was ihnen widerfahren ist.

Wie andere vor ihm unterscheidet Grof zwischen LSD-Sitzungen mit kleineren Dosen (50—400 Mikrogramm), der „psycholytischen Therapie", wie sie in Europa vorherrscht, beispielsweise bei den durch Leuner entwickelten Methoden, und der „psychodelischen" Methode, die auf „den Tod des *Ego*" mittels einer einzigen großen Dosis abzielt (250—1500 Mikrogramm). In jedem Fall, meint Grof, solle der „Tod des *Ego*" das Ziel sein, und die Behandlung lasse sich nicht als erfolgreich ansehen, wenn dies nicht erreicht würde. In diesem Sinn dürften beide Methoden Extreme des einen Kontinuums sein. Grof weist auch darauf hin, daß die Erstarkung psychischer und geistiger Gesundheit über die Behandlungsdauer hinaus anhalte.

Gesunde Versuchspersonen gelangen viel eher zum „Tod des *Ego*" als kranke. Die Behandlungsdauer ist ungefähr proportional dem Schweregrad der Krankheit. Ein für Psychotherapeuten ganz erstaunliches Ergebnis besteht darin, daß schließlich *alle* Gruppen eine nicht gerade noch durchschnittliche, sondern eine vorzügliche Einstellung erreichten. Das unterstützt anscheinend nicht nur die Aussagen Jungs, daß alle Probleme sich letztlich als religiös erwiesen, sondern auch A. H. Maslows Auffassungen über „Selbstverwirklichung".

Durch Erfahrung und Versuchs-Irrtums-Methode *(trial and error)* hat Grof herausgefunden, daß bestimmte Typen von

Darstellung der klinischen Kondition von Testpersonen in freien Intervallen zwischen
Sitzungen mit erfolgreicher psycholytischer LSD-Behandlung

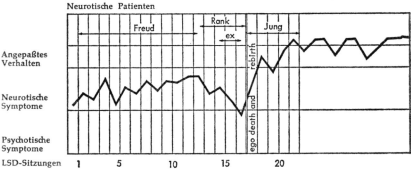

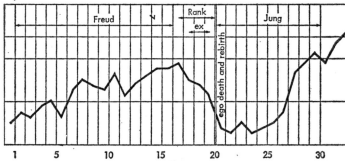

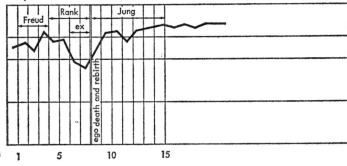

Patienten, ganz besonders die stark Zwanghaften, selten bis zum Tod des *Ego* gelangen, so daß für sie die LSD-Therapie gegenindiziert zu sein scheint. In einem geringeren Grade kann dasselbe für gewisse Hysteriker zutreffen. Daher darf das nebenstehende Schema[28] nicht auf alle Typen von Geisteskrankheiten ausgedehnt werden. Die eingezeichneten Kurven stellen einen gewissen Auswahlwert dar: jene für das Experiment keinen Erfolg versprechenden Typen wurden im Verlauf des Experiments mehr und mehr ausgespart. Dennoch lassen die Ergebnisse vermuten, daß viele der jetzt in Anstalten untergebrachten Geisteskranken nach angemessener LSD-Behandlung entlassen werden könnten. Sogar Normale können ihre Funktionen steigern. Ein Schlüsselmerkmal ist das religiöse Element. Allerdings verlangen diese Ergebnisse sorgfältige und kritische Prüfung sowohl durch Psychotherapeuten als auch durch Religionswissenschaftler.

Zusammenfassung:

Zu Beginn dieses Kapitels wurden alte und neue Beispiele herangezogen, um zu diskutieren, ob die Religion eine tiefgründige Veränderung der Persönlichkeit bewirken könne. Es wurde nicht bestritten, daß solche Veränderung von gewissen Gefahren begleitet sei. Wegen ihrer Fähigkeit, sehr ähnliche, wenn nicht gleiche Zustände auszulösen, ermöglichen uns die LSD-Drogen Mobilisierung und Erforschung solcher Veränderungen, so daß sie zur Korrektur bestimmter abnormaler Gegebenheiten eingesetzt und so das individuelle Leben reicher, erfüllter und wirkungsvoller werden lassen können.

Die bahnbrechende Forschung von Hoffer und Osmond bei Alkoholikern zeigte, daß eine starke LSD-Dosis, wenn sie zu einem transzendenten oder „psychodelischen" Ergebnis führte, wirksam zur Abstinenz beitrug. Ohne eine solche Erfahrung war die Behandlung jedoch nicht erfolgreicher als die mit anderen Methoden.

Weitere Studien scheinen diesen Schluß zu unterstützen. Es

---

[28] Stanislav Grof, „Representing Clinical Condition of Subjects in Free Intervals Between Sessions in Successfull Psycholytic Treatment with LSD". Benutzt mit Zustimmung des Autors.

gibt Hinweise darauf, daß das entscheidende Agens die religiöse Erfahrung ist, wie immer auch sie zustande kommen mag. Die Drogen dienen einfach als Werkzeuge, als Auslöser, allerdings als sehr wirksame Auslöser dieser Erfahrung. Obwohl die Untersuchungen bei kriminellen Psychopathen weniger zahlreich sind, besteht guter Grund für die Annahme, daß bei ihnen dasselbe gelte. Wir wiesen dann hin auf den Wert des LSD zur Linderung der Schmerzen bei unheilbarem Krebs und zur Stimulierung dramatisch verbesserter Todeseinstellung bei vielen Patienten.

Schließlich wurde unter Bezugnahme auf die Forschungen Grofs in der Tschechslowakei eine Reihe von LSD-Untersuchungen im Bereich der Geisteskrankheiten dargeboten. Grofs Forschung bietet gewaltige Möglichkeiten zum Studium der Struktur des Unbewußten und unterstützt auf verschiedenen Ebenen die Theorien Freuds, Ranks und Jungs. Was Grofs Untersuchungen für dieses Kapitel so wichtig macht, ist der Sachverhalt, daß er die Erfahrung des Ich-Verlusts mit der darauf folgenden „Tod-Wiedergeburt"-Erfahrung als die entscheidende Episode und das Ziel der LSD-Therapie aufgewiesen hat. Diese Erfahrung ist vielfältigen klassischen religiösen Erfahrungen parallel. Es ist bezeichnend, daß nicht nur bestimmte Psychotiker zur Normalität geführt werden können, sondern daß Psychotiker, Neurotiker und Normale sich auf eine Ebene verbesserter Lebensverläufe heben lassen, die ihnen bis dahin unbekannt gewesen ist. Solche Ergebnisse erfordern kritische, aber auch aufgeschlossene Prüfung, weil sie die Psychotherapie bereichern und einen Beitrag leisten können zu einer Theorie der Persönlichkeit.

8. DROGEN UND VERANTWORTUNGSBEWUSSTE RELIGIOSITÄT

> Das ist das weiselose Wesen, das alle innerlichen
> Geister über alle Dinge haben erkoren.
> Das ist die dunkle Stille, darin alle Minnenden
> sind verloren.
> Würden wir uns so in Tugenden bereiten,
> Wir müßten uns schier des Leibes entkleiden.
> Und würden uns verlieren in wilde Meereswogen,
> Nimmermehr von Kreaturen angezogen.
>
> *Jan van Ruysbroec*[1]
>
> An ihren Früchten sollt ihr sie erkennen.
>
> *Jesus von Nazareth*[2]

Kehren wir zu einigen der im Anfangskapitel in der Diskussion über Religion und Ekstase aufgeworfenen Fragen zurück. Dort hatten wir festgestellt, wenigstens drei bedeutende Strömungen in den Äußerungen moderner westlicher Religiosität gelte es zu verstehen und zu koordinieren. Die charakteristische Betonung der *Rationalität* äußert sich in einem wachsenden Interesse an der Theologie und in Bemühungen, religiöse Auffassungen mit naturwissenschaftlichen Ergebnissen zu koordinieren. Bemühungen in Richtung auf die *Säkularisierung* äußern sich in der „Tod-Gottes"-Bewegung, auch in dem Drängen, Religion müsse „an die Zäune und Plätze" gehen, habe sich der Politik, der Sache der Menschenrechte und der Linderung des Leides anzunehmen. Und als Drittes hatten wir — innerhalb und außerhalb institutionaler Religion — eine vielgestaltige *Rückkehr zu innerlichem Leben* beobachtet.

In diese letzte Richtung gehören religiöse Äußerungen von Menschen, die psychodelische Mittel nehmen. Gegebene Parallelen sind der Zen-Buddhismus und das „Sprechen in Zungen"; bei den Quäkern ist es die Betonung des „Inneren Lichtes", bei

---
[1] Johannes van Ruysbroec, 158 f.
[2] Mt 7, 16.

den Anhängern Swedenborgs die „Mystik", während unter Juden die chassidische Tradition eine bescheidene Wiederbelebung erfährt. In der katholischen Kirche ist das kontemplative Leben nie ganz verschwunden. Der mystische Strom in ihr ist ihr eine bedeutsame Quelle geistiger Kraft gewesen, die entscheidend zu der erstaunlichen Standfestigkeit der Kirche beigetragen hat. Kontemplative Orden, wie die Zisterzienser, waren Bewahrer dieser Werte. Das Leben des kürzlich gestorbenen Thomas Merton und die weite Aufnahme seiner Schriften zeigen das neue Interesse an der Mystik unter Katholiken an, das zum Samenkorn für weiteres Wachsen werden könnte.

Unter den aus dem Osten kommenden Einflüssen ist der Zen-Buddhismus nicht der einzige gewesen. Der verstorbene heiligmäßige Swami Akhilananda war bei vielen Christen beliebt, während die von ihm repräsentierte Vedantabewegung in vielen Ashrams einflußreich gewirkt hat. Mehrere „Botschafter" spezifischer Religiosität aus dem Osten, besonders aus Indien, haben auf viele einzelne Einfluß ausgeübt, der von „außerordentlich oberflächlich" bis „sehr tiefgehend" zu bewerten ist.

Deshalb wird sich das, was ich über die mit chemischen Mitteln freigelegten Bewußtseinszustände und über verantwortungsbewußte Religiosität zu sagen habe, in gewissem Maße auf alle diese Bewegungen mitbeziehen, wird sie teilweise als Vergleichshintergründe sehen, wird verschiedene Daten herausheben und auf Dilemmas hinweisen, denen sich zu stellen Religion heute nicht versäumen darf.

Das Problem der Mitteilung von ekstatischen Erlebnissen:

Mystik und religiöse Ekstase tragen in sich eine subjektive Wahrnehmung von außerordentlicher Klarheit und Lebendigkeit. Manchmal sind die sie begleitenden Visionen Träger einer Bedeutung, die sich anderen im Wort mitteilen läßt; häufiger aber erscheint es als unmöglich, die subjektive Erleuchtung angemessen mitzuteilen. Propheten und Mystiker werden deshalb leicht für bewußtseinsgetrübt, wenn nicht gar für schwachsinnig oder wahnsinnig gehalten. Sogar der Mystiker selbst mag an der Gewichtigkeit seiner Vision zweifeln und „aufgeben", wenn er auf Schwierigkeiten der Begriffsfindung stößt. Er ist gezwungen, auch zu sich selbst in Rätseln zu sprechen, und er muß Dichter werden, um überhaupt reden zu können. Aufgefordert zu einer Schilderung Gottes, mag er dann, statt nach Theologenart eine Reihe von Attributen aufzuzählen, vielleicht von jener „dunklen Stille" sprechen, „darin alle Minnenden sind verloren".

Der Mystiker wird empfinden, in zwei Welten zu leben. Dann fragt er sich, welche Welt die wirklichere sei: die außen, die sich schön klar beschreiben läßt und die die Mitmenschen so bereitwillig ergreifen, oder jene subjektive, innerliche Welt, die seinen Sinn gefangen hält und einen neuen Menschen aus ihm werden lassen möchte. Folgt er dieser innerlichen Welt, wird er weit fortgetrieben von den vertrauten Plätzen seiner Sinne und seiner Mitmenschen. Aber er mag in der Tat fühlen, daß er im Gehorsam gegen sein „himmlisches Gesichte" Vater und Mutter und Frau und Kinder zurücklassen und sich „in wilde Meereswogen" hinein verlieren muß, „nimmermehr von Kreaturen angezogen".

Vor dieser Art von Dilemma stehen oft Menschen, die LSD eingenommen haben, was teilweise erklärt, warum viele es so gefährlich finden. Ein Beispiel wirklich physischer Gefahr findet sich im letzten Kapitel von Timothy Learys *High priest* an der Stelle, wo von einer wilden Autojagd berichtet wird, auf der es plötzlich als reizvoll empfunden wurde, eine Klippe einfach umzufahren. Aber das Dilemma ist uralt und wird in anderer Form in Platons Höhlengleichnis ins Bild gebracht.

Die Strömung des Quietismus:

Ein verwandtes Problem besteht darin, ob jemand die ekstatische Schau, das Zusammentreffen mit Gott, als ein Ziel in sich selbst oder nur als Mittel zu einem Leben in Gerechtigkeit und guten Werken ansieht. Das Problem erinnert an das Argument des *l'art pour l'art*. Es ist alt und im Osten wie im Westen mit unterschiedlicher Betonung abgehandelt worden. Im allgemeinen wurde in der westlichen Religiosität beklagt und manchmal hart verworfen, was in der katholischen Tradition des siebzehnten Jahrhunderts als die Häresie des Quietismus bezeichnet wurde. Aber die Verwerfung der Mystiker Molinos, Fénelon und Madame Guyon hat den Strom nicht einfach zum Stillstand gebracht. Immer noch ziehen ihre Schriften katholische und nichtkatholische Leser an. Zweifellos hat ihr Antiklerikalismus großen Anteil an ihrer Verwerfung gehabt.

Nichtsdestoweniger haben einige wirklich fromme Kontemplative in ihren Schriften von der Seligen Schau geschrieben, als wäre sie völlig von einem Leben charismatischer Liebe getrennt. Das Charisma des Franz von Assisi hingegen rief eine Nachfolgerschaft auf, deren Leben völlig vom Mitleid gezeichnet war, und Antonius, einer der strengsten Mystiker, brach nach vielen Jahren einsamer Meditation zum Dienst an den Mitmenschen auf, als die politische Situation nach seiner Hilfe rief, und er ging dann zu seiner Betrachtung zurück, als die Zeiten ruhiger geworden waren[3].

Die katholische Kirche hat die Konformität mit der christlichen Lehre in Wort und Tat als eines der Kriterien für Heiligkeit erklärt, und sogar ein für häretisch erklärter christlicher Mystiker wie der große Meister Eckhart hat Taten der Barmherzigkeit weit über das egoistische Sich-Erfreuen an der Gegenwart Gottes gestellt. Er schreibt: „Und wäre der Mensch in Verzückung wie St. Paulus und wüßte einen Kranken, der eines Süppleins von ihm bedürfte, ich hielte es für viel besser, du ließest aus Liebe die Verzückung fahren und dientest dem Bedürftigen in um so größerer Liebe."[4]

Auch von Buddha heißt es, daß er auf Nirwana verzichten wollte, bis durch seine Anstrengungen allen Menschen Erleuchtung gebracht wäre.

Wir leben in zwei Welten, einer des praktischen Lebens, einer des Metaphysischen, die der religiöse Gläubige „Welt des Geistes" nennen mag, deren Quelle durch den Namen Gottes gezeichnet ist. Es läßt sich nicht lange nur in der praktischen Welt der Sinne leben, besonders wenn Schwierigkeiten und Tragödien sie bedrängen, ohne daß die Frage nach dem Sinn der Existenz sich aufdrängte. Ein dauerhafter Halt läßt sich nicht begründen ohne eine Beziehung zum „Metaphysischen", zum Geheimnis,

[3] Ein lebendig geschriebener Bericht über Antonius befindet sich in: Fülöp-Miller, *The Saints That Moved the World*, New York, deutsch: *Die die Welt bewegten*, Salzburg 1951.
[4] *Meister Eckehart spricht. Gesammelte Texte mit Einleitung* von Otto Karrer, (Via Sacra, Bd. 6), München 1925, 143 f.

das der seltsamen Reise zwischen Geburt und Tod einen Sinn verleiht. Der beste Ausweis für den praktischen Menschen, daß „etwas Gutes an der Religion dran sein mag", ist eine intensive Erfahrung Gottes, „der letzten Wirklichkeit", des „Nirwana", eine Erfahrung, die ihm bestätigt, daß das Leben letzten Endes doch lebenswert ist. Mehrere mir bekannte Personen wurden durch religiöse Erfahrung — einige darunter von durch Drogen freigesetzter religiöser Erfahrung — vom Selbstmord zurückgehalten, weil sie überraschend einen Lebenssinn fühlten, der über alles ihnen bis dahin Bekannte weit hinauswies.

Der religiöse Mensch, dieser Bürger zweier Welten, muß einen Weg finden, der beide Welten versöhnt. Die eine Welt verlangt gebieterisch nach Beachtung des leiblichen Lebens und ähnlicher Bereiche, nach rationalen und kritischen Erklärungen, nach religiösen Institutionen und „guten Werken"; die andere beschert das innere Reich der Schau. Monastische und utopische Kommunitäten vieler Kulturkreise haben sich die Herstellung einer Balance zwischen dem Praktischen und der Erfahrung des Letzten zur Aufgabe gemacht. Die kürzlich entstandenen „Hippie"-Gemeinschaften, von denen viele zumindest ihren Ansatz den psychodelischen Mitteln verdanken, lassen sich als eine monastische Bewegung unserer Tage betrachten. Einige stellen bewundernswerte soziale Versuche dar. Andere wirken unehrlich und verantwortungslos. Die meisten sind eine Mischung beider Typen, und nur wenige sind alt genug, um sehr genau beurteilt werden zu können[5].

Viele verantwortungsbewußte Menschen sind schockiert von dem Anspruch der Hippies, „auszusteigen". In der Praxis hat dieses „Aussteigen" eine Fülle von Bedeutungen. „Aussteigen" kann zu einer gesunden und heilsamen Klärung führen, kann ein Weg zu geistiger Erneuerung, kann aber auch Absage an jede Verantwortung und Anstrengung werden. Auch die Sabbatruhe war, zumindest theoretisch, so etwas wie ein wöchentliches „Aussteigen" aus der Alltagsaktivität zum Zwecke der Reflexion und der geistigen Erneuerung. Eine ähnliche periodische Ruhe von den Geschäften, Staatsgeschäften, verordnete Platon den Wächtern in der *Politeia*, damit sie sich an der „Süßigkeit der

[5] Siehe R. Houriet, „Life and Death of a Commune called Oz": *New York Times Magazine*, 16. Februar 1969.

Philosophie"⁶ zu laben vermöchten. Ein moderner Kommentator, Eric Erikson, spricht davon, daß ein „psycho-soziales Moratorium" für den Jugendlichen wünschenswert sei, damit er seine Identität meistere, um sich selbst zu entdecken und ganz Mensch zu werden.

Manch ein Hippie oder Hippie auf Zeit hat seinen Aufenthalt in einer Gemeinschaft von „Ausgestiegenen" mit Nutzen verbracht. Allerdings gibt es kein allgemein anwendbares Prinzip, nach dem sich ausmachen ließe, wer von solcher Erfahrung Nutzen und wer Schaden habe. Wenn einer dem Vorwurf des Quietismus entgehen will, wird er sich früher oder später zur Rechtfertigung seiner Abkehr bewogen fühlen, sowohl vor sich selbst als vor der Gesellschaft, der er ja angehört. Ich möchte hier jedenfalls beide Seiten der Medaille vorweisen und betonen, daß jeder sich der Gefahr unverantwortlicher Abkehr und Flucht bewußt sein sollte, der die Drogen erprobt.

Zu einem Teil liegt die Problematik im populären Mißverständnis der „sofortigen Mystik" begründet. Noch immer virulenter Calvinismus runzelt die Stirn über alles, was sich mühelos erreichen läßt. Leute, die im Traum nicht daran denken würden, sich der harten Probe der Droge zu stellen, idealisieren einen zwanzigjährigen Klosteraufenthalt oder eine ähnliche Anstrengung zum einzig angemessenen Weg zu wahrer Erleuchtung. Solche Menschen vergessen das zentrale theologische Thema der Gnade, die dem gewissenhaften religiösen Menschen, der sich der schrecklichen und staunenerregenden LSD-Erfahrung unterzogen hat, eine Wirklichkeit ist. Manche von Gottes Gaben kommen unerbeten und unverdient, zum Beispiel die dem Paulus auf der Straße nach Damaskus gegebene oder die dem schon erwähnten Häftling im Gefängnishospital zuteil gewordene Erscheinung Christi. Die harte Arbeit kommt *nach* Erkenntnis und Annahme der Gabe. Einige solcher Gegebenheiten hat Rabbi Zalman Schachter in den Reflexionen über seine LSD-Erfahrungen in Metzners *The Ecstatic Adventure* diskutiert.

Aber auch das ist wahr, daß die Betonung von Aktivität und guten Werken in westlicher Religiosität ein heilsames Hemmnis für extremen Subjektivismus und die Vernachlässigung sozialer

---

⁶ Platon, *Der Staat*. Deutsch von August Hornetter, Stuttgart 1955, 208.

Gerechtigkeit ist, wie sie in manchen Formen östlicher Religiosität anzutreffen sind. Eckharts Forderung, der Mystiker habe seine Schau Gottes hintanzustellen, wenn der Nachbar seiner bedürfe, ist ein bezeichnender Fall. Außerdem mag man sich fragen, ob es für den westlichen Menschen gut wäre, sich von der Tradition völlig abzukehren, in der er doch wurzelt. Auch wenn sie oft in gewissem Ausmaß als wünschenswert erscheinen, lassen sich in vielen oberflächlichen Konversionen Warnzeichen entdecken. Doch ist es nicht schwer, den durch die psychodelischen Mittel ausgelösten Erfahrungstypus in den Glauben der Quäker zu übertragen oder in die große mystische Tradition der katholischen Kirche, in den Chassidismus, in den Moslem-Sufismus. Zuerst ist erforderlich ein aufgeschlossenes, aber kritisches Studium der Sachverhalte, dann der Mut zum Experiment.

Man mag sagen, der geschäftige Weltmann habe für gewöhnlich keine Zeit für das anstrengende Abenteuer des Geistes in Meditation und Askese. Kann dann der schnellere Weg vielleicht zwar nicht dasselbe sein, aber doch seine Dienste tun, wenn ein Mensch empfindsamer wird für geistige Einsichten; wenn er hineingeführt wird in ein größeres, erfüllteres Leben geistiger Bindung. Ob es sich mit einer beträchtlichen Anzahl von Drogennehmern so verhalte oder nicht, kann nicht auf Grund einer apriorischen Annahme, sondern nur durch weitere sorgfältige Prüfung der tatsächlichen Ergebnisse entschieden werden. Wie schon erwähnt, scheint dies bei der *Native American Church* der Fall zu sein. Es mag sein, daß die lange ausgebeuteten Indianer Böses mit Gutem vergelten, indem sie dem modernen Amerika Belehrung und Beispiel bieten.

Das Problem der Institutionalisierung:

Es gehört zu den Charakteristiken ekstatischer Religion, daß der Mystiker oder Ekstatiker sich jenem gewaltigen Brausen offenhalten muß, das ihn mit Geheimnis und heiliger Schrecknis erfüllt, auch wenn er sich dabei bedroht fühlen mag. Der gute Leiter einer psychodelischen Sitzung wird daher den Patienten unterstützen und ihn ermutigen, seine Abwehrhaltung aufzugeben, sich zu entspannen und sich von der Erfahrung ergreifen zu lassen. Solche Haltung erfordert vom Leiter beträchtliche Erfahrung und sogar Mut. Die Offenheit zum *mysterium tremendum* hin eröffnet einen Raum der Freiheit, der in andere Sphären der Religion hinüberreicht. Daher haben Mystikergruppen noch nie zu einer besonderen Fügsamkeit gegenüber kirchlicher Disziplin geneigt. Ob der Mystiker das Ziel gesteigerter Wirksamkeit nun in der organisatorischen Verbindung mit anderen Mystikern oder in einer Form transzendenter Gemeinschaft erblickte, jedenfalls entwickelte sich das Bedürfnis einer Kooperation, die am Anfang der meisten etablierten Glaubensformen stand. Selbst die Zwölf hatten schon einen Kassenverwalter.

Es gibt weitere zwingende Gründe für die Kanalisierung ekstatischer Energien. Ich sprach schon von der Notwendigkeit eines Ausgleichs zwischen rationalen und nichtrationalen Funktionen des religiösen Bewußtseins, wenn ein religiöser Ausbruch Erfolg haben soll. Eine geeignete Institution kann durch ihre Lehre die durch die Ekstase aufgerufenen Impulse in schöpferische Kanäle leiten. Nicht geleitete, zu oft wiederholte Ekstase dagegen kann zu einer Sensationsorgie absinken, die keinem dient.

Man mag fragen, ob die durch die Drogen freigesetzte Ekstase institutionalisiert werden *könne*. Die Antwort lautet: Bei den Indianern der oben erwähnten *Native American Church* ist das geschehen. Zwar ist diese locker organisiert, aber die den sakramentalischen Genuß des Peyote umgebenden Zeremonien sind wohlgeordnet, wie es das Verhalten der Anhänger ist, die zu den Pflichten harter Arbeit, familiärer Verantwortlichkeit und der Alkoholabstinenz angehalten werden. So bietet die Gemeinschaft einen Rahmen, innerhalb dessen die freigesetzten nichtrationalen Energien eingesetzt werden zum Kampf gegen die Schwächen des einzelnen. Jeder solchen Gemeinschaft würde ein ähnlicher Rahmen ebenso nützlich sein. Auf den Einwand, daß jeder Psychodeliker bald „institutionalisiert" sein würde und daß daher ein neuer Weg zur Ekstase zu suchen sei, wie Dr. Leary meint[7], läßt sich erwidern, daß die Umstände dieser nichtrationalen Erfahrung fast schon den Weg in eine Gemeinschaft weisen.

Wenn die Drogen überhaupt in einer Gemeinschaft Verwendung finden sollen, müssen sie sparsam eingesetzt werden, wie

---

7 T. Leary, *High Priest*, 323.

das in der *Native American Church* geschieht. Jede religiöse Institution, die sie benutzt, wird auch an andere Wege zur Spiritualität erinnern müssen, auch wenn sich die Drogen für *einzelne* als der *beste* Weg erweisen sollten. Das einzige, dessen wir uns in diesem Punkte im Augenblick sicher sein können, ist dies, daß für manche Menschen in bestimmten Verhältnissen die Drogen eine bedeutsame Funktion ausüben können. Eine Organisation, die die Verantwortung auf sich nähme, fähige, kompetente Menschen mit der Verwaltung und der Verabreichung der psychodelischen Drogen zu betrauen, würde eine Funktion ausüben, die ihr zur Zeit keine andere Organisation streitig machte. Gleichzeitig würde den Mitgliedern die Ausübung des verfassungsmäßigen Rechts zur religiösen Verwendung dieser Drogen ermöglicht. Sie müßte sich allerdings dafür verbürgen, der Öffentlichkeit eine Gewähr dafür zu geben, daß es zu keinerlei sozial schädlicher Verwendung der Mittel käme.

Diejenigen, die ihre Informationen über die Drogen hauptsächlich aus erregten Berichten der Nachrichtenmedien oder den Warnungen schlechtinformierter Psychiater bezogen haben, mögen fürchten, daß eine Gemeinschaft durch die Freigabe psychodelischer Drogen nur eine Massensüchtigkeit heraufbeschwören würde. Zur Stützung der Überzeugung, daß dies nicht geschehen würde, ist auf die *Native American Church* zu verweisen. Dabei muß ich wiederholen, daß bisher keine Hinweise für eine Suchtgefahr — bei den psychodelischen Mitteln — überhaupt vorliegen. Für gewöhnlich sind die zu religiösem Zweck verwendeten Drogen einfach Mittel, Menschen sich ihrer religiösen Potenz bewußt werden zu lassen, um sich dann bewußt der großen Überlieferung der Propheten, Heiligen und Martyrer zu verbinden. Auf diesem Weg finden sie dann den Sinn dessen, was ihnen bislang oft nur leere religiöse Phrase gewesen ist.

Nach einem solchen Durchbruch werden die Drogen dann einen weniger zentralen Platz in ihrem Leben einnehmen[8]. Zu dieser Neigung neigen viele von Dr. Learys früheren Mitarbeitern wie zum Beispiel Dr. Richard Alpert.

---

[8] Dr. William H. McGlothlin von der University of California in Los Angeles arbeitet an einer Studie über ehemalige LSD-Nehmer. In einer Unterhaltung hat er von dem gleichen Trend gesprochen, wenngleich seine Untersuchung noch nicht abgeschlossen ist.

Es trifft nicht zu, daß diese Menschen bedauerten, die Drogen überhaupt je genommen zu haben. Formell und informell habe ich an die 300 Verwender psychodelischer Mittel weiter beobachtet. Von ihnen hat gut die Hälfte die Hauptwirkung der Drogen als religiöse Wirkung erlebt. Keiner von ihnen hat auf genaue Fragen nicht wenigstens von einigen Elementen tiefer religiöser Erfahrung berichtet. Bis jetzt habe ich noch nicht einen einzigen gefunden, der die Einnahme der Drogen eindeutig bedauert hätte, obwohl eine Anzahl von ihnen keine Drogen mehr nimmt[9]. Diese Tendenz charakterisiert auch viele der verantwortungsbewußten utopischen Kommunitäten, in denen die Drogen früher eine größere Rolle gespielt haben, z. B. die *United Illuminators*, eine sehr schöpferische Gemeinschaft mit dem Zentrum in Fort Avenue Terrace in der Roxbury Section in Boston. Sie geben die Zeitschrift *American Avatar* heraus, die nicht mit *Avatar* identisch ist, von der sie sich getrennt hat. *American Avatar* ist ein Anhaltspunkt für die Qualität dieser Gemeinschaft.

Quellen der Religiosität:

Wenn der Gründer eines Sportvereins die in der natürlichen Freude am wettkämpferischen Messen der körperlichen Geschicklichkeit liegenden Quellen unbeachtet ließe, wäre er unfähig zu einer dauerhaften Gründung. Und eine Universität, welche die im beglückenden Miteinander erleuchteter Geister und lernbegieriger Jugend liegenden Quellen der Gelehrsamkeit vernachlässigte, würde von Mittelmäßigkeit und Studentenunruhen bedroht. „Laßt mich die Lieder der Nation dichten", hat Robert Burns gesagt, „dann sorge ich mich nicht darum, wer ihre Gesetze macht". Eine große Nation braucht Poesie und Passion nicht weniger dringlich als ihr Bürgerliches Gesetzbuch.

---

[9] Diese Aussage wird durch eine mündliche Befragung von etwa 200 Personen und durch über 100 Fragebögen erhärtet. Einer bedauerte, die Drogen genommen zu haben, stellte dann aber fest, daß er durch sie keinen Schaden erlitten habe, jetzt aber Alkohol konsumiere. Ein anderer, der einen ernsthaften Zusammenbruch erlitten hatte, würdigte die Wirkung der Drogen; sie hätten ihm geholfen, sich seinen Problemen zu stellen. Sein Fall war der einzige, der ausgedehnte Krankenhausbehandlung erforderlich machte.

Ähnlich wäre es mit einer Kirche, die die Quellen der Religiosität in den nichtrationalen Funktionen des Unbewußten vernachlässigen würde: Frucht solcher Einstellung würde fortschreitende Verknöcherung sein. Es gibt Kirchenstrukturen, die in ihrem Machtdurst kraft- und harmlos oder auch dämonisch anmuten können. Verantwortungsbewußte Religion wird sich selbst ekstatischer Erneuerung stellen, eingedenk jener Rolle, welche die aus Ekstase geborene Leidenschaft in frühen Phasen religiöser Bewegungen gespielt hat.

Der LSD-Gebrauch ist besonders in religiöser Umgebung mit Unterstützung eines kompetenten Leiters ein geeigneter Weg, tiefverschüttete Quellen religiösen Lebens zum Sprudeln zu bringen und Perzeptionen freizusetzen, die Empfindungen heiligen Schreckens, der Freude, des Staunens, des Friedens und der Liebe aufrufen. Manchmal allerdings erscheint auch ein Spuk des Schreckens, der Selbstanklage, der höllischen Quälereien, des Wahnsinns und des Todes, so daß es eines starken Herzens und eines tapferen Leiters bedarf, um sich spirituell gefestigt und nicht zerschlagen von dieser „Reise" zu erheben. Auf solcher Wanderschaft offenbart sich die Nähe zum Dichter, zum Musiker, zum Künstler und vielleicht auch zu den großen Wanderern im Geiste, die sowohl Mystiker als auch Naturwissenschaftler und Philosophen waren. Diese leidenschaftlich Wandernden waren es, die die Religion in Atem hielten, damit sie nicht zu jenem saft- und kraftlosen Schemen würde, als das manch respektabler Sonntagsgottesdienstbesucher sie erleben mag.

Manche stehen erschrocken vor jener Tiefe des Unbewußten, in der die Wurzeln religiösen Lebens liegen. Das ist ein Grund dafür, warum die Versuchung psychodelischer Drogen Furcht hervorruft. Ungebrochenen Mutes erkundet der Mensch die Tiefen der Ozeane, erklimmt er die schwindelnden Höhen schneebedeckter Gipfel, durchdringt er das Dunkel der Arktis, wagt er sich in die Unermeßlichkeit des Raumes — und erringt sich einmütige Zustimmung. Tritt er aber die Fahrt in den „Weltinnenraum" an, fährt er leicht in Schrecken zurück vor solchem Raum, und läßt er nicht ab von solcher Fahrt, wird er verächtlich „Narr" genannt oder wegen seiner „Nabelschau" verspottet. Und dabei hat schon Augustinus gesagt: „Und die Menschen gehen hin und bewundern die Bergesgipfel, die gewaltigen Meeresfluten, die breit daherbrausenden Ströme, des Ozeans Umlauf und das Kreisen der Gestirne und vergessen darüber sich selbst."[10] Eine verantwortungsbewußte Religion darf diese Quelle des Staunens nicht verstopfen, denn in diesem Staunen ergreift uns letztlich eben Gott selbst.

Schrecken und Freude und die Wagnisse des religiösen Lebens sind in gewisser Weise diesem Leben untrennbar verbunden. Während der Mensch fast jeder offen zutage liegenden Gefahr tapfer ins Auge sieht, nähert er sich der inneren Landschaft mit Furcht und Zittern. Nicht so sehr die statistische Chance des Fehlschlags beim Gebrauch psychodelischer Mittel durch Unberufene ruft Hexenjagd und Gezeter hervor, es ist vielmehr die Furcht vor dem Unbekannten, vor „den verschwimmenden Formen und den kriechenden Gestalten unter den Wassern des Schlafes", die den normalen Menschen, gebildet oder ungebildet, so erschrecken.

Das soll keine Leugnung gegebener Risiken sein, aber es gilt, diese angemessen einzukalkulieren, um dann den Mut im Rahmen des kalkulierten Risikos aufzubringen. Solches Handeln ist allemal entscheidender Faktor wissenschaftlichen Fortschritts gewesen, und auch hoher Religiosität war es immer vertraut, ob dabei psychodelische Drogen im Spiel waren oder nicht[11]. Solche Religiosität ist die einzige, der die Mutigen ihren Respekt zollen, und die einzige, die heute zu wirken vermag. Zu einem guten Teil wird den Versuchen mit psychodelischen Mitteln deshalb die Zustimmung verweigert, weil angesichts dieses Unbekannten die Nerven versagen.

Die Alten haben schon gewußt, daß mit der ekstatischen religiösen Erfahrung Risiken verbunden waren. Doch sie entdeckten auch, wie oft der solchen furchtbaren Abenteuern sich Stellende diesen Gefahren entging und ein neuer Mensch wurde. Ähnlich ist der beharrliche Erforscher psychodelischer Drogen weniger über ihre Gefährlichkeit als über ihre relative Sicherheit er-

---

[10] Augustinus, *Bekenntnisse*, eingeleitet und übertragen von Wilhelm Thimme, Zürich und Stuttgart 1950, 256.
[11] Studien von Father T. V. Moore erwiesen schon vor einer Generation, daß das Risiko von Geisteskrankheiten unter Klosterleuten größer war; „Insanity in Priests and Religious": *American Ecclesiastical Review* (1936), 485—498.

staunt[12]. Diese Phänomene lassen sich mit den Berichten der Alten vergleichen, die Reisen in Unterwelt und Hölle beschrieben haben; beachtenswerterweise waren es immer mit Mut und einem zuverlässigen Führer unternommene Reisen, von denen der Reisende fast immer unversehrt und weiser zurückkehrte.

Warum solche Feuertaufen so relativ sicher verlaufen, wird sich nicht sagen lassen, bevor die Wissenschaft um ein Beträchtliches tiefer in die geheimnisvollen Abgründe des Geistes vorgestoßen sein wird. Bisher sind wir auf Intentionen und Vermutungen angewiesen, und die besten Spekulationen stammen von jenen, die sich selbst der Wirkung der psychodelischen Mittel unterzogen und jene — einerlei wie phantastischen — Theorien konzipiert haben, die ihnen als Erklärungen solch seltsamer Abenteuer erscheinen. Führender Theoretiker bleibt Dr. Timothy Leary, der — allen gegenteiligen Äußerungen zum Trotz — sowohl ein brillanter wissenschaftlicher Theoretiker als auch ein Dichter und Mystiker ist. Darüber hinaus ist er — anders als die meisten seiner Kritiker — wie William James wirklich „dort gewesen". Er glaubt, die lange Geschichte der menschlichen Rasse habe durch DNA und RNA jene akkumulierte Weisheit in unsere Gene gelangen lassen, die es dem Menschen ermögliche, „seinen Zellen zu trauen"; die den Menschen zu seinem sicheren Hafen bringen werde, mit oder ohne Ekstase und ob diese dem Himmel oder der Hölle entstamme. Dem „Tod des Ego" folgt die Wiedergeburt[13].

Das Geschrei der wissenschaftlichen Kritiker der psychodelischen Drogen zielt darauf, wir wüßten nicht, wie sie wirkten. Das

---

[12] Siehe S. Cohen, „LSD: Side Effects and Complications": *Journal of Nervous and Mental Disease*, 130, 30—40, zum Vorkommen von Psychosen und Selbstmorden in Experimentierprogrammen. Eine Funktionärin der psychologischen Abteilung der *Haight-Ashbury Medical Clinic* erzählte mir, daß sie in ein bis zwei Jahren nur von zwei LSD-Nehmern erfahren habe, die Krankenhausbehandlung gebraucht hätten. Sie schätzte, unter 500—1000 Hilfesuchenden sei einer, der ins Krankenhaus müsse. Zweifellos ist dieses günstige Ergebnis zu einem guten Teil das Verdienst des tüchtigen klinischen Personals, aber es rückt doch die Stories der Antidrogenpropaganda zurecht, auch wenn LSD, wie das in Haight-Ashburry der Fall ist, nur gelegentlich genommen wird. Allerdings sind sorgfältige Studien auf diesem Gebiet dringend erforderlich.
[13] Zu diesen Theorien siehe T. Leary, *High Priest*, oder besser *The Politics of Ecstasy*, 136.

schließt die Forderung ein, sie sollten nicht verwendet werden, ehe alles über sie bekannt sei. Nie aber werden wir alles über sie wissen, ebensowenig wie wir je wissen werden, wie sich *English roast beef* und schlichtes Gartengemüse, von Shakespeare verzehrt, in seinen *Hamlet* umgesetzt haben oder wie sich ein Regenwurm in den Gesang des Vogels verwandelt. Ohne Zweifel waren die Freunde bekümmert, wenn sie „des Dichters Aug', in schönem Wahnsinn rollend", sah'n[14]. Aber gewisse Dinge, die die Menschen schätzen gelernt haben, die wir in der Tat verehren, können nicht von außerhalb der Ekstase kommen. Glücklicherweise stand kein Vertreter der *American Medical Association* neben Sokrates, Moses, Gautama, Franziskus, Paulus und Jesus, als der Geist in sie fuhr. Vielleicht wird die Zeit kommen, da wir ähnliches gegenüber Timothy Leary empfinden mögen.

Wir sollten allerdings sorgfältig jene beobachten, die die Drogen nehmen, sei es aus religiösen oder anderen Beweggründen, und wir sollten ebenso aufgeschlossen wie kritisch eingestellt bleiben. Wenn institutionale Religion sich nicht sicher genug wäre, den durch Drogen freigesetzten Strömen ins Angesicht zu sehen: hätte sie dann nicht jene Verachtung verdient, mit der viele Idealisten der aufbrechenden Generation sie betrachten? In solchen Dingen muß eine verantwortungsbewußte religiöse Institution bei wohlbezeugten Berichten über drogenverursachten physischen oder psychischen Schaden auf der Hut bleiben, diese Information auf ihre Sollseite setzen und die Risiken abwägen.

Kirche wie Psychiater müssen hier einfach pragmatisch sein. Freilich werden sich die Werte, Normen und Methoden religiöser Menschen in gewisser Hinsicht immer von den Vorstellungen der Psychiater unterscheiden. Religion, die sich der Psychiatrie auslieferte, wäre nicht länger mehr Religion. Doch beide, Religion und Psychiatrie, sind sich darin einig, daß sie minutiöse mechanische Erklärungen ablehnen und der allgemeinen Regel folgen: „An ihren Früchten sollt ihr sie erkennen!" So können Religion und Psychiatrie gewiß aufeinander zugehen. Am deutlichsten ist ihre Nähe in jenen Bereichen, von denen gezeigt wurde, daß profunder religiöser Erfahrung oft die besten therapeutischen

---

[14] William Shakespeare, *Ein Sommernachtstraum*. Nach der Schlegel-Tieckschen Übersetzung neu bearbeitet von Julius Bab und Dr. L. Levy, Stuttgart, Berlin, Leipzig, Bd. 3.

Ergebnisse folgen, was durch Kriterien festzustellen ist, die in der Psychiatrie anerkannt sind.

Die Rolle des LSD bei solcher Beweisführung ist im vorigen Kapitel aufgezeigt worden.

Gefahren der LSD-Droge:

Wie bereits angedeutet, erfordert es jede verantwortungsbewußte Anwendung der psychodelischen Drogen, offen den Gefahren ins Auge zu sehen. Die umfassendste mir bekannte Studie über unerwünschte Nebenwirkungen dieser Drogen wurde 1960 von Dr. Sidney Cohen publiziert[15]. Vierundvierzig mit LSD Experimentierende gaben 25 000 Dosen der Droge an 5000 Personen, sowohl Normale als auch psychiatrisch Kranke. Unter den Normalen gab es keinen Selbstmord, und weniger als eine Verabreichung von tausend führte zu psychotischen Reaktionen, die länger als achtundvierzig Stunden anhielten. *Eine* Einnahme unter 2500 schloß einen Selbstmord ein, der in gewissem Grad LSD zuzuschreiben war. Allerdings sind diese Zahlen von Experimentierenden berichtet worden, die Erfahrung im Gebrauch der Droge haben. Auch wenn keine exakten Zahlen vorliegen: die unverantwortliche Anwendung der Droge wird sicher viel häufiger zu unerwünschten Nebenwirkungen führen.

Ein anderer gegen das LSD erhobener Vorwurf besagt, es verursache Gehirnschäden und „reduziere die Menschen auf Gemüse". Es liegt kein Hinweis darauf vor, daß Drogen vom LSD-Typus in den üblicherweise verabreichten Dosen eine solche Wirkung hätten. Ein auf dem Gebiet der Neurochirurgie tätiger Forscher sagte mir, er habe Tieren das Fünfzig- bis Hundertfache der Menschen verabreichten Maximalmenge gegeben, ohne bei den Autopsien bemerkenswerte Nervenschäden festgestellt zu haben[16].

Dagegen spricht einige Evidenz dafür, daß diese Drogen schädliche Wirkungen auf Chromosomen ausüben und unter bestimmten Umständen möglicherweise genetische Schäden verursachen

---

[15] S. Cohen. 1968 sagte mir Dr. Cohen in einer Unterhaltung, er habe keinen Grund, anzunehmen, daß eine ähnliche Untersuchung heute andere Ergebnisse bringen würde.

[16] Dr. Werner Koella von der *Worcester Foundation for Experimental Biology.*

können. Aber die Aufweise sind skizzenhaft und kontrovers. Wenn LSD verdächtigt werden muß, müssen auch Koffein und andere allgemein gebräuliche Drogen verdächtigt werden. Liefern solche Ergebnisse einen positiven Befund, sind sie für gewöhnlich aus Versuchen an Tieren abgeleitet, die sehr viel stärkere Dosen als Menschen erhalten. Die einzige genau kontrollierte chromosomale Untersuchung, die mir bisher bekannt geworden ist, fand am *Spring Grove State Hospital* in Baltimore, Maryland, statt. Zweiunddreißig Patienten erhielten reines LSD bei chromosomalen Prüfungen, die unmittelbar vor und nach der LSD-Dosierung vorgenommen wurden. Es wurde kein signifikanter Unterschied an Chromosomenbrüchen bemerkt[17].

Diese Experimente lassen jedoch vermuten, daß Frauen in der Schwangerschaft gut beraten wären, wenn sie zur Vorsicht auf alle — außer den ärztlich verordneten — Drogen verzichten würden, ganz besonders in den ersten Monaten. In diesem Bereich wie in anderen — so etwa beim Fasten, bei ausgedehnter Meditation oder bei anderen Mitteln zur Weckung der Ekstase — wird verantwortungsbewußter Glaube sich aufgeschlossen aller Möglichkeiten in jenem ehrfurchtheischenden komplexen Bereich vergewissern, den wir Religion nennen[18].

---

[17] J. H. Tijo, W. N. Pahnke and A. A. Kurland, *Advances in Biochemical Psychopharmacology*, E. Costa and P. Greengard (Hrsg.), New York 1969, 191—204.

[18] Hier ist es interessant zu bemerken, daß Dr. Herman Lisco von der *Harvard Medical School* auf Chromosomenbrüche im Blut von Dr. Leary stieß. Er berichtete diesem, daß seine Chromosomen normal seien. Näher Interessierte finden eine einschlägige Untersuchung im Februarbulletin 1968 des *Psychedelic Information Center*, das von Lisa Bieberman, Cambridge, Mass., geleitet wird. Eine Besprechung der Untersuchung chemischer Quellen möglichen genetischen Schadens findet sich in zwei Artikeln über „Chemical Mutagens" von H. J. Sanders in: *Chemical and Engineering News* vom 19. Mai und vom 2. Juni 1969, darin ist LSD mit anderen nichtpsychodelischen Drogen zusammengebracht, von denen einige, wie z. B. Koffein, in weitverbreitetem Gebrauch sind. Die Forschungsgesellschaft für das Studium halluzinogener Drogen am Beloit College in Beloit, Wisconsin, verfügt über eine Bücherei von Forschungsbeiträgen und Bibliographien, die Mitgliedern zur Verfügung stehen.

Zusammenfassung:

Der durch die psychodelischen Mittel stimulierte Erfahrungstypus wird charakterisiert durch nichtrationale Regungen des inneren Lebens, die Wurzel der Religiosität. Der Glaubende wird mit dem Dilemma konfrontiert, ob die innere oder die äußere Welt die wahrere Wirklichkeit sei, und so wird seine Religiosität von Quietismus bedroht. Verantwortungsbewußte Religiosität wird sich immer des Tests der „Früchte" bedienen, um der Gefahr des Quietismus zu entgehen.

Obwohl psychodelische Kommunitäten selten lange währen, können sie dem einen oder andern Jugendlichen dienen: er kann seine eigenen Probleme und die der Gesellschaft bedenken. Der Gebrauch der Drogen als eines Weges zu „sofortiger Mystik" hat auch einige Vorteile gegenüber anstrengenderen Wegen. Durch Drogen freigesetzte Mystik läßt sich als eine moderne Gestalt der Gnade betrachten. Ihre unzweifelhafte Tiefe und Vitalität bietet ein heilsames Korrektiv zu den fest strukturierten und rationalisierten religiösen Organisationen. Das eine bedarf des andern. LSD hat für manche Menschen ein vitales religiöses Leben eingeleitet. Sparsame Verwendung ist notwendig, wenn über einen längeren Zeitraum hin das Erreichte nicht verflachen soll.

Verantwortungsbewußte Religion kann weder das Verlangen nach dem inneren Leben vernachlässigen noch die Dilemmas vermeiden. Die Furcht des Menschen vor seinem personalen „Unbekannten" in seinem Unbewußten, das sich durch alle Zeitalter hindurch gehalten hat, scheint eine der mächtigen Quellen sozialer Repression gegenüber der Verwendung der Psychodelica durch Medizin und Religion zu sein. Den mit der Macht dieser Mittel Vertrauten überrascht nicht ihre Gefährlichkeit, sondern ihre relative Zuverlässigkeit. Weil diese Zuverlässigkeit nicht hundertprozentig ist, verlangt sie von den „Reisenden" das kalkulierte Risiko. Neben den psychischen Gefahren der Droge gibt es auch die Möglichkeiten physischer Schädigung, die sich nicht leugnen lassen. Aber eine nüchterne Betrachtung solcher Untersuchungen stützt die Vermutung, daß diese Gefahren stark übertrieben werden. Und es sei daran erinnert, daß sich große religiöse Gestalten, ob sie das Thema bewußt aufgegriffen haben oder nicht, nie gescheut haben, ein Risiko auf sich zu nehmen.

9. PSYCHODELICA, GESETZE UND INQUISITOREN

> Scharfes Pflichtbewußtsein, Opfergeist, Tugendliebe, verbunden mit der tödlichen Krankheit eines durch Autoritätsgehabe pervertierten Gewissens, läßt sie so ekelhaft fürs Händeschütteln und so interessant für die Forschung sein.
>
> *Lord Acton*[1]

> Man soll die hellste Kraft ihrer Seele aufwärts richten und sie das schauen lassen, was allem in der Welt Licht schenkt. Und haben sie das Gute an sich geschaut, so soll es ihr Vorbild sein, nach dem sie den Rest ihres Lebens den Staat und seine Bürger und ihre eigene Seele ordnen.
>
> *Platon*[2]

Die Tatsache, daß den psychodelischen Drogen religiöse Möglichkeiten eignen, macht es schwierig, Gesetze zu ersinnen, die Gebrauch und Mißbrauch regeln. Die Problematik entstammt in der Hauptsache zwei Quellen: einmal der Verfassung, die den Bürgern Freiheit des Glaubens garantiert, zum andern dem Gewissen der tief Glaubenden, die selten die Priorität menschlicher Autorität vor ihrem eigenen Gewissen anerkennen.

Dieses Kapitel möchte dem Leser unter anderem dienen, klarer die Reaktion des religiösen Menschen auf Gesetze zu verstehen, die seine religiöse Integrität bedrohen; die Möglichkeiten von Beamten und Gerichten zu bedenken; mit denen zu empfinden, die sich aus religiösen Motiven vor dem Gesetz schuldig gemacht haben; über die Rolle des Inquisitors nachzusinnen, da sie einiges Licht auf Gegenwärtiges werfen könnte; vor dem Hintergrund des früher Gesagten auf den notwendigen Abbau der Furcht vor Behörden, Gesetzgeber und Öffentlichkeit hinwirken zu können immer dann, wenn das Klima sich zu Hexenjagden erhitzt, aber

---

[1] Lord Acton, zitiert in G. S. Coulton, *Inquisition and Liberty*, London 1938, 167.
[2] Platon, 260 f.

dennoch ohne Polizei ausgekommen werden soll; schließlich über die Rolle nachzudenken, welche die durch die Droge freigesetzte religiöse Erfahrung im Staat spielen könnte.

Historische Beispiele religiös motivierten Widerstandes:

Eines der sich durchhaltenden Probleme für die weltliche Herrschaft ist die Neigung religiöser Menschen, unter bestimmten Umständen dem Gesetz zu trotzen und ungehorsam zu sein. Die Verneiner solcher religiösen Überzeugungen haben diesen Menschen gewöhnlich Fanatismus, Irrsinn, Feigheit oder sonst eine Form sozialer Verirrung zugeschrieben, was manchmal zugetroffen haben mag. Aber für den Zeitgenossen ist es ohne historische Kenntnisse schwierig, das gesunde Maß von Glauben und Verhalten zu bestimmen. Viele der großen religiösen Gestalten der Weltgeschichte sind einmal als Verbrecher oder als Verrückte behandelt worden. Moses war ein Flüchtiger, die frühen Christen waren „des Hasses der menschlichen Rasse" angeklagt, während Jeremias eine Vielzahl von Strafen erdulden mußte, weil er politisch auf der falschen Seite stand. Das *Buch Daniel* und die *Geheime Offenbarung* des Johannes waren bestimmt, die um ihres Glaubens willen Verfolgten zur Standhaftigkeit zu ermuntern.

George Fox mußte wegen seiner religiösen Integrität viele Male ins Gefängnis wandern. Die Albigenser, Lollarden und Katharer waren gejagtes Volk, weil ihr häretischer Glaube die Autorität bedrohte. Eine der von den Waldensern ausgehenden Hauptbedrohungen wurde aus dem Sachverhalt abgeleitet, daß sie so „gut" seien[3]. Martin Luther bezog seinen historischen Standort im Schatten des Martyrertums, und Thomas Morus mußte seinen Kopf hinhalten, weil er Gottes Autorität über die seines Königs stellte. Auch heute gibt es Menschen, deren Gewissen im Widerspruch zur allgemeinen Norm steht, und die z. B. Gefängnis dem Kriegsdienst vorziehen. Wir sind Zeuge des leidenschaftlichen Appells der *Amish* geworden, die lieber das Land ihrer Vorfahren verkauften, als ihre Kinder in eine Schule zu schicken, die den Grundsätzen ihres Glaubens entgegenstand.

[3] A. S. Tuberville, *Medieval Heresy and the Inquisition*, London 1964, 22.

In diesen Fällen findet die durch die öffentliche Meinung unterstützte Position des Gesetzes ein Echo in einem die Christen des zweiten Jahrhunderts betreffenden Dokument, das von Plinius, dem römischen Statthalter in Bithynien, an seinen Herrn, den Kaiser Trajan, geschickt wurde. Darin heißt es: „Die Geständigen fragte ich ein zweites und ein drittes Mal unter Androhung der Todesstrafe; diejenigen, die beharrten, ließ ich hinrichten. Darüber bestand für mich nämlich kein Zweifel, daß Hartnäckigkeit und unbeugsame Starrköpfigkeit auf jeden Fall bestraft werden müssen, was es auch sein mochte, was sie zu gestehen hatten."[4]

In der Geschichte religiöser Verfolgungen sind Mystiker immer wieder um ihrer Standhaftigkeit im Glauben willen verdächtigt worden. Diese Standhaftigkeit hatte ihren tiefsten Grund wohl im mystischen Bewußtsein, das viel tiefer begründet ist als jeder andere Impuls und das Zeichen einer Erfahrung trägt, die über den Tod hinaus ist. Diese Kinder einer zweiten Geburt sind den Autoritäten besondere Herausforderung, da sie, wenn notwendig, mit einem Gleichmut in den Tod gehen, der Richter und Henker verwirrt und ihnen die Grenzen ihrer Macht aufweist. Daher ist es immer angenehm, mit solchen Menschen nichts zu tun zu haben.

Eine der berühmtesten Konfrontationen zwischen einem Ekstatiker und seinen Anklägern war die zwischen Sokrates und den „Männern von Athen". Nachdem er bei einem militärischen Unternehmen eine Erleuchtung erfahren hatte, war er zum Anführer einer Gruppe junger Athener geworden, die ihre Zeit zum Ärger der „solideren" Bürger mit Gesprächen verbrachten. Und Sokrates wurde von seinen Kritikern tatsächlich vor Gericht gebracht unter der Anklage, er verderbe die Jugend. Obwohl er sich seiner Fähigkeit, Ankläger zu verwirren, bewußt war, kam es dahin, daß er für schuldig befunden und zum Tode verurteilt wurde. Einer der von Sokrates „verdorbenen" jungen Leute wurde der Verfasser der *Politeia*.

Die Exekution jenes Mannes, der ihm der weiseste war, erlebte Platon als die größte Tragödie seines Lebens, und die *Politeia* wurde der Entwurf zu einem Gemeinwesen, in dem solche Dinge

---

[4] C. Plinius Caecilius Secundus, *Sämtl. Briefe*, Zürich u. Stuttgart 1969, 422 f.

sich nicht wiederholen können. Ein Hauptpunkt dieses Werkes besteht in der Siebung der Bürger, damit gesichert sei, daß die Regierenden zugleich Philosophen seien, erleuchtet von jener Art von Weisheit, wie sie Sokrates gegeben war. Im berühmten Höhlengleichnis im siebten Buch der *Politeia* macht Platon klar, daß diese Weisheit mystischer Natur war. Damit weist er indirekt darauf hin, daß die Entscheidung gegen Sokrates eine Folge der fehlenden Kommunikation zwischen Sokrates und der athenischen Bürgerschaft war, die seinen Gesichtspunkt nicht zu würdigen vermochte, weil sie nicht an seiner Erleuchtung teilgenommen hatte. Die ältere Generation wußte nicht zu sprechen mit der jüngeren, mit den „Hippies" und „Aussteigern" jener Tage.

Zu anderer Zeit und unter anderen Bedingungen spielte sich eine gleiche Tragödie bei der Verfolgung jener Mystiker im Mittelalter ab, deren Worte die Begrifflichkeiten theologischen Systems und theologischer Wohlanständigkeit herausforderten. Einer der beachtenswertesten unter ihnen ist der Dominikaner Meister Eckehart, dessen kühne Einschau in die profunden mystischen Tiefen seines Herzens als Häresie des Pantheismus deklariert wurde; freilich erst nach seinem Tode, als solche Verurteilung ihn nicht mehr behelligen konnte. Ein Vergleich seiner Aussagen mit Äußerungen anderer Mystiker läßt die Genauigkeit erkennen, mit der Eckehart seinen Bewußtseinszustand darstellte, in dem er sich mit vielen anderen bemerkenswerten religiösen Geistern innerhalb und außerhalb des Christentums trifft[5]. Hätten seine theologischen Richter ihn verstehen können, würden sie entdeckt haben, wie sehr sein Bewußtsein ihn den großen Kirchenvätern verbindet.

Die Kühnheit, mit der Mystiker oft ihre Überzeugungen vertreten, mag auch durch das Beispiel eines mehr auf andere Art erleuchteten Geistes verdeutlicht werden: durch Angela von Foligno, eine bedeutende Ekstatikerin im Italien des dreizehnten Jahrhunderts. Als ihre geistlichen Leiter sie wissen ließen, ihre Liebe und ihre Hochschätzung der Armut seien zu radikal, da rief sie aus: „Und wenn ich verdammt bin, Herr, will ich dennoch Buße tun und alles zur Seite schieben und Dir dienen!"[6] Auch

---

[5] Siehe W. T. Stace, *Mysticism and Philosophy*.
[6] Zitiert in W. H. Clark, *The Psychology of Religion*, 288.

Johannes vom Kreuz wurde von seinen Oberen, denen er sich bei mehr als einer Gelegenheit entgegenstellte, mißverstanden.

In unseren Tagen wäre die *Native American Church* zu nennen. Die ihr widerfahrenen Behelligungen sind zu einem erheblichen Teil aus dem Versagen von Regierungsbeauftragten und Missionaren zu erklären, angemessen den Bewußtseinszustand dieser Indianer zu beurteilen, die an nächtelangen Zeremonien teilnehmen, während derer Peyote eingenommen wird. Es wurde einfach angenommen, daß der Zustand eine Art Trunkenheit sei, der Orgien mit geistigem und moralischem Verfall notwendig folgen würden. Es waren hauptsächlich die Aussagen neutraler Anthropologen, die diesen Indianern ihre verfassungsmäßige Freiheit der Religionsausübung gesichert haben. Dennoch wird der Peyotismus auch heute noch, freilich nur auf lokaler Ebene, verfolgt, durch Arrestierungen und die Anwendung von Gesetzen, die die Beschaffung der Drogen erschweren.

Aufs Ganze gesehen haben die Mystiker eine bedeutsame und ehrenhafte Rolle in der Entwicklung zu größerer religiöser Freiheit hin gespielt. Sie haben gezeigt, daß sie lieber Bedrängnis, Gefängnis und sogar den Tod erleiden, als darauf zu verzichten, Gott nach ihrem Gewissen zu verehren. Einige der blutigsten Kriege und Massaker waren mit Kampagnen gegen Mystikergruppen verbunden, und ganz allmählich erst dämmert es der Menschheit, daß humanes und zivilisiertes Leben die Achtung vor den religiösen Auffassungen anderer voraussetzt.

Das religiöse Motiv heutigen Widerstandes gegen die Drogengesetze:

Noch längst nicht ist Verfolgung ein Relikt in der Mottenkiste. Das in einem früheren Kapitel beschriebene Dr. Leary Widerfahrene ist Beweis dafür, und die Verfolgung und Einkerkerung vieler Hippies, ihre Provokation durch Spione und ihre Arrestierung auf triviale Anklagen hin sind weitere Beweise. Unsere Gesetze strafen weit über ein vernünftiges Maß hinaus, sehen den Tatbestand eines Verbrechens schon dann gegeben, wenn einer sich — oft unwissend — an einem Ort aufhält, an dem illegal Drogen angeboten werden. Mögen viele dieser Gesetzesübertreter durch nichts anderes als durch Nervenkitzel angetrieben worden sein, so gibt es doch auch andere, die die Drogen als einen Weg zu religiöser Erfahrung und zu einem erfüllteren Leben betrachten. Das bekräftigt sie in dem Entschluß, dem Gesetz zuwiderzuhandeln. So hat Arthur Kleps, Haupt der *Neo-American Church*, der für Weiße mit der Absicht, mittels der Drogen religiöses Suchen zu ermöglichen, gegründeten Gemeinschaft, vor einem Senatsunterausschuß für Narkotika am 25. Mai 1966 unter anderem ausgesagt: „Wir sind keine Drogensüchtigen. Wir sind keine Verbrecher. Wir sind freie Menschen, und wir werden auf Verfolgung so reagieren, wie freie Menschen auf Verfolgung immer reagiert haben." Es steht außer Zweifel, daß viele Menschen das durch die Verwendung von Drogen ermöglichte religiöse Suchen als ihr legales Recht ansehen und diese Praxis unbeschadet eines Konflikts mit dem Gesetz auch fortsetzen werden.

Betrachtungen dieser Art stellen den Pflichtverteidiger der Regierung vor ein Dilemma: Zwar bestreitet niemand prinzipiell das Recht freier Religionsausübung, aber die Kampagne gegen die Drogen geht vom Mißbrauch dieser Drogen aus, hält ihn für ausgemacht. Während die meisten der auf diesem Gebiet zuständigen Beamten entweder nicht um die religiösen Möglichkeiten der psychodelischen Mittel wissen oder aber nicht an diese Möglichkeiten glauben, wird ihnen dieser Sachverhalt allmählich zur Kenntnis gebracht. Dennoch werden sie noch darauf hinweisen, daß die Drogenverwendung auch für den religiösen Menschen viel zu gefährlich sei, und daß Menschen ohne religiöse Motive die Religion einfach als Tarnkappe ihrer unverantwortlichen Haltung überstülpen würden.

Würden Argumente dieser Art zu Ende gedacht, könnten staatliche Stellen beinahe jede ihnen mißliebige Gruppe von Anfang an durch Verbote ausschalten. Es läßt sich kaum ausschließen, daß verantwortungslose Menschen ihr Recht auf freie Religionsausübung zum schädlichen Einsatz der Drogen mißbrauchen. Jede Freiheit läßt sich mißbrauchen. Sicher ist die freie Religionsausübung nicht schlechthin absolutes Recht, weil es eine anerkannte Voraussetzung ist, daß der religiöse Ritus anderen keinen Schaden zufügen oder gegen die guten Sitten verstoßen darf. Die Berufung auf die freie Religionsausübung würde sicher nicht einen Ritus des Menschenopfers decken. Als tatsächlich gegebener Präzedenzfall sei die weitgehend allgemeine Anerkennung der Gesetze gegen Polygamie genannt. Hier hat das Gesetz Recht und Pflicht der Überwachung.

Aber der Mensch gilt als unschuldig, bis ihm eine Schuld nachgewiesen wird. Die Anwendung dieses Grundsatzes müßte auch ungewöhnliche Arten der Religionsausübung schützen, nicht nur, solange sie als nicht schädlich nachgewiesen sind, sondern solange nicht feststeht, daß der angerichtete Schaden das Gute überwiegt. Eine völlig harmlose Religion wäre eine unwirksame. Wenn sich herausstellte, daß die religiöse Verwendung von psychodelischen Mitteln von mehreren Selbstmorden und von Sprüngen vom Kirchendach begleitet wäre — ein Vorgang, der den normalen Zeitungsleser gar nicht überraschen würde —, dann wäre das Verbot psychodelischer Gemeinschaften ganz in Ordnung. Träfe das aber nicht zu, dürfte kein allgemeines Gesetz verabschiedet werden, wenngleich sich die Schließung einiger Kirchen bei nachgewiesener Verantwortungslosigkeit rechtfertigen ließe.

Im übrigen ist es äußerst unwahrscheinlich, daß die Mißbräuche größer als die Vorzüge sein würden. Institutionen neigen dazu, konservativ zu sein, und psychodelische Gemeinschaften würden beim Umgang mit der Droge besonders vorsichtig verfahren und im Interesse ihrer Mitglieder und der Behauptung ihrer Rechte besondere Sicherheitsvorkehrungen treffen, wenn sie sähen, daß ihre Privilegien auf der verantwortungsbewußten Verwendung der Drogen beruhten. In der einzigen bislang anerkannten psychodelischen Religionsgemeinschaft, der *Native American Church*, gibt es nur sehr wenige oder gar keine Unfälle, während die Vorzüge zahlreich sind. Auch in einer so verantwortungsbewußten Gemeinschaft wie der *Church of Awakening* wäre die Aufdeckung eines Mißbrauchs eine Überraschung. Ich wäre in der Tat erstaunt, wenn irgendeine ernsthafte Störung aufträte. Jedenfalls hat der Gesetzgeber kein Recht, von einem Mißbrauch a priori auszugehen.

Strittiger dürfte die Frage sein, ob der einzelne die Möglichkeit erhalten solle, die Droge ohne ein Aufsichtsgremium zur ernsthaften religiösen Stimulierung einzunehmen. Hier habe ich meine Zweifel, denn ohne Frage bedarf es eines erfahrenen Leiters, damit ein Maximum an Gutem und ein Minimum an Gefahren gegeben sei. Das läßt sich nur bei freigegebenem, aber kontrolliertem Gebrauch, sei es zu therapeutischen, sei es zu religiösen Zwecken, erreichen. Eine solche Regelung käme auch den Bedürfnissen religiöser Gemeinschaften, die die Drogen verabreichen möchten, entgegen. Andererseits weiß ich von einzelnen Fällen, in denen einzelne in ernster religiöser Absicht die Drogen verwendet haben. Eine mir bekannte Person nimmt dreimal im Jahr LSD ein, aus Gründen des Prinzips und der Disziplin. In *The Politics of Ecstasy*[7] stellt Dr. Leary die Forderung auf, niemand dürfe andere zur Veränderung ihres Bewußtseins zwingen, und keiner dürfe andere an der Veränderung ihres Bewußtseins hindern, solange anderen dadurch nicht geschadet werde. Er verficht persönliche Freiheit als Mittel der Kontrolle. Aber hier haben Jurisdiktion und Legislative zu entscheiden. Ich stelle einfach fest, daß ich unter allen Umständen die fachmännische und erfahrene Aufsicht beim Gebrauch der Drogen befürworte.

Die Anwendung der Gesetze und das Konzept des Inquisitors:

Im Wesen des Menschen gibt es, allgemein gesprochen, keine Veränderung. Obwohl die Geschichte sich nicht in jedem Detail wiederholt, besteht eine der Möglichkeiten geschichtlicher Forschung im Aufzeigen von Perspektiven. Es gibt bestimmte historische Regelmäßigkeiten, die zu vermerken sich lohnt.

Ein sich wiederholendes Phänomen ist der Inquisitor. Ich möchte dem Leser gern jenes in seiner Vorstellung vielleicht schon verfestigte Bild des Inquisitors als eines blutrünstigen Ungeheuers nehmen. Solche Attribute mögen die unschönsten und abstoßendsten Seiten jenes Typs betonen. In der Tat ist der Inquisitor allezeit um uns und in uns, und bis zu einem gewissen Punkt ist das sogar wünschenswert. Wahrscheinlich tue ich mit meinen Bemerkungen dem Andenken vieler mit der Inquisition befaßt gewesener Männer der Kirche unrecht, die jenes Odium, das seit dem Mittelalter auf dieser Funktion lastet, nicht verdient haben. Aber ich möchte die immer gegenwärtige Gefahr aufzeigen, die darin besteht, daß wir unserem Eifer für „die gute

7 Timothy Leary, *The Politics of Ecstasy*, 69, 95.

Sache" solange die Zügel schießen lassen, bis dann oft Gerechtigkeit und Humanität durch die Hysterie von Leuten zu Tode geritten sind, die der Verführung der Macht nicht widerstanden haben.

Die Wurzeln inquisitorischer Grausamkeit liegen in der Notwendigkeit begründet, institutionelle Strukturen zu ordnen, besonders die des Staates oder des Quasitaates, wie ihn die Kirche des Mittelalters bildete: auf manchen Gebieten verfügte sie über unbegrenzte Macht. Dann wird jedes Gefühl von Schwäche oder Unsicherheit möglicher Ansatzpunkt für einen Umschlag in unvernünftige Forderungen, die für gewöhnlich gut begründet und auf unangreifbarer Logik aufgebaut werden[8]. Je größer die bei den Behörden hervorgerufenen Ängste und je größer deren Gewissenhaftigkeit, desto unvernünftiger und drastischer fallen im allgemeinen die Gegenmaßnahmen aus. So war es zur Zeit des frühen Christentums, als es im großen ganzen die gewissenhafteren römischen Kaiser waren, also wesentlich Inquisitoren im dargelegten Sinn, die unter der Androhung der Todesstrafe auf der Unterwerfung unter die Staatsreligion bestanden[9].

Der Inquisitor des Mittelalters, auf den sich meine Vergleiche in der Hauptsache stützen, war ein ernster, gewissenhafter, verantwortungsbewußter, gut gebildeter Mann, der sich, manchmal sogar mitleidig, für das Wohlergehen des Volkes einsetzte, obwohl er gegenüber dem Buchstaben des Gesetzes auch strikt auf dessen Logik bestand. Er wurde nicht allgemein als ein Mensch bar jeder Sympathie angesehen. Im Gegenteil, es wurde ihm Verehrung entgegengebracht. Wahrscheinlich war er ein hart arbeitender Enthusiast, der sich als Diener Gottes sah. War er grausam, entstammte solche Eigenschaft der schrecklichen Logik seiner Position und zeigte sich hauptsächlich seinen Opfern gegenüber in Farben starrsinnigen Terrors, während die übrige Bevölkerung ihn als ihren Beschützer ansah. Er war ein Mann von Welt, kein Fanatiker. Lord Actons Worte lassen sich durchaus auf die Inqui-

---

[8] Siehe G. S. Coulton, 167, und Tuberville, 178 f.
[9] Siehe den Artikel über Plinius den Jüngeren in der *Encyclopedia Britannica* (1929) zur Korrespondenz mit dem Kaiser Trajan und die verhältnismäßig zurückhaltenden und prinzipienorientierten Auffassungen des letzteren im Vergleich zu dem populären Image des blutrünstigen Römers zur Zeit der Verfolgungen.

sitoren aller Zeiten applizieren, wenn er von der Verbindung von „scharfem Pflichtbewußtsein, Opfergeist und Tugendliebe" spricht, die zusammengeht „mit der tödlichen Infektion eines durch Autoritätsgehabe pervertierten Gewissens". Dies ist es, „was sie so ekelhaft fürs Händeschütteln und so interessant für die Forschung sein läßt"[10].

Sogar der notorische Torquemada weicht nicht allzusehr von dieser Beschreibung ab, obwohl er zweifellos bigottischer und grausamer als der Durchschnitt war. Ein mehr fairer Repräsentant war der Franziskaner Kardinal Ximenes, den König Ferdinand 1507 in Spanien zum Generalinquisitor von Spanien ernannte. Als Einsiedler, der seinen Habit selbst ausbesserte und auf dem Fußboden schlief, war er ein Mann von absoluter Redlichkeit und Integrität. Nur der Befehl des Papstes vermochte ihn zu bewegen, die Zeichen seiner Würde anzulegen. Er war voller Eifer, die Reinheit des katholischen Glaubens zu schützen, damit die Menschen in den Himmel kämen, statt in die Hölle zu fahren. Deshalb kam es zum großen zur Ehre Gottes veranstalteten Jagen und Verbrennen bei lebendigem Leibe Tausender von Juden, Mauren und Häretikern[11].

Besonders instruktiv zu sehen ist es, wie der Inquisitor mit der Zauberei verfuhr. Heute ist die Zauberei unter dem Ansturm der Wissenschaften zumindest unter den Gebildeten so gut wie ausgestorben, aber unsere amerikanischen Vorfahren ließen sich noch zu Kampagnen gegen „Hexen" hinreißen. Obwohl an Hexenkünste und Zauberei allgemein geglaubt wurde und diese im dreizehnten Jahrhundert sogar halbwegs respektabel waren, gerieten sie vom sechzehnten Jahrhundert an in Verruf und wurden mit Heidentum und Teufelswerk gleichgesetzt, wenngleich sie noch gefürchtet blieben. Es war hauptsächlich diese Furcht, die zur panischen Hexengesetzgebung und zum Hexenjagen sowohl bei Katholiken als auch bei Protestanten führte. Die von gewissen Menschen bis dahin offen betriebene Hexerei wurde so in den Untergrund getrieben und erzeugte Hysterie. Das wiederum führte zu einem komplizierten Spähersystem und zur Entstehung einer besonderen Klasse von Leuten, die Informationen zu be-

[10] Zitiert von Coulton, 167.
[11] Zu einer kurzen biographischen Studie über Ximenes siehe J. Plaidy, *The Growth of the Spanish Inquisition*, 122.

schaffen hatten, den *agents provocateurs*. Jeder konnte seinen Nachbarn verdächtigen, und es gab Städte, in denen keine Frau sich in ihrem Ruf sicher wußte.

So wird etwa berichtet, daß 1459/60 in Arras die Anklage einer angeblichen Hexe eine Serie von Anklagen und Hysterien auslöste, die fast die Stadt zugrunde gerichtet hätten. Der Inquisitor, zweifellos ernst und uneigennützig, war „echt entsetzt... über das Übel... (aber) blind gegenüber der Tatsache, daß solche Ausdehnung in der Hauptsache sein eigenes Werk war"[12]. Die Inquisition, die die Hexerei abschaffen wollte, hat ihre Verbreitung mitverschuldet. Die Hexerei wäre im Laufe der Zeit wahrscheinlich eines ruhigen Todes gestorben, wenn man sich nicht so sehr um sie gekümmert hätte. Wie so oft auch bei Häresien fiel auf jedes von der sozialen Norm abweichende Verhalten sogleich Verdacht. Auch viele ernsthafte Ekstatiker und Mystiker, deren Integrität von einfühlsamen Vorgesetzten begriffen wurde, gerieten in solchen Verdacht. Aber nur wenige Regimes waren bereit, „wegen einiger fanatischer Schismatiker"[13] das geistliche und materielle Risiko der Exkommunikation einzugehen.

Ausgestattet mit dem Vorzug geschichtlicher Betrachtung und frei von der Parteinahme und Hysterie jener Zeiten, fällt es uns leichter, Unrecht zu sehen. Wir leben inzwischen von der Entscheidung, daß man die Gesellschaft nicht schützt, indem man Menschen, die als Hexen oder Häretiker bezeichnet werden, verbrennt; wir glauben, daß Gott so nicht verherrlicht werde, wie wohlmeinend und verantwortungsbewußt sich die Befürworter solchen Vorgehens auch eingeschätzt haben mögen.

Es ist nicht ganz leicht, Symptome ähnlicher Verirrungen in unseren Tagen aufzudecken, weil sich unsere Ängste auf Praktiken richten, deren Gefahren wir als so sicher annehmen wie die mittelalterlichen Menschen die Gefahren der Häresie. Wir können die schemenhafte Gestalt des Inquisitors verabscheuen wie die des KZ-Wächters, aber wir können kaum mit ihm mitempfinden, weil wir sonst unsere Selbsteinschätzung bedrohen würden. Das ist schade, nicht nur weil es sich bei jenen um irregeleitete Menschen handelt, die wie wir Mitleid verdienen; son-

---

[12] Tuberville, 122; weitere Angaben zu diesem Abschnitt auch 111 f. und Coulton, 262 ff.
[13] Tuberville, 157.

dern auch, weil wir so daran gehindert werden, den Inquisitor tief in uns selbst zu entdecken. Würden wir ihn in uns selbst entdecken, könnte die so gewonnene Demut uns davor bewahren, die Fehler unserer Vorfahren aus lange vergangener Zeit zu wiederholen, und Gesetzgeber und Gesetzeswächter, Politiker und selbsternannte „Experten" würden sich vielleicht davor hüten, die strafende Funktion des Gesetzes als ein Mittel sozialer Kontrolle überzubetonen.

Zweifellos kann es helfen, den Inquisitor in sich selbst zu erkennen, wenn hier die inquisitorische Persönlichkeit ein wenig entlastet wird, um sie dann von jener Persönlichkeit abzuheben, die ich in Ermangelung eines treffenderen Ausdrucks die des „Heiligen" nennen möchte. Ich verwende den Begriff in lockerer Anlehnung an die ihm von William James in *The Varieties of Religious Experience* zugeschriebene Bedeutung, wie ich es bereits in der Diskussion von Timothy Learys Persönlichkeit getan habe. Es mag sein, daß Heilige vielleicht auf ihre Art an ihren Übertreibungen schuldig sein mögen. Jeder von uns hat seinen Heiligen und seinen Inquisitor im Herzen.

Von daher können wir den Inquisitor als einen Menschen betrachten, der einen Sinn für die allgemeine Wohlfahrt hat, während der Heilige die Betonung auf das Heil des einzelnen legt. Auf Kains Frage: „Bin ich denn der Hüter meines Bruders?" antwortet der Inquisitor: „Ja, du bist es!" Der Heilige sieht seine Aufgabe darin — das ist natürlich nicht im Sinn einer Rechtfertigung Kains gemeint —, seinen Bruder von den Fesseln sozialer Art zu befreien. Der Inquisitor ist sich seiner Verantwortung für die öffentliche Ordnung scharf bewußt und deshalb darauf aus, die Lasterhaften, die Habgierigen, die Verantwortungslosen an die Kandare zu nehmen. Der Heilige empfindet die höhere Verantwortlichkeit: den Raum der schöpferischen Freiheit offenzuhalten. Der Inquisitor sagt „Nein", der Heilige sagt „Ja". Zum Vorteil des Inquisitors wäre seine unparteiische Handhabung des Rechts zu vermerken, zum Vorteil des Heiligen sein Mitleid.

Einmal angenommen, meine schnelle Skizzierung sei zutreffend, dann ist leicht zu sehen, daß die Gesellschaft die inquisitorischen Tugenden braucht, die in gewisser Hinsicht ja jeder Persönlichkeit eigen sind. Sie sind notwendiger Bestandteil psychologischer Ausrüstung für jeden Vertreter staatlicher Gewalt. Allerdings ist es wichtig, dafür zu sorgen, daß diese Tugenden nicht hypertrophieren über jedes erträgliche Maß hinaus.

Daß dies in der Drogenkampagne der Fall gewesen ist und daß die Behörden viel Lärm um die Psychodelica gemacht haben, scheint klar zu sein. Durch die Gesetzesverstöße wegen der psychodelischen Mittel, durch Arrestierung, Gefängnisaufenthalt und Strafregistereinträge sind mehr Tragödien entstanden als durch irgendeinen Drogenmißbrauch. Man hat mir gesagt, allein in den Gefängnissen Kaliforniens seien 6000 Häftlinge wegen Übertretung der Narkotica-Gesetze eingesperrt. Selbst wenn man die Zahl für übertrieben hält und vielleicht nur wenige wegen Marihuana- und LSD-Gebrauchs dort sind, bleiben wir noch mit der Tragödie vieler zerbrochenen Karrieren konfrontiert, nicht zu sprechen von der Herabsetzung von Hunderten ruhiger, idealistischer junger Leute[14]. Können die Verfechter harter Strafen für den — auch religiösen — Gebrauch der Psychodelica handfeste Beweise vorlegen, daß die aus dem Mißbrauch herrührenden Tragödien ebenso zahlreich sind? Und dabei gibt es Rufe nach noch häufigerer und strengerer Bestrafung in einer Situation, in der die Kur schrecklicher als die Krankheit geworden ist, gegenüber der ein überlegteres und humaneres Vorgehen richtiger wäre. Und es gibt noch immer jene, die um der Religion willen auf dem Gebrauch der Drogen bestehen werden, weil ihr Gewissen so spricht. Diesen muß in einer würdigen und konstruktiven Art begegnet werden.

Der Leser hat gewiß schon Parallelen zwischen der Inquisition und der Kampagne gegen die Drogen entdeckt. Es gibt übertriebene Strafen für angeblich durch Drogengebrauch gegen die Gemeinschaft begangene Verbrechen, obwohl diese Drogen noch gar nicht als Süchtigkeitsdrogen oder auch nur als schädlich ausgewiesen sind, wie z. B. Marihuana. Es gibt die Maschinerie der Spione, es gibt polizeiliche Razzien zu nächtlicher Stunde, es gibt die Inhaftierung von „Übeltätern", die „dank" des Einsatzes der *agents provocateurs* überführt werden. Alle diese Praktiken er-

---

[14] Nach J. T. Carey, Professor der Kriminologie an der University of California in Berkeley, gab es für Verstöße gegen die Narkotica-Gesetze in Kalifornien — Marihuanagenuß eingeschlossen — allein in der ersten Hälfte des Jahres 1967 11.587 Arrestierungen für Erwachsene und 4526 für Jugendliche (Journal of Psychedelic Drugs, 2, Nr. 1, Herbst 1968, 80).

innern ebenso an die Inquisition wie an den modernen Polizeistaat. Ich weiß von dem Fall einer kultivierten jungen Frau, die, gesetzesunkundig, sich verleiten ließ, durch die Post einem Narkotica-Beauftragten, der sich als religiös Suchender ausgab, LSD zu schicken. Da sie jetzt bestrafte „Verbrecherin" ist, kann sie in ihrem Heimatstaat keinen Führerschein bekommen, ganz zu schweigen von möglicherweise viel schwerwiegenderen Folgen für ihre weitere Karriere.

In Massachusetts hat es Verhaftungen und Gefängnisurteile für das Kapitalverbrechen gegeben, — auch unwissend — an Orten angetroffen zu werden, an denen Marihuana angeboten wurde. In Kalifornien kann für die Verletzung vieler Bestimmungen gegen den Marihuanagebrauch auf „lebenslänglich" erkannt werden, unter bestimmten Umständen sogar für den Besitz zu eigenem Gebrauch. In Georgia droht für den wiederholten Marihuanaverkauf die Todesstrafe! Dr. Leary wurde zu einer Gefängnisstrafe von dreißig Jahren und zu 30 000 Dollar Geldstrafe verurteilt. Das Urteil wurde im Mai 1969 vom Obersten Gerichtshof wegen einer hauptsächlich technischen Verfahrensnichtigkeit aufgehoben. Selbst die Inquisition kann man sich kaum härter vorstellen. Das Nettoergebnis solcher Strafpraktiken scheint eher in der Stimulierung als in der Einschränkung verantwortungsloser Drogengebrauchs zu bestehen. Die Situation ist voller Furcht, voller Verdächtigungen und Spannungen.

Behörden haben natürlich immer Mittel, ihre Ziele zu erreichen. Es gibt Angestellte, denen jede Bedrohung des Gesetzes eine Bedrohung ihrer eigenen Person ist. Wenn man die Gewalt hinter sich hat und zur Autoritätswahrung um jeden Preis entschlossen ist, kann man einiges bewerkstelligen. Aber mit einer aus religiösen Motiven gespeisten Energie wird sich die menschliche Natur selbst der „geheiligtsten" Obrigkeit gegenüber als erstaunlich widerstandsfähig erweisen. Rebellion hat sich schon erhoben, und die darauf bestehen, nur unerbittlich angewendete Drogengesetze könnten das Drogenproblem lösen, mögen sich an ein aufschlußreiches Beispiel der Unterdrückung erinnern, die Bekämpfung der katharischen Häresie im südlichen Frankreich des Mittelalters. Es war keine sehr ansprechende Häresie, aber die Unbarmherzigkeit, mit der sie niedergeknüppelt wurde, war noch weniger ansprechend. Das katharische Problem wurde für alle Zeiten gelöst, als nach der Einnahme von Beziers praktisch die gesamte Bevölkerung mit dem Schwerte umgebracht wurde, darunter einige gläubige Katholiken, damit ja kein Häretiker entkäme[15]. Wieweit wollen die Vertreter von „Gesetz und Ordnung" solcher Logik folgen?

Ganz so weit ist es mit der Bestrafungsraserei noch nicht gekommen, und es muß auch gesagt werden, daß es viele kluge und mitfühlende Richter und Narkotica-Beauftragte gibt. Aber es gibt einen Punkt, bei dem es für eine aufgeschreckte Menge kein Zurück mehr gibt. Das läßt denen, die für die Befolgung der Gesetze zu sorgen haben, jede großzügige Konzession, sei es an menschliche Schwäche, sei es an Prinzipienfestigkeit, als ein gewagtes Spiel erscheinen. Solche Polizeistaatsmethoden, wie ich sie erwähnt habe, offenbaren ein Versagen der Nerven, das für die Zukunft nichts Gutes verheißt, wenn das Steuer nicht herumgeworfen werden sollte.

Folgerungen:

Freilich ist es viel leichter, auf Schwächen hinzuweisen, als richtige Wege zur Behandlung komplexer Probleme aufzuzeigen. Ich bin nicht Jurist und habe keine spezielle Kompetenz auf dem Gebiet der Rechtssprechung. Dagegen kann ich auf ein lebenslanges Interesse an religiöser Erfahrung und an ihren Auswirkungen hinweisen. Acht Jahre habe ich der direkten Untersuchung und dem intensiven Studium der religiösen Potenzen psychodelischer Drogen gewidmet. Vor solchem Hintergrund schlage ich für die psychodelischen Drogen folgende Veränderungen in Sozialpolitik und Gesetzgebung vor:

1. Abhebung der psychodelischen Drogen von den Süchtigkeitsdrogen wie den Opiaten, den Amphetaminen, dem Alkohol. Wenn beispielsweise LSD zusammen mit Heroin als „harte Droge" eingestuft wird und Jugendliche dann sehen, daß sich bei vielen, die ausgiebig LSD verwenden, keine schädlichen Nebenwirkungen zeigen, dann kommen sie leicht zu der Annahme, Gleiches gelte auch für die gefährlichen Drogen.

[15] Siehe Tuberville, 14 ff., 123 ff.; Coulton, Kap. 9.

2. *Abkehr von einer Politik, die junge Leute dadurch abzuschrecken sucht, daß sie nur von den Gefahren der Drogen redet,* wie das ein populärer Film über LSD unter dem Titel „Einsicht oder Irrsinn" tut. Auch schnell hingeschriebene Berichte über Chromosomenschäden bei LSD-Nehmern oder der plumpe Schwindel, vier Studenten seien auf einem LSD-„Trip" erblindet, als sie in die Sonne geschaut hätten, führen nicht zum Erfolg und sind ungerecht. Ein solches Verfahren würde die Jugend schließlich dahin bringen, die Älteren für Ignoranten oder für Lügner zu halten. In jedem Fall würde es das Gute mit dem Bösen abtun. Für äußerste Sorgfalt gegenüber LSD gibt es bessere Begründungen, und letzten Endes hat die Gesellschaft viel mehr zu gewinnen, wenn sie „die Leitung offenhält", sei es, um die junge Generation anzuleiten, sei es, um von ihr zu lernen. Wer — hier wie anderswo — wirksame Politik machen will, sollte sich die alte Maxime *Honesty is the best policy* ins Gedächtnis rufen, nach der Offenheit und Ehrlichkeit sich am besten auszahlen.

3. *Aufhebung aller Gesetze über den Besitz — nicht den Handel — psychodelischer Drogen; Vereinfachung und Humanisierung restriktiver Gesetze, damit sie ihren Zweck sinnvoller erfüllen.* Dadurch würde die Schnüffelei nach Drogennehmern eingeschränkt, ebenso deren Verdächtigungen und ihr oft wildes, wenngleich unterdrücktes Ressentiment gegen die staatlichen Beauftragten. Die Anzahl der Narkotika-Beauftragten könnte verringert und sie könnten bewogen werden, sich über die Konzentrierung ihrer Pflichten auf das Wesentliche Gedanken zu machen, könnten sich mehr um die Überwachung der Großhersteller und Verteiler kümmern.

4. *Errichtung regierungseigener oder von der Regierung lizenzierter, mit Experten besetzter Kliniken, bei denen sich alle an der Einnahme psychodelischer Drogen Interessierten melden könnten.* Nach angemessener Auswahl könnten auf den jeweils neuesten Stand der Forschung gebrachte Informationen über Drogenwirkungen gegeben werden. Wir hören oft von einem Bedürfnis nach wirklich sachlicher Information. Eine solche Einrichtung könnte sie geben. Wir sind betroffen über die große Zahl derer, die auf eigene Faust experimentieren. In dem hier vorgeschlagenen Verfahren böte sich die Möglichkeit zu einer

konstruktiven Nutzung des Experimentierens, weil dieses in einer Umgebung stattfände, in der die Gefahren auf ein Mindestmaß reduziert und die Wohltaten auf ein Maximum gesteigert werden könnten, weil zuverlässige Drogen in angemessener Dosierung und Fachleute zur Hilfestellung zur Verfügung stünden.

5. Ergänzung des bisher genannten Programms durch eine Regierungslizenz für besonders ausgebildete Psychiater und Psychologen, damit diese die psychodelischen Drogen in ihrer Praxis und in ihrer Forschung einsetzen könnten. Diese Methode ist in der Tschechoslowakei üblich, dem Land, das vielleicht die rationalste und erfolgreichste Methode kennt, den Einsatz der Drogen zu kontrollieren. Es heißt, dort sei das Problem des Mißbrauches psychodelischer Drogen kaum, wenn überhaupt, gegeben. In diesem Land gibt es viele erfahrene Psychotherapeuten, deren Patienten vom wirksamen Einsatz der LSD-Drogen profitiert haben. Es wäre eine soziale Verschwendung und eine unberechtigte Einmischung in ihre berufliche Kompetenz, ihnen den Zugang zu diesen Chemikalien zu verwehren.

6. Erlaubniserteilung an Institutionen, die sich angemessen als religiöse Vereinigungen ausweisen. Diese Erlaubnis wäre nur nach *erwiesenem* und *anhaltendem* Mißbrauch zurückzuziehen. Einen Schutz dieser Art genießt bereits die Native American Church, bei der keine Hinweise auf einen Mißbrauch größeren Ausmaßes, wenn überhaupt, vorliegen. Ein Mensch wird für unschuldig gehalten, bis er der Schuld überführt ist. In Anwendung dieses Grundsatzes müßten psychodelische Gemeinschaften das Recht zur freien Religionsausübung erhalten, solange ihnen nicht nachzuweisen wäre, daß sie eine ernsthafte Bedrohung der Gesellschaft darstellten, indem sie allgemein anerkannte Güter bekämpften.

Eine derart veränderte Behandlung von Menschen, die wegen psychodelischer Drogen gegen das Gesetz verstoßen hätten, würde zwar nicht über Nacht alle die Gesellschaft in diesem Zusammenhang bedrängenden Probleme lösen; aber den schlimmsten Mißständen würde begegnet. Gleichzeitig würde eine Bewegung eingeleitet, die von dem wegführte, was einige unserer scharfsichtigsten Beobachter als einen gefährlichen Zug zum Polizeistaat ansehen. Der heimtückische Marsch einer immer gegenwärtigen Versuchung „zur Rettung der Gesellschaft" verläuft in den Fußstapfen der Inquisition, und er wird sich nur aufhalten lassen, wenn der *innere* Inquisitor erkannt wird. Wer nicht anerkennt, daß er an irgendeinem Punkt seiner Karriere in Absicht oder Ausführung Falsches getan hat, der ist in Gefahr, die Fehler der Geschichte zu wiederholen. Die abscheulichsten menschlichen Einstellungen, die die Geschichte uns vorführen kann, schlafen in unseren Herzen ebenso wie die besten. Es ist hohe Zeit, sich über die Straße klar zu werden, auf der der Marsch weitergehen soll. Sonst könnte es eines Tages sein, daß wir uns in der beklemmenden Gesellschaft von George Orwells *Großem Bruder* wiederfänden.

Wenn die Einsichten Platons für die moderne politische Wissenschaft irgendeinen Wert haben, dann den, daß sie uns lehren, wie jede rechte Staatsordnung von der Erleuchtung jener lebt, die der beschränkten Anschauung der dunklen Höhle der Illusion entronnen sind. Diese Erleuchtung muß universal und tief religiös sein. Wer vielen Menschen mit psychodelischer Erfahrung begegnet ist, weiß, wie vielen von ihnen durch religiöse Perzeptionen das Leben reicher geworden ist. Gewiß sind die Drogen nicht der einzige Weg zu Religion, aber es gibt Millionen von Amerikanern, die Religion entweder durch die Wirkung der Drogen oder nie erfassen lernen. Haben unsere Gesetzesmacher und Beamten jene Weisheit und innere Autorität, die ihnen das Recht gäben, Bürgern diesen Weg zur inneren Schau zu versperren? Die einzige Hoffnung für Amerika und die Welt liegt — wenn wir Platon trauen können — in Regierenden, die vieler Qualitäten wegen, vor allem aber deshalb berufen werden, weil sie in irgendeiner Weise die transzendente Vision des Guten erlebt haben.

Zusammenfassung:

In diesem Kapitel habe ich versucht, bestimmte gesetzliche Aspekte, besonders solche von religiöser Relevanz, vorzulegen, die durch die Attacken der Gesellschaft auf die Drogen in eine historische Perspektive gerückt sind. Dabei habe ich darauf hingewiesen, daß der tiefreligiös motivierte Mensch sich nie dem Gesetz unterworfen hat, wenn er vor die Alternative gestellt wurde, besonders wohl deshalb, weil er empfunden hat, sein

Ankläger verstehe ihn gar nicht. Das hat oft zu tragischen Zusammenstößen, zur Bestrafung und sogar zur Hinrichtung großer Geister geführt, die die Witterung des Wesentlichen hatten. Aber solche Tragödien haben eine Entwicklung eingeleitet, die uns das Prinzip der Religionsfreiheit beschert hat.

Weiter habe ich zu zeigen versucht, daß zumindest einige der heute gegen die Drogengesetze Verstoßenden offenkundig durch den gleichen Typus beharrlicher religiöser Überzeugung motiviert sind und man sie den gleichen Repressionen ausgesetzt hat. Ich habe kurz gewisse Analogien zu einer der schlimmsten Verfolgungen der Geschichte, zur Inquisition des Mittelalters, aufzuzeigen versucht. Indem ich gezeigt habe, daß die Hauptakteure der Inquisition nicht Ungeheuer, sondern gewissenhafte Menschen waren, die die Gesellschaft zu schützen suchten, habe ich angedeutet, daß gewissenhafte Bürger unserer Zeit, die gegen den Drogenmißbrauch zu Felde ziehen, vielleicht auf derselben Straße marschieren und an einem Ärgernis schuldig werden, das schlimmer als die Mißbräuche ist, die sie zu beheben suchen.

Die Gesetzgeber müssen vor einer Entscheidung natürlich nicht nur mit bestimmten wissenschaftlichen Ergebnissen, sondern mit allen einschlägigen Aspekten der Psychodelica vertraut sein, deren subtilster und erstaunlichster ihre religiösen Möglichkeiten sind. Als Religionspsychologe war ich beeindruckt von der Tatsache, daß diese Drogen, angemessen eingesetzt, unvergleichliche Möglichkeiten zum Studium religiöser Erfahrung zu bieten scheinen. Diese Erfahrung ist tiefster und mächtigster Aspekt der menschlichen Persönlichkeit und am ehesten geeignet, Gaben des Mitleids und des schöpferischen Tuns aufzurufen. Darüber hinaus ist die religiöse Erfahrung wirksamstes Agens einer heilsamen, tiefgehenden Persönlichkeitsveränderung. Das Gesetz kann den Wert der Drogen für die Religion mehren oder mindern. Es kann auch dem Fehler verfallen, Menschen zu verfolgen, die einzig dies wollen: jenen Teil ihres Wesens zu entdecken, von dem sie fühlen, daß vor allem er ihre Menschenwürde begründet, und so Gott zu entdecken, letzte Wirklichkeit.

Im Streben nach solcher Begegnung haben religiöse Menschen sich zu Verletzungen des Gesetzes treiben lassen, wenn der Gesetzgeber ihr fundamentales Wollen mißverstand. Bildung und Intelligenz, Integrität und Urteilsfähigkeit reichen nicht aus, um sich solchen Energien zu stellen, wie sie in Heiligen aufbrechen. Das ist die Lehre der Inquisition für diese Stunde. Es wird der seltenen introspektiven Gabe bedürfen, jenen potentiellen Inquisitor zu wittern, der in uns verborgen ist. Mehr noch tut uns jene Weisheit not, die uns von jenen Fesseln befreit, die uns in der dunklen Höhle der Illusion gefangen halten. Es gilt jenem Sonnenlicht zu begegnen, das nach Platon die wenigen erleuchten muß, die im Gemeinwesen das Urteil zu sprechen und zu regieren haben.

10. BESCHLUSS UND AUSBLICK

> Ich sage euch: man muß noch Chaos in sich haben, um einen tanzenden Stern gebären zu können.
> *Friedrich Nietzsche*[1]

> Wahrlich, wahrlich, ich sage euch, wenn ein Mensch nicht wiedergeboren wird, kann er das Reich Gottes nicht schauen.
> *Jesus von Nazareth*[2]

Ich bin nicht Pharmakologe, sondern Religionspsychologe. Auch Mystiker bin ich nicht, sondern einer, der Religion erforscht und an die Bedeutung der Mystik glaubt. Ich habe das Thema so systematisch und so einfühlend dargelegt, wie mir das möglich war. Ich habe bestenfalls ein Stückchen des Weges betreten, der in die Unermeßlichkeiten der inneren Welt führt. Meine eigene Erfahrung sagt mir nur wenig von den Geheimnissen, Schrecknissen und Freuden, die in jenen Abgründen wohnen. Aber auch dieses wenige schon war Begegnung mit unermeßlichen Räumen einer noch zu entdeckenden Welt.

Wer ohne Drogen schon dort war, braucht keine mehr. Es gibt andere Wege für den, dem außer Zeit und Ausdauer die Teilhabe an der Bruderschaft jener gegeben ist, „die Hunger und Durst haben nach der Gerechtigkeit". Ihnen hat die Schrift verheißen, „daß sie gesättigt werden". Was mich angeht, habe ich die meiste religiöse Erfahrung erster Hand aus meiner Begegnung mit den psychodelischen Mitteln erfahren. Das sage ich mit allem Bedacht. Als Forscher habe ich von meinen sechs „Reisen" wenigstens so viel, wenn nicht mehr, gelernt, wie von aller Plackerei der Forschung auf meinem Gebiet der Religionspsychologie. Aber beide Wege können einander ergänzen.

Allerdings können solche Gaben durch die psychodelischen Mittel nicht besser garantiert werden als anders auch. Jedes schöpferische Abenteuer enthält sein Risiko. Wer sich auf dieses

---

[1] Friedrich Nietzsche, *Also sprach Zarathustra*, Leipzig 1930, 13.
[2] Joh. 3, 3.

einlassen will, braucht die geeignete Gelegenheit und den geeigneten Führer; er sollte außerdem alle Aspekte des Themas studieren und sich dann entscheiden, ob er das kalkulierte Risiko, das alles religiöse Erleben, das seinen Namen verdient, verlangt, auf sich nehmen will. Manche der Warnrufe gegen diese „Reise" erschrecken, und wohlberaten ist, wer sich mit starken Nerven dem Abenteuer stellt. Besonders Schwankende und Furchtsame sollten das nie und nimmer ohne die Anleitung eines ganz hervorragend ausgebildeten und einfühlsamen Spezialisten tun[3]. Ob dann die Begegnung eine mit Himmel oder mit Hölle wird: Sie dürfte fast sicher zu Einsicht und Wachstum führen können. Bei angemessener Motivation kann sie in eine große Verwandlung einmünden, in ein Eintreten in den Tod zu neuer Geburt.

„Wenn ein Mensch nicht wiedergeboren wird, kann er das Reich Gottes nicht schauen", sagt Jesus dem erschrockenen Nikodemus. Über eine solche Erfahrung haben einige nach ihrer Drogenerfahrung berichtet. Sie haben ihr Leben verloren, um es zu finden. Daher können weder Gelehrsamkeit noch Religionsforschung, weder Universität noch Kirche, weder Wissenschaftler noch Künstler, noch Erzieher, noch Prophet, noch Mystiker darauf verzichten, sich über solche Möglichkeiten persönlichen Reifens zu informieren, welche die drogeninduzierte Ekstase bietet. Schließlich und endlich erfordert eine derartige Untersuchung sorgfältiges Wägen der Fakten. Sie fordert Verzicht auf eine Haltung, die sich mit sozialen oder naturwissenschaftlichen Klischees zu diesem Thema begnügte. In einer Zeit der Hysterie einem solch kontroversen Thema gegenüber sollte der ehrliche intellektuelle und religiöse Sucher nicht einfach auf irgendeine Information setzen, nicht einmal auf das wissenschaftliche „Hörensagen". Er sollte sich nicht weigern, selbst den Blick durch Galileis Teleskop zu tun.

Wer dieses Maß wissenschaftlicher Unerschrockenheit scheut, müßte zumindest seine Informanten und Experten gut auswählen. Es werden keine Ärzte sein, die nur die schreckliche Panik derer gesehen haben, die die Drogen erhalten hatten, oder Ärzte, die sich um die zu sorgen hatten, die an schweren Störungen lit-

---

[3] Daß einige sehr labile Menschen aus angemessener Überwachung Nutzen zogen, zeigt der Bericht über Grofs Arbeit mit Psychotikern in Kapitel 7 dieses Buches.

ten. Solche Dinge kommen, wenn auch selten, vor, und sollten bei jeder Beratung über den Drogeneinsatz nicht unterschlagen werden[4]. Wappnen sollte man sich gegen die Übernahme von jedermanns Ansichten auch in diesem Bereich. Vom wirklichen Experten sollte man erwarten, daß er mindestens hundert Drogeneinnahmen von Anfang bis zu Ende beobachtet hat und an der systematischen Auswertung dieser und anderer Fälle beteiligt gewesen ist; daß er einen Versuch, am besten mehrere, an sich selbst vorgenommen hat. Mit anderen Worten: Er soll selbst „dort gewesen" sein. Solche Experten haben am ehesten ein ausgeglichenes Bild von Wohltaten und Gefahren und zugleich Verständnis für die Erfahrung anderer.

Dieses Buch handelt von der Religion. Hauptbezugspunkt ist für mich die Religion, nicht die Droge. Ich habe Hinweise gegeben, die mich von der religiösen Wirksamkeit der Drogen überzeugt haben: Drogennehmer haben von Charakteristika tiefer mystischer Erfahrung berichtet, von „Tod und Wiedergeburt", „Erlösung", „Heil", „weißem Licht", „blendender Finsternis", vielleicht auch von jener „dunklen Stille, darin alle Minnenden sind verloren" — darin werden Worte der Schrift und Worte großer Ekstatiker lebendig. Liebe wird nicht mehr als Klischee aufgefaßt, sondern als vitale Wirklichkeit erlebt. Zu lebenslanger Haft verurteilte, verstockte Gefangene sind mitleidend, Menschen an der Schwelle zum Verbrechen sind weich geworden. Es wird berichtet, daß Kenneth Kesey *Hell's Angels* mit aufs Land genommen und ihnen LSD verabreicht habe. Als ich dann Haight-Ashbury besuchte, sagte mir ein Hippie: „Zuerst haben wir uns vor ihnen gefürchtet, aber jetzt beschützen sie uns!"[5]

Damit soll nicht geleugnet sein, daß die durch Drogen herbeigeführte Persönlichkeitsveränderung ihre eigenen Probleme mit sich bringen kann. Aber die Entwicklung von Mitgefühl, von Mitleid und Liebe, die Ablösung von Haß und Gewalt durch Verstehen und Miteinanderreden ist doch eine Botschaft, die ins Herz aller Religionen hineinreicht. In jedem Zeitalter und in vie-

---

[4] Ausführlichere Information findet sich im letzten Teil des achten Kapitels.
[5] Siehe S. H. Thompson *Hell's Angels*, New York 1961; J. R. Allen and L. J. West, „The Flight from Violence: Hippies and the Green Rebellion": *American Journal of Psychiatry*, 125, Nr. 3 (Sept. 1965), 346—347.

len Bekenntnissen haben sich so die Ergebnisse ekstatischer, mystischer Erfahrung ausgewiesen, wo auch immer sie sich zeigte, wie auch immer sie freigesetzt wurde. Bezeichnenderweise ist es ein Mystiker, der geschrieben hat: „Schicke niemand, zu erfragen, wem die Glocke läute: sie läutet dir!"

Deshalb darf sich das religiöse „Establishment" nicht der Prüfung jener Ströme entziehen, ohne sich dem Vorwurf auszusetzen, es vernachlässige Wurzeln des Glaubens. Aber oft scheint es, als fürchteten Religionsgemeinschaften nichts so sehr wie Religiosität. Wenn aber Gewalttat Wurzel äußerer und innerer Bedrohung ist und die Religion sich als Bekämpferin jeder Gewalttat sieht, dann hat sie die Pflicht, die Ansprüche jener zu prüfen, die sich für eine durch Drogen begründete Ekstase als ein Mittel zur Rettung der Nation und der Welt vor Gewalttätigkeit einsetzen. In Tagen solcher Gefahr kann es sich kein religiöser Führer leisten, irgendeine, wenn auch noch so fremd anmutende, Quelle religiöser Motivation zu übersehen, besonders dann, wenn sie sich in so vielen Fällen als wirkungsvoll erwiesen hat.

Mehrfach habe ich darauf hingewiesen, daß es viele Wege zu religiöser Ekstase gibt. Askese und Fasten, bei den Einsiedlern lange bekannt, Betrachtung, Tanz, Gesang, Niederkunft, Naturnähe, Atemübungen, gesammelte Aufmerksamkeit, Verliebtheit, physische Erschöpfung – sie alle vermögen jene Regungen des Unbewußten auszulösen, die in Ekstase einmünden können[6]. Viele werden bestreiten, daß dies ebenso sichere Wege wie die Drogen seien, aber das ist eine Illusion insofern, als auch die Drogen keine sicheren Wege sind. Wenn Religion sich „sicher" machen läßt, wird sie unwirksam. Je mächtiger der reale Impuls, um so mächtiger ist dieser von Gefahr erfüllt.

Es gibt Formen von Psychodelica, die von vornherein sehr giftig sind, etwa der Fliegenpilz (*amanita muscaria*) und der Stechapfel (*datura stramonium*), aber bei einem Mittel wie LSD tritt in vernünftiger Dosierung nach dem bisherigen Wissensstand die Gefahr in den Schatten einer machtvollen Wirkung zurück, die in ihrem Kern religiöse Wirkung hat. Wer immer sich zu dem ehrfurchtgebietenden Unternehmen anschickt, in die

---

[6] Robert E. L. and Jean Houston Masters von der *Foundation for Mind Research* in New York experimentieren mit mechanischen Mitteln zur Erzeugung von Ekstasen.

Gegenwart Gottes einzutreten, der nimmt das kalkulierte oder unkalkulierte Risiko des Wahnsinns auf sich. Wenn ihm nichts anderes Warnung ist, mag es das *mysterium tremendum* sein, von dem Rudolf Otto spricht. Ein Gleiches gilt von anderen Bereichen schöpferischer Ekstase und von anderen Mitteln zur Freisetzung machtvoller Empfindungen. Ein kürzlich erschienener Artikel mahnt diejenigen zur Vorsicht, die an Gruppentherapie und Empfindsamkeitstraining interessiert sind[7]. Nicht ob Ekstase riskant sei, ist die Frage, sondern ob die erhofften neuen Ufer die Risiken aufwiegen. Hier muß der einzelne für sich entscheiden, während die Gesellschaft entscheiden muß, wann der einzelne die Wohlfahrt anderer gefährdet.

Eines der Verdienste der Drogenbewegung besteht darin, daß durch sie die Aufmerksamkeit religiöser Menschen auf die Notwendigkeit der Ekstase für eine lebendige Religion gelenkt wurde. Die Zahl jener Amtsträger und Gläubigen, die nach dem Versuch der Drogen nur auf eine günstige Gelegenheit zum Sprechen warten, könnte größer sein, als die Öffentlichkeit vermuten mag. Wie schon gesagt, ist die religiöse Ekstase keine Entdeckung der Drogenkulte. Sie ist, wie zu zeigen war, über Jahrhunderte hinaus bekannt gewesen.

Ohne Zweifel haben die Drogen viele aus der jungen Generation zu einer ersten religiösen Erfahrung aus erster Hand geführt, zu der sie sonst nie gefunden haben möchten. Mir persönlich sind fünf Atheisten bekannt, und ich habe von noch vielen gelesen, deren Achtung vor der Religion durch die Droge begründet wurde. Zwei von ihnen habe ich in diesem Buch näher erwähnt. Nicht alle, die Drogen nehmen, bleiben dabei. Es scheint die Tendenz zu bestehen, LSD zugunsten anderer Methoden religiösen Suchens aufzugeben. Aber auch die, welche die Drogen nicht mehr nehmen, haben die entscheidende Mitwirkung dieser Mittel bei einer religiösen Geburt anerkannt und sind glücklich, sie genommen zu haben.

Auch außerhalb der religiösen Sphäre bedarf das Leben der Ekstase. Das ist der Wahrheitskern in der Botschaft der Hippies, die das Chaos mit seinen Gefahren jener stumpfsinnigen, wenn auch sicheren Routine vorziehen, die Lobbyismus, Macht und

---

7 E. L. Sostrom, „Group Therapy; Let the Buyer Beware": *Psychology Today* 2, Nr. 9 (Feb. 1969).

Geldgier gepachtet haben. Nietzsche war es, der gesagt hat, es bedürfe des Chaos, um einen „tanzenden Stern" zu gebären[8].

Es mag sein, daß sich die Menschheit in Teilhaber und Zuschauer einteilen läßt. Die meisten von uns partizipieren an einer bestimmten Tätigkeit und schauen allem Übrigen zu. Wer durch die Drogen in die Wirklichkeiten religiöser Erfahrung eingeführt wurde und die Hippieeinstellung teilt, wird dazu neigen, im Leben des Geistes eher Teilhaber als Zuschauer zu sein. Manch einer mag seine Ziele nicht erreichen und verwirrt werden, aber er wird im religiösen Leben aktiver engagiert sein als der Durchschnittskirchenbesucher, dem die Religion oft Nebensache geworden ist. Dieser Bürger wird sich auf die gleiche Weise auf Kunst und Musik einstellen. Wie gebildet er auch innerhalb seines Hobbys sein mag: Verglichen mit jenen Schöpfern, die der Entstehung ihrer Meisterwerke oft Leben, Gesundheit und Karriere geopfert haben, ist er wesentlich auf passiven Genuß eingestellt.

Unsere Religionsgemeinschaften, unsere *Formierte Gesellschaft*, unsere Kultur und Zivilisation hätten ohne Ekstase nicht einmal die Prätention auf Größe. Der Durchschnittsmensch mag sich verwundert die Augen reiben, wenn der wirkliche Prophet ersteht, oder er mag ihn mit der Vielzahl aufgeplusterter Auch-Ekstatiker und verblendeter Visionäre, armer Irrer und berechnender Gold- oder Machtsucher oder einfach alltäglicher Narren in einen Topf werfen. Hier liegt der Grund, warum so viele große Geister zu ihren Lebzeiten keine Würdigung erfahren können.

Die Wirkung der Ekstase besteht darin, Sehnsucht nach Fortführung und Erfüllung ihrer Ansprüche hervorzurufen. Kritiker klagen, die Drogen zögen den Menschen von der Realität des Lebens ab, machten ihn passiv und träge. Aber es ist nicht so sehr dieser Aspekt der psychodelischen Szene, dem sie sich widersetzen, sondern sein genaues Gegenteil. Aktivität und Teilhaberschaft und die radikale Abkehr von kulturellen Normen schrecken die Älteren auf, die „Geraden" und die „Spießigen". Nicht das *Lesen* der Werke Henry David Thoreaus, des Idols der Hippies, ist es, es ist das *Ernstnehmen*, dem die Gesellschaft widerstrebt. Wie sonst wäre das Gezeter über Timothy Leary und seine vielfachen Belästigungen und Arrestierungen zu verstehen? Nicht

[8] Nietzsche, Friedrich, *Also sprach Zarathustra*, Leipzig 1930, 13.

sein „Aussteigen" verwirrt die Gesellschaft; es ist vielmehr die Furcht, daß sein radikaler Bruch mit den gängigen Mittelklassewerten, religiösen und anderen, zu einem „Einsteigen" in zu viele junge Herzen führen könnte, wenn auch nicht durch seine Rezepte, sondern durch sein Beispiel. Unsere ehrenwerte Gesellschaft stimmt Religiösem „im Prinzip" zu, ist aber gegen alles, was ihr, gleich den alten Herrschaften inmitten der herbstlichen Schönheit Vermonts, als denn doch übertrieben erscheint.

Da ich hier mehr als Beobachter denn als Teilhaber spreche, muß ich auf einige Vorbehalte gegenüber dieser ganzen komplexen Szenerie hinweisen. Es gibt die Polarität der strukturell Orientierten und der Expansiven. Den strukturorientierten Menschen beeindruckt die Notwendigkeit des Systems, der Organisation, der Ordnung und der Disziplin. Er ist eher Klassiker als Romantiker, eher Priester als Prophet, eher Theologe als Mystiker. Damit menschliches Tun zum Tragen komme, bedarf es beider Pole, aber jeder hat seine legitime Funktion, jeder hat seine Schwächen. Nachdem ich das Lob der religiösen Ekstase gesungen habe, muß ich auch einige Warntöne erklingen lassen.

Das ekstatische Bewußtsein ist ein expansives Bewußtsein, offen dem Fluten neuer Empfindungen und neuer Wahrnehmungen, neuen Wissens und neuer Werte. Solche Einstellung neigt zu Konfusion und Chaos, wenn eine schützende Ordnung fehlt, die ermöglicht, daß Frucht ausgetragen wird. Die in der Ekstase aufgebrochenen Energien müssen irgendwie geleitet werden, wenn sie sich nicht ins Destruktive und Dämonische hinein verkehren sollen. Die strukturale und die expansive Funktion bedürfen einander.

Daher läßt sich die Frage stellen, ob es auf lange Sicht hin weise sei, wenn Drogennehmer sich in religiösen Traditionen auszudrücken suchen, in denen sie nicht aufgewachsen sind; auch wenn Hinduismus und Buddhismus reicher an Wegen mystischen Verstehens sind und sich ihre Anhänger den mystischen Ausdruck eher aneignen als die Anhänger westlicher Formen der Religion.

Den meisten Menschen des Westens sind durch ihre Erziehung westliche Formen der Religion nahegebracht worden, mohammedanische, jüdische oder christliche. Alle drei haben ihre mystischen Traditionen, innerhalb derer die psychodelische Ekstase heimisch werden könnte. Die historische Tradition könnte dem einzelnen ein großes Gefüge religiöser Weisheit bieten, die in die Welt des Geistes *und der Empfindungen* hineinspricht und religiöse Normen und Werte vermittelt. Sie könnte gleichzeitig als Prüfstein des Wertes ekstatischer Ausbrüche und als Kraft wirken, die jene im Gleichgewicht hält.

Zweitens ist Vorsicht gegenüber dem Quietismus geboten. Das Leben des „Gerechten" verlangt ständigen Aktivismus, der der großen Gefahr erliegen kann, sterile Geschäftigkeit oder leere Frömmelei zu werden. Ekstatiker mögen dagegen durch eine Betonung der Mystik angehen. Ekstase aber kann zum Habitus trägen Sichgehenlassens verfallen. Die Mystiker haben ihre Erfahrungen für unaussagbar gehalten; paradoxerweise sind dennoch nicht alle der Neigung zu ausgedehnter Rede entgangen. Der Ekstatiker muß sich sagen lassen, daß von der Liebe leichter zu reden ist als sie sich verwirklichen läßt.

Ohne Zweifel wirkt die durch Drogen freigesetzte Ekstase wie jede andere in die Richtung des Mitleids, aber richtig verstanden, ist wahres Mitleid nicht ein passives, sondern ein aktives Prinzip. Hier gilt es achtzugeben, denn alle Dinge sind im Fluß, und die Geschichte hat nie von einer guten Bewegung berichtet, die nicht auch vom Verfall gezeichnet wäre. Nie sollte der Mensch seinen kritischen Geist ausschalten. Nur rechtes Bedenken in diesem Sinn kann die psychodelische Bewegung vor sich selber schützen. Sie bedarf der Selbstkritik von innen und des Verständnisses von außen[9]. Eine ähnliche Notwendigkeit besteht hinsichtlich weiterer Erforschung der Drogen. Vielleicht sind die von LSD und manchmal vielleicht sogar die von Marihuana freigesetzten Impulse heilige Impulse. Ich bin nicht sicher, daß Gott selbst sich selbst allem Forschen entziehen wollte, solange solches Forschen in Ehrfurcht und Achtung vor allem, worauf es sich bezieht, geschieht. Pahnkes „Karfreitagsexperiment" ist ein Beispiel dafür. Sollten massive Gründe dafür sprechen, daß die *Native American Church* oder eine andere kultische Gruppe jahrhundertelang als

---

[9] Ein Modell einer solchen Vereinigung von Kritik und Verstehen ist zu finden in J. Havens, „A Working Paper: Memo on the Implications of the Consciousness-Changing Drugs": *Journal for the Scientific Study of Religion,* 3, Nr. 2 (1964), 216—226; oder in *A Memo to Quakers on the Consciousness-Changing Drugs,* vervielfältigt von Dr. Joseph Havens, *Counseling Services,* Univ. of Massachusetts, Amherst.

Ergebnis des psychodelischen Drogengebrauchs eine Rasse von Mißgeburten oder Homunculi ausgebrütet hätte, würde das auch jede Drogen verwendende Gruppe wissen.

Es besteht also die Notwendigkeit, daß mehr Fachwissenschaftler das kalkulierte Risiko des Selbstversuchs der Droge auf sich nehmen, um zu verstehen, was solche Erfahrung geben kann. Einige haben sich selbst aus dem Ring geboxt, indem sie behauptet haben, die psychodelische Erfahrung beraube den Menschen seines gesunden Urteils, weswegen jeder, der diese Erfahrung gemacht habe, inkompetent für ihre Erforschung sei. Es ist gut, daß William James solche Skrupel nicht hatte, als er mit Lachgas experimentierte, sonst wären wir einiger seiner fruchtbaren Einsichten in mystische Phänomene nicht teilhaft geworden. Es gibt viele klare und kritische Intelligenzen, die aus Drogenerfahrung Nutzen gezogen haben. Ihr Verstehen wurde gehoben und erhellt. Oder warum etwa sollte jemand durch die Psychoanalyse, der er sich unterzogen hat, als Kritiker des Freudianismus disqualifiziert sein? Es ist wahr: manche sind durch Drogen psychodelische Missionare geworden, aber die Gesellschaft braucht den Propheten wie sie den Wissenschaftler braucht, auch wenn beide gelegentlich Irrtümern unterliegen. Jedenfalls sollten die mit den Drogen Experimentierenden mit der Forschung in Berührung bleiben.

Was die Einstellung der Kirche angeht, sieht es zur Zeit der Abfassung dieses Buches danach aus, daß die religiöse Verwendung der Drogen sich in Kulte außerhalb der traditionellen Institutionen zurückzieht. Das ist ein Jammer, der nicht sein müßte, denn er beraubt die Kirchen der Möglichkeit eines mächtigen Stromes ekstatischer Kraft, jenes Elements, das sie gut gebrauchen könnten. So gehen moderne Kirchenmänner das alte Risiko des Obstruktionismus ein. Im achtzehnten Jahrhundert haben Kollegen von ihnen Impfungsexperimente kritisiert: sie seien blasphemische Versuche, Gott seines Vorrechts zu berauben, die Bösen mit Blattern zu strafen, und es war für gottesfürchtige Naturwissenschaftler gefährlich, durch Galileis Fernrohr zu schauen. Sogar noch in unserem Jahrhundert sind auf Drängen von Frommen hin Lehrer entlassen worden, weil sie behauptet hatten, die Schöpfung der Welt habe mehr als sechs Tage in Anspruch genommen!

Jede ekstatische Bewegung, angefangen von Sokrates und den

ekstatischen Kulten Griechenlands bis hin zur Pfingstbewegung unserer Tage, hat ihre Kritiker gehabt, die zeitgenössische Verteidiger des institutionellen Glaubens waren. Die Kirche hat eher das Schisma in Kauf genommen, als die Energien der Waldenser, der Hussiten, der Lutheraner, der Wiedertäufer und der Wesleyaner zu dulden. Daher hieße es vielleicht zuviel erwarten, wollte man beim gegenwärtigen Stand der Kontroverse damit rechnen, daß bestehende religiöse Institutionen den Gebrauch psychodelischer Drogen offiziell autorisieren würden.

Es ist bemerkenswert, daß die katholische Kirche in der Geschichte ihre Türen manchmal der Ekstase verschlossen, manchmal aber auch geöffnet hat. Franziskus, Ignatius und Theresia waren Ekstatiker, deren Bewegungen spontan aufbrachen und auf Widerstand trafen, bevor sie die Billigung des Papstes erhielten. Eine der Stärken der katholischen Kirche hat von Zeit zu Zeit, nicht immer, in der Fähigkeit gelegen, ihre geistliche Dynamik zu erneuern durch Anpassung da, wo manche Gläubigen gefährliche Tendenzen vermuteten. Selbst heute sind die Arbeiterpriester-Bewegung und die Katholische Arbeiterbewegung der Vereinigten Staaten Beispiele für von der Kirche tolerierte Gruppen, deren Kraft und Radikalität noch von vielen Katholiken gefürchtet werden.

Auf die eine oder andere Weise werden sich die Kirchen der Drogenbewegung wohl stellen müssen. Viele ihrer Mitglieder haben schon Kenntnis genommen und dabei den Glauben ihrer Vorfahren verlassen in der Überzeugung, die Kirchenführer seien zu furchtsam und zu blind, ihr eigenes Bestes zu erkennen. Die Kirchen werden hier einen Standort beziehen müssen, und es ist wichtig, daß solche Standortbestimmung dann in Kenntnis, nicht in Unkenntnis geschieht. In einer Haltung behutsamer Kühnheit sollten die Kirchen sich bereitwillig einer Prüfung stellen, denn auf irgendeine Weise werden sie mit der aufgebrochenen Ekstase zurechtkommen müssen. Das ist das Ergebnis, das sich aus der religiösen Verwendung psychodelischer Drogen erhebt und das hier vorgelegt werden sollte.